신화적 상상력과 융합적 글쓰기

표정옥 지음

청송미디어

프롤로그

언젠가부터 영어 컨실리언스(Consilience)에 대해 많은 사람들이 말하기 시작했다. 이 용어를 처음 사용한 19세기 윌리엄 휘엘(William Whewell)은 학문의 공동기반들을 설명하기 위해 학문을 가로지르는 공동지식 기반으로 사용하였다. 그러나 이 용어의 파급은 20세기 말 에드워드 오즈번 윌슨(Edward Osborne Wilson)이 통섭을 지식의 대융합이라는 용어로 정의하면서 더욱 확대되었다. 국내에는 윌슨의 책이 번역되면서 통섭을 추구하는 학자들과 통섭이 지적 사기라고 주장하는 학자들이 팽팽하게 대립하고 있는 형국이다. 이런 학문의 소소한 계보를 따지기 무안하게 이미 이 용어는 상당히 대중화되었다. 원하던 원하지 않던 우리는 이 용어가 활용되고 있는 현상에 관심을 가질 필요가 있을 것 같다. 윌슨이 주장하는 통섭의 정확한 사전적 의미는 "서로 다른 현상들로부터 도출되는 귀납들이 서로 일치하거나 정연한 일관성을 보이는 상태"를 뜻하는 말이라고 할 수 있다. 학문 간의 융합이 화두가 된지 오래되었지만 정말로 진정한 의미에서 융합이 일어나고 있는지는 의문이다. 인문학의 대중적 관심으로 많은 강연들이 나오고, 글을 쓰는 고수들의 강연이 여기저기서 펼쳐지고, 심지어 독서 전문가들의 자기 개발서가 매우 인기를 끌고 있는 시대이다. 역사 이래로 우리 시대는 그 어느 때보다 글을 읽고 쓰는 것에 관심이 최고조이다. 그리고 실제로 그 어느 시대를 살다간 사람들보다 많은 글을 읽고 많은 글을 쓰고 살아간다. 인터넷과 스마트 폰과 SNS의 발달로 글은 소수의 전문가만 쓰는 특권이 아니라 모든 사람이 쓰고 즐기는 보편적 자기표현의 문화가 되었다.

대중 매체에서 인문학 강의도 마치 쇼 프로처럼 혹은 콘서트처럼 진행되고 있다. 이를 질타할 생각은 추호도 없다. 하지만, 안타까운 것은 대중적이고 보편적인 인문학에서 우리가 찾을 수 있는 삶의 지혜란 매우 한정적이면서 수동적일 수밖에 없다는 것이다. 내 경험으로 보면 인문학이라든가 글쓰기라든가 하는 경험은 매우 지극히 개인적이고 특수한 것이었다. 남에게 의미 없는 글이 나에게는 보물이 되고, 남에게 감홍을 주던 것도 나에게는 그냥 지나치게 하는 평범함일 수 있다는 것이다. 그런데, 스티브 잡스라는 사람이 아이폰을 들고 나와서는 자신의 기계가 기술과 인문학의 융합이라고 불쑥 말하고 나서는 일이 크게 벌어졌다. 그때부터 사회는 기술과 인문학이 만나지 않으면 시대에 뒤떨어진 것처럼 호들갑을 떨었다.

유감스럽게도 이러한 사회적, 대중적 인문학 열풍에도 불구하고 대학에 들어오는 많은 학생들은 급속도로 인문학에 관심이 멀어지는 것 같다. 취업난에 챙겨야 할 스펙이 너무도 많기에 이러한 현상을 두고 학생들의 게으름이라고 탓하거나 속단하기도 어렵다. 인문학 심화 독서 토론과 같은 교과에 관심은 가지지만 시간대비 대 가성 점수가 썩 좋지 않기 때문이다. 오히려 그들에게 지름길을 알려주지 못한 것 같아 미안하기도 하다. 내가 몸담고 있는 학교의 교양교육에서도 융합적 사고와 글쓰기가 몇 년 전부터 중요한 화두가 되어왔고 교과도 그렇게 바뀌었다. 그러한 논의가 시작될 때부터 나는 일부러 모든 논문을 융합적 사고의 결과가 되도록 사고체계를 리모델링 하고자 했다. 구상하고 집필하는 것도 그간 오랫동안 해왔던 연구들에 비해 어려웠지만, 그것을 평가받는 것도 만만치 않게 어려웠다. 모두들 융합이 필요하다고 외치면서도 막상 융합을 하기는 싫은 것 같다. 지난 몇 년 동안 융합적 사유를 통해 얻은 결과물들 중 여성, 다문화와 관용, 예술, 자연과 동물 등 네 분야의 글들을 추려보았다. 피할 수 없다면 즐기라고 했던가. 융합을 통해 우리가 얻을 수 있는 것은 도대체 무엇일까.

●융합(融合)하면 진정 소통하는가.

그간 의도적으로 융합적 사고에 관심을 가져봤다. 내가 속한 학문적 영역의 흐름에 최대한 이해하고 다가가기 위함이었다. 그리고 나 스스로가 그 방법에 육화된 모습으로 다양한 주제를 대해야만 학생들과 소통이 이루어진다고 보았기 때문이다. 그런데, 융합은 고민하고 기획하고 쓰는 사람에게도 힘든 작업이지만 읽고 심사하는 사람에게도 썩 반가운 것이 아닌 것 같다. 어떤 글은 심사자를 못 만나 심사를 못 받기도 하고, 설령 만났다 하더라도 호된 심사평에 몰매를 맞은 것 같기도 하고, 가끔은 스스로가 논리적으로 문제 있는 연구자인 것처럼 느껴지기도 했다. 연구에 소질이 없는 건 아닌가 하는 자괴감까지 느끼게 하는 심사평을 간혹 받기도 했다. 아마 학생들도 나와 비슷한 경험을 상당히 많이 할 것이다. 우리가 암묵적으로 융합적 글쓰기라고 하면 융합적 사고와 융합적 주제 구성으로 귀착됨을 느낄 것이다. 그럴 수밖에 없다. 한 쪽의 시선을 강하게 느끼도록 문과와 이과를 나누어 공부했고, 거기에 맞추어서 대학에 왔기 때문이다. 어쩌면 우리가 융합이라고 하는 것은 학제간 연구(interdisciplinarity) 정도의 융합적 사유가 아닐까 한다.

융합과 통섭을 이야기하면서 어떤 사람은 통섭하는 것은 방법론이고 융합은 그 결과물이라고 말하기도 한다. 다른 현상들이 일관된 일정한 질서로 향하는 것을 통섭이라고 친다면 그 자체의 다양한 변화의 지류들이 융합의 과정일 것이다. 그래서 어쩌면 융합과 통섭은 과정과 결과라는 말보다는 서로 유기적인 관계라고 말하는 게 합당할지도 모르겠다. 학생들은 융합적 글쓰기라고 하면 일단 배우고 있는 교과를 자신의 전공과 관심 영역으로 축소해서 그 안에서 서로 다른 무엇인가가 만나게 하려는 경향이 있다. 형형색색의 융합적 글쓰기가 등장하는 것을 매 학기 경험하곤 한다.

융합적으로 사고하고 글을 쓰자는 화두는 분명 우리를 성가시게 하는 일임에는 분명하다. 그러나 부인할 수 없는 사실은 나의 연구 영역 이외의 것에 다양한 관심을 가지게 하는 선기능이 존재한다는 것이다. 연계적으로 생각하고 통합적으로 구상하고 상호 소통을 서슴지 않는 학생들의 활동을 보면서 어려운 화두인 융합적 글쓰기가 나와 나를 둘러싼 세상을 보다 적극적으로 보게 한다는 것에 융합적 글쓰기의 어려움을 얼마간 위로 받고 적극적인 의미를 찾고자 한다.

●페미니즘, 관용, 예술, 그리고 미래 자연

이 책의 구성은 크게 4부로 이루어진다. 지금까지 오랫동안 관심을 신화에 두고 있기 때문인지 나의 융합적 글쓰기의 사고는 바로 신화에서 시작했다. 이 영역들을 꼽은 이유는 나와 만났던 학생들의 선호도 때문이다. 요즘처럼 여성과 페미니즘에 관심이 증대된 시기는 없는 것 같다. 이러한 페미니즘적 시각이 우리의 민간 신화와 〈삼국유사〉 속에서 어떻게 다양한 담론과 겹쳐지면서 이야기되는지 알고자 하였다. 즉 신화와 페미니즘과 문화가 만나는 장이었다. 두 번째 관심 영역은 난민 수용과 관련된 사회적 이슈가 가져다 준 다문화와 관용에 대한 이야기이다. 우리의 신화 〈삼국유사〉와 베트남 신화서인 〈영남척괴열전〉을 비교해보는 작업이었다. 이는 다문화 이주 여성의 전체 비율 중 2위를 차지하는 베트남 여성들이 단순히 한국말을 습득하는 것을 넘어서 문화의 상호 이해가 필요하다는 관용의 논리이다. 웬디 브라운의 관용 즉 똘레랑스는 싫지만 입을 꾹 다물고 참아주는 것이었다. 따라서 다문화 제국의 새로운 통치 전략으로 작동하는 사유체계라고 할 수 있다. 엄밀히 말해서 우리말 관용과 똘레랑스는 일치하지 않는 모순적인 어휘이다. 우리는 너그럽고 인자한 사람을 관용적이라고 말한다. 따라서 그 용어 안에는 싫지만 입을 꾹 닫고 참아주는 불만족이 들어있지 않다. 웬디 브라운이라는 학자가 이야기한 똘레랑스는 우리의 정서로 보면 받아들이기 어려운 문화이다. 또한 차이와 연대라는 의미에서 〈삼국유사〉 속 처용과 비형랑을 통해 이방인의 문화를 점검하였다. 신화와 사회적 담론과 현대적 문제가 만나는 지점이라고 볼 수 있다.

세 번째는 예술과 지리와 역사와 인문학의 만남이다. 이는 근대를 여는 지식인 최남선의 논의를 통해 펼쳐 보았다. 지리적 환경과 신화가 어떻게 만나면서 바다를 재구성하는지 살피는 작업을 보여주었고, 일제 강점기 미처 정리되지 못한 우리나라의 예술사를 신화라는 키워드로 정리하는 육당 최남선의 글을 통해 100년 전 융합적 글쓰기의 시작을 들여다 볼 수 있었다. 네 번째는 자연과 미래에 대한 담론이다. 인간에게 자연은 개발 대상에서 이제 자연 그대로를 지켜야 경제가 살아나는 세상이 되었다. 올더스 헉슬리는 그의 책 〈멋진 신세계 Brave New World〉에서 현재 벌어지고 있는 여러 가지의 디스토피아적인 현상을 흥미롭게 그려내고 있다. 인공 수정으로 태어나는 인간, 인문학이 소멸된 세상, 기계가 지배하는 세상, 마약이 인간을 지배하는 세상 등 마치 100여 년 전 헉슬리의 소설 세계를 데자뷰처럼 현실이 가공적으로 느껴지곤 한다. 자연과 인간과 미래를 융합하고자 하였다.

●저출산, 초고령, 혼족의 문화적 난제를 함께 고민하며

한국 사회는 전 세계에서 최고 수준의 초고령 사회이면서 저출산 국가에 해당한다. 아이의 탄생이 이제 가구당 평균 1명이 안 되는 한반도 초유의 사태가 벌어지고 있다. 이러한 속도로 가다가는 몇 백 년 안에 지구상에서 한반도는 사라진다는 위협적인 자료들도 등장하고 있다. 사람들은 둘보다는 혹은 셋보다는 누구의 간섭도 받지 않고 오직 혼자서 사는 것을 선택하기 시작했고, 기업들은 거기에 맞추어 모든 생활필수품을 미니어처 세계처럼 일인용으로 만들어가고 있다. 혼자 사는 인구가 조만간 같이 사는 인구보다 비율이 많아질는지도 모른다. 혼족 문화는 더 이상 어쩔 수 없는 외로움이 되지 못한다. 혹자는 오히려 혼족 문화의 의미가 삶의 여유라고 반박하기도 한다. 어떤 면에서는 부정할 수 없는 사실일 것이다. 결혼하는 것도 힘들고, 집을 마련하는 것도 힘들고, 애를 낳는 것도 힘들고, 더구나 교육시키는 것은 더 힘들고, 취업하는 것도 힘들고, 노년에 고령화와 질병과 싸울 것도 참으로 겁이 난다. 융합적 사고와 글쓰기로 무엇을 해결하자는 것이 아니다.

하지만 이러한 현대의 사회적 문제들을 개별적인 문제가 아니라 서로 연관시켜 연계적으로 볼 수 있고, 그 해결점도 융합적으로 사고하는 가운데서 조금이나마 긍정적인 신호를 찾을 수 있지 않을까하는 섣부른 기대를 해본다. 스티브 잡스는 창의력을 서로 연결시키는 힘이라고 말하고 있다. 삶을 창의적으로 해결하기 위해서는 우리를 둘러싼 문제들을 연결시키면서 그 해결점을 찾아보는 것이 어떨까 한다. 이 책을 마무리하는 중 대학입시가 치러졌다. 역대 최고의 불수능이라고 말한다. 과학과 철학이 융합적으로 나오고 장르와 장르의 융합이 등장해 많은 수험생들을 당황시켰다. 융합은 서로 다른 것들의 즐거운 만남이어야 한다. 그리고 더 좋은 결과로 나아가야 한다. 그런데 미래를 준비하는 학생들이 처음 접하는 융합의 인상은 무척 부정적일 수 밖에 없다. 괴롭고 힘들고 난해하기만 하다면 굳이 우리가 융합할 필요가 있는 것일까. 그러나 융합적 글쓰기가 나를 둘러싼 삶의 영역을 더 풍요롭게 해 준다면 분명 도전해 볼 만하다.

차례

| 제 1 부 |

역사와 신화 속 여성 이야기

제 1 장

민간신앙과 불교의 문화적 충돌로 선덕여왕을 보다

1. 선덕여왕은 어떻게 신성성을 얻었을까

일찍이 육당 최남선은 1927년 『삼국유사』를 대중에게 알리기 위해서 직접 해제를 작성하고 〈계명〉이라는 잡지에 전문을 소개하였다. 그리고 후속 연구들에서도 초지일관되게 『삼국유사』의 가치를 다각적으로 기술하는 일에 매진하였다. 심지어 그는 모든 사람이 문화적 보고인 『삼국유사』를 다 간직하고 외우는 것이 필요하다고 할 정도로 그 중요성을 강조한 바 있다.[1] 이는 삼국시대 김부식이나 조선시대 안정복과 같은 역사가들보다는 보각국사 일연의 견해를 적극 수용하고 있는 것으로 볼 수 있다. 김부식은 『삼국사

1) 최남선, 『국민조선역사』, 경인문화사, 2013, 40-42쪽.

삼국유사 인각사

기』에서 여자가 왕을 하는 것에 대한 불편함을 적극 피력하고 있다. 왕을 비하하기 위해 "암탉"이나 "암돼지" 등을 아무렇지도 않게 기술하는가 하면 "늙은 할망"이 규방에 있지 않고 밖으로 나와서 정사를 어지럽힌다는 감정적이고 부정적인 비판도 서슴지 않고 기록함으로써 여자로서의 선덕여왕을 비하하여 평하였다.[2) 이는 조선 시대 유학자들에게도 일부 이어져 안정복과 같은 사람은 『동사강목』에서 황룡사 탑을 건립하는데 지나친 돈을 써서 나라가 망하지 않은 게 이상할 정도라고 비판하기까지 하였다.[3)]

그러나 김부식의 부정적 논리에 정면으로 맞서면서 무능하기 짝이 없이 진술된 선덕여왕을 일시에 신이하고 자애로운 여왕 혹은 그것을 넘어서 영험한 신화적 왕으로까지 격상시킨 것은 보각국사 일연의 괄목할만한 공로라고 할 수 있다. 육당 최남선은 1927년 〈삼국유사해제〉에서 『삼국유사』의 가치를 중요하게 바라보고 있는데, 그 중 특히 일연의 진솔성에 중요한 방점을 찍고 있다. 김부식의 『삼국사기』는 우리나라의 옛 원형적 문화를 가식적

2) 김부식, 『삼국사기』, 한길사, 1998.

3) 안정복, 『동사강목』, 경인문화사, 1989.

으로 주물러 고쳐버렸기 때문에 다소 가치가 떨어지는 반면, 『삼국유사』는 내용을 수정하거나 가식적으로 꾸미지 않고 있는 그대로를 기록한 점을 높이 평가받을 만하다고 말한다. 또한 『삼국유사』의 진술은 한 사료의 이야기만이 아니라 다른 여러 기록도 함께 보여줌으로써 역사적으로 혹은 문화적으로 더욱 가치가 있다고 말한다.[4)]

일연은 『삼국유사』의 〈선덕여왕이 미리 안 세 가지 일〉 즉 〈지기삼사(知幾三事)〉의 이야기를 통해서만 선덕여왕을 지혜로운 왕으로 등극시킨 것이 아니다. 일연은 선덕여왕 시대에 일어난 다양한 일에 대해서 여러 편의 글에서 일종의 환상성과 신화성을 부여하고 있다. 단지 여성이 왕이라는 단순한 표면적 사실에서가 아니라, 일연이 묘사하고 있는 선덕여왕 시대의 일련의 사건들과 서사 기법이 문화충돌의 신화적 상상력을 보여주기 때문에 가능한 일이다. 선덕여왕은 아버지 진평왕 즉 백정과 어머니 마야부인 사이에서 태어났다. 석가모니의 아버지와 어머니의 이름이 백정과 마야임을 감안한다면, 신라를 불국토로 이루려고 했던 선덕여왕은 부처의 뜻을 따르고 있는 것이라 볼 수 있다. "여자 군주는 나라를 다스릴 수 없다(女主不能善理)"라는 상대등 〈비담의 난〉 중에 죽음을 맞이한 선덕여왕은 치국 과정에서 다양한 신이한 행보로 여왕 관련 스토리에 일종의 신화적 상상력 부여하고 있다.

문화적 충돌이 가져오는 변화를 알기 위해서는 선덕여왕 시대와 관련 설화들이 가지는 신화성과 그것을 구현하는 내적 신화 상상력에 주목할 필요가 있다. 따라서 『삼국유사』 속에 등장하는 선덕여왕 스토리와 연관된 직, 간접적인 이야기들에 관심을 가지기로 한다. 선덕여왕의 신이한 능력을 기

4) 최남선, 『신정 삼국유사』, 경인문화사, 2013, 13-15쪽.

술하는 신화 전략은 아버지 진평왕 시대를 묘사하는 것에서부터 기인한다는 것에 우선 주목할 필요가 있다. 〈기이편〉에 등장하는 〈도화녀와 비형랑〉과 〈하늘이 내려 준 옥대〉는 아버지 진평왕의 신이한 능력과 신이한 시대를 상정한다. 이는 선덕여왕의 이야기가 일련의 신화성을 획득하는데 일정 부분 기여하는 신화적 상상력의 글쓰기 서막으로 보인다. 선덕여왕에 대한 직접적 진술은 〈기이편〉의 〈선덕여왕이 미리 안 세 가지 일〉이라는 글로부터 본격화된다. 그 후 〈문무왕 법민〉편에서 기술되는 사천왕사 이야기를 비롯해서 〈탑상편〉에 나오는 〈영묘사〉와 〈황룡사〉와 〈분황사〉와 〈첨성대〉 이야기 등으로 이어진다. 그리고 〈신주편〉에는 〈밀본 법사가 요사한 귀신을 꺾다〉라는 〈밀본최사(密本摧邪)조〉가 등장해 선덕여왕의 병이 귀신과 관련된 신화적 이야기임을 보여주고 있다. 이 역시도 매우 신이한 이야기로써 선덕여왕 시대를 구현하는 신화성의 내적 질서로 활용되고 있다. 또한 조상의 영혼을 달랜다는 뜻을 가진 〈영묘사〉 건립과 그 절에 얽힌 '지귀(志鬼)'라는 청년의 환상적 사랑담을 신화적 질서 구현으로 살펴볼 수 있다. 지귀의 못 다 이룬 사랑은 불로 변해 화기 예방을 위한 설화로 전승되는 것을 보여주기도 한다.[5)]

그간 진행되어왔던 선덕여왕에 대한 긍정적인 연구는 〈지기삼사〉의 〈모란꽃 이야기〉와 〈여성 군주〉에서 단편적으로 논의되어 왔었다.[6)] 반면, 혼

---

5) 권문해, 윤호진 옮김, 『대동운부군옥』, 지만지, 2014.

6) 김선주, 「선덕왕 지기삼사의 형성 시기와 배경」, 『한국고대사탐구』 25집, 한국고대사탐구학회, 2017, 215-251쪽.
우지현, 「역사 속의 여성 우리나라 최초의 여왕 선덕여왕」, 『감: 역사를 비추는 거울』 1집, 역사문화연구회, 2008, 22-28쪽.
이동매, 「모란 전래 시기를 통해서 본 선덕여왕의 '모란일화'와 『화왕계』」, 『한국학연구』

란한 시대를 불교라는 종교로 현실 도피했다는 비판적 평가도 논의의 한 축을 형성하고 있다.[7) 『삼국유사』 속에서 선덕여왕을 글쓰기의 기술적 측면에서 총체적으로 재구성해서 읽어내는 작업이 필요한 대목이다. 따라서 일연이 선덕여왕과 그의 시대에 어떠한 생각을 신화적으로 그려내고 있는지 살펴볼 필요가 있을 것이다. 보다 체계적인 문화적 충돌을 이해하기 위해 다음 세 가지 점에 유의해서 선덕여왕 시대가 전통 신앙과 새로운 종교인 불교의 문화충돌을 어떻게 내재화하면서 신화성 구현을 이루어 내고 있는지 일련의 서사 규칙을 재구성해보고자 한다. 첫째, 선덕여왕 시대의 사건이 다른 왕들의 시대에 비해 귀신담과 연결되는 신화성을 가진다는 점을 알 수 있다. 일단 선덕여왕의 아버지 진평왕은 자신의 죽은 선대왕 진지왕의 자식인 비형랑을 궁궐로 데려다 키우고 일을 시킨다. 심지어 그의 귀신 친구 길달을 신하로 기용함으로써 모종의 정치성을 보여주기도 한다.[8)] 또한 진평왕은 어느 날 갑자기 하늘에서 천사가 내려와 옥대를 주는 것을 경험한다. 이 이야기들은 진평왕에게 한정되어 기술되었지만 이는 그가 선덕여왕의 아버지라는 점을 눈여겨 볼 때, 선덕여왕과 매우 긴밀한 내적 연관성을 가지는 것을 알 수 있다. 『삼국유사』 권4의 〈이혜동진〉편을 〈지귀설화〉와 연관시켜서 '지귀(志鬼)'라는 청년이 여왕을 사랑해 불귀신으로 변하는가 하면, 여왕 스스로도 병이 들어서 밀본에게 치료를 받는 과정에서 귀신이 나가 비로

31집, 인하대학교 한국학연구소, 2013, 203-226쪽.

7) 서영교, 『고개 동아시아 세계대전』, 글항아리, 2015.
주보돈, 「한국 고대시회 속 여성의 지위」, 『계명사학』 21집, 계명사학회, 2010, 35- 56쪽.

8) 엄기영, 「『삼국유사』 〈도화녀와 비형랑〉의 신화적 특징과 그 의미」, 『한국문학연구』 25집, 이화여자대학교 한국문화연구원, 2013, 37-60쪽.

소 병이 낫는 것으로 기술되고 있다. 이는 민간 신앙의 귀신담과 연계된 선덕여왕 시대의 신화적 세계 형성에 일조하는 이야기들임을 알 수 있다.

둘째, 선덕여왕 시대에 역사적으로 중요한 불교 건축물들이 많이 건설되고 있었음을 주의깊게 살펴볼 수 있다. 〈영묘사〉, 〈분황사〉, 〈황룡사 9층 목탑〉, 〈첨성대〉 등의 건축물들이 조성되면서 하나같이 기이한 배경 이야기를 동반하고 있다는 점을 알 수 있다. 물론 사찰 관련 이야기는 선덕여왕 당시의 이야기만으로 한정되지는 않고 건축물과 관련된 기이한 후속 이야기로 이어져 초시간적인 신이한 세계를 구성하는 신화적 상상력을 구축하는 속성이 있다. 특히, 이 건축물들을 미르치아 엘리아데의 성스러움이 현현된 구조인 '히에로파니(hierophanie)'의 개념[9]과 신에 대한 공포심을 뜻하는 루돌프 오토의 루미노즈(numinouse)의 개념으로 살펴보고자 한다.[10] 어떠한 신이한 이야기들이 선덕여왕 시절 형성된 건축물들과 결합된 신화성을 나타내는지 살펴볼 필요가 있다.

셋째, 선덕여왕 시대의 이야기와 관련해서 예언성과 과학성이 불교 상상력과 충돌하는 양상을 보인다는 특징에 주목할 필요가 있다. 〈선덕여왕이 미리 안 세 가지 일〉에는 모란꽃, 여근곡, 죽는 날 등에 대한 예언들이 등장한다. 이는 후대 진성여왕 시기에 진성여왕의 여성으로서의 왕권 확립과 강화를 위해 형성된 것으로 보고 있다.[11] 특히, 세 번째 예언인 죽는 날에 대

---

9) 미르치아 엘리아데 강응섭 옮김, 『신화, 꿈, 신비』, 도서출판 숲, 2006, 153-157쪽.
히에로파니(hierophanie)란 성스러움이 현현된 구조를 말하며 종교의 중요한 신화성을 나타내고 있다.

10) 루돌프 오토, 『성스러움의 의미』, 분도출판사, 1987.
루돌프 오토에 의하면, 종교의 기원은 신에 대한 공포심이 가장 주요하다고 할 수 있다. 신이 의미하는 가장 간명한 것은 분노와 신에 대한 공포심이라고 말하고 있다.

해서는 후대왕 문무왕이 이를 적극 활용하고 있다는 점을 눈여겨 볼 필요가 있다. 당나라의 침입이 매번 무산되는 과정에서 사천왕사의 영험함이 드러난 것으로 보이지만, 천문대의 기능을 가지는 〈첨성대〉와의 인과성도 무시할 수는 없다. 선대왕 선덕여왕이 내린 예언을 손수 수행하는 후대 문무왕은 선대왕을 신성한 왕으로 추대하면서 스스로를 신화적인 왕으로 등극시키는 이중 효과를 얻고 있다. 이와 같이 선덕여왕 이야기의 신이한 화소들을 세 가지로 분류해서 각각이 선덕여왕 시대를 문화충돌의 신화성으로 읽을 수 있는 단초를 논리적으로 풀어가고자 한다.

2. 민간신앙의 귀신담과 불교가 충돌하다

최남선은 1947년 『조선국민역사』라는 역사서를 통해 선덕여왕이 매우 총명하고 선견지명이 있다는 논지를 다시 확인하고 있다. 특히, 선덕여왕 시절에는 매우 뛰어난 인물들이 대거 등장하였는데, 김유신, 김춘추, 의상, 자장 등의 영웅호걸이 나라 안팎에서 다양하게 활동을 하고 있는 것을 큰 미덕으로 보았다. 또한 〈분황사〉, 〈영묘사〉, 〈사천왕사〉, 〈황룡사 9층 목탑〉, 〈첨성대〉 등 문화적으로 가치가 있는 불교 건축물들의 등장을 선덕여왕의 지혜와 연결시키고 있다.[12] 이는 일연이 여기 저기 기록한 선덕여왕의 미덕을 한데 모아 종합적이고 유기적으로 이해한 것이라고 할 수 있다. 신라의 왕들에 대한 기록을 담은 『삼국유사』의 설화 속에서 선덕여왕의 이야기는

11) 김선주, 위의 논문, 215-251쪽.

12) 최남선, 『국민조선역사』, 경인문화사, 2013, 40-42쪽.

자장 스님이 창건한 영월 법흥사

다른 왕들에 비해서 내용적으로 많은 분량을 차지하고 있다. 『기이편』, 『탑상편』, 『신주편』, 『홍법편』, 『의해편』 등 선덕여왕과 관련된 이야기는 매우 많이 존재한다. 이러한 이야기들이 선덕여왕 시대를 다른 시대에 비해 더 신화적으로 바라보게 하는 주요한 동인으로 작용하고 있는 것이라 할 수 있다. 특히, 선덕여왕 시대에는 인간들의 세계와 귀신의 세계가 자주 충돌하면서 혼용되어 진술되고 있는 것을 확인할 수 있다.

『삼국유사』 속 선덕여왕과 관련된 귀신담은 크게 세 가지로 나누어 볼 수 있다. 첫째, 선덕여왕의 아버지 진평왕과 연루된 귀신담으로 〈도화녀와 비형랑〉의 '비형'과 〈하늘에서 내려온 옥대〉 부분에서 '천사'의 등장을 눈여겨 볼 필요가 있다. 이는 선덕여왕 시대가 가지는 환성성과 신화성 형성을 위한 서막과 같은 아버지 진평왕 때의 이야기이다. 먼저, 〈도화녀와 비형랑〉의 '비형'은 죽은 진지왕의 후손으로 등장한다. 25대 진지왕은 24대 진흥왕의 둘째 아들 금륜태자로서 약 4년간 왕을 지냈던 인물이고, 『삼국유사』에서 사륜왕(舍輪王) 진지대왕으로 등장한다. 그는 죽은 왕으로 현실 세계에 등장하는 기이한 인물이다. 그러나 김대문의 『화랑세기』[13]를 살펴보면, 진지왕은 정치를 문란하게 하고 음탕하게 놀아서 폐위된 왕으로 황실의 유궁에 약 3년 동안 갇히는 것으로 등장한다. 엄밀히 말하면 죽은 것은 아니지만 세상 사람들에게는 죽은 것으로 인식되었던 것으로 보이고, 『삼국유사』는 그것을 그대로 기록하여 죽은 왕이 아름답기로 소문난 도화녀에게 다시 찾아와 자기를 섬기라고 한 것을 기록하고 있다. 이때 태어난 자식이 비형랑이라는 사내아이이다. 따라서 비형랑은 죽은 진지왕 즉 귀신의 자식으로 그려진다. 그러나 『삼국유사』에서는 비형의 재주가 뛰어나 26대 진평왕이 데려다 키우는 것으로 기록되었고, 그는 밤마다 왕궁을 넘어 귀신과 놀았다고 묘사되고 있다. 진평왕은 진흥왕의 큰아들 동륜대자의 자식이기 때문에 폐위된 사륜왕 진지왕의 조카라 할 수 있다. 따라서 선덕여왕에게 비형랑은 비교적 매우 가까운 혈육임을 알 수 있다. 비형은 자신이 왕에게 천거한 귀신 친구 '길달'이 역모를 꾸미자 그를 죽이게 된다. 그때부터 세상 사람들은 비형의 등장을 무서워하게 되었다는 이야기가 전해진다. 지금도 우리 문화에서 비형은 우리나라의 도깨비의 원형으로 기억되고 있기 때문에 선덕여왕 시대의 신화성은 여전히 유효하게 현실 작용을 하고 있는 셈이다.[14]

또한 선덕여왕 아버지 진평왕은 비형랑이라는 귀신 이야기 이외에도 두 차례나 천사 옥대 이야기에서 등장한다. 〈기이편〉의 〈하늘이 내려 준 옥대〉와 〈탑상편〉의 〈황룡사의 9층탑〉 부분에서 '천사옥대'가 나라의 세 가지 보

13) 김대문, 이종욱 옮김, 『화랑세기』, 소나무, 1999.

14) 김열규, 『도깨비 날개를 달다』, 한국학술정보, 2004.

물 중 하나라고 기록되어 있다. 〈기이편〉에서 묘사하는 진평왕의 모습은 인간이라기보다는 오히려 신적인 요소가 더 많아 보인다. 그는 키가 열한 자라고 기록되는데, 이는 한 자가 30센티임을 감안하면, 3미터가 넘는 거구라는 것인데 이는 매우 컸다는 것에 대한 과장된 표현일 것이다. 심지어 그가 섬돌을 밟았는데, 돌 세 개가 한꺼번에 부서졌다는 진술이 나온다. 이는 인간적인 모습이라기보다는 신적 영역에서 왕의 신성성을 그리고 있는 것이라고 할 수 있다. 또한 하늘에서 천사가 옥대를 가지고 와서 진평왕에게 "상황이 나에게 이 옥대를 전해 주라고 명하였소.[15)]"라고 하는 진술을 보여줌으로써 인간의 왕이 아니라 하늘이 내려준 왕임을 보여주는 신화전략 기술(記述)을 보이고 있다. 이와 같이 귀신을 데려와 키우고 하늘에서 천사에 의해 옥대가 하사되는 광경은 선덕여왕 시대가 가지는 신화성을 자연스럽게 받아들이게 하는 서술 전략의 기반이 되고 있다. 비형랑과 천사옥대 이야기는 선덕여왕과 관련되는 직접적인 귀신담은 아니지만 선덕여왕 시대의 귀신담 이야기를 낯설지 않게 만드는 선행적 서술효과가 있다. 이 이야기들은 신이한 민간 신앙과 불교적 세계가 공존하고 있는 것을 보여주고 있다.

둘째, 선덕여왕과 직접 관련 있는 귀신 이야기는 〈지귀설화〉에 등장하는 불귀신 '지귀(志鬼)'의 서술이다. 지귀 이야기의 자세한 내용은 『삼국유사』에는 직접 전하지 않지만 권4권 〈이혜동진(二惠同塵)〉 즉 "혜숙과 혜공이 여러 모습을 나타내다"에서 구참공과 혜공의 일화 속에서 금당(金堂)과 좌우에 있는 경루(經樓)와 남문(南門)의 낭무(廊무)를 묶어 놓고 강사(剛司)에게 새끼를 3일 후에 풀게 하였다. 그 때 선덕왕의 행차가 있었고 지귀(志

15) 일연, 김원중 옮김, 『삼국유사』, 민음사, 2007, 98-99쪽.

鬼)의 심화(心火)가 나와서 그 탑을 불태웠지만 오직 새끼로 맨 곳만은 화재를 면할 수 있었다는 이야기가 등장한다.[16] 이 이야기는 이미 사라진 〈신라수이전〉의 내용을 조선시대 권문해가 『대동운부군옥』에 적고 있다. 지귀와 관련된 사찰인 영묘사 이야기는 『삼국유사』 권3 『흥법편』 3 〈아도기라(阿道基羅)조〉와 권3 『탑상편』 4 〈영묘사장육삼존상(靈廟寺丈六三尊像)조〉와 권3 『탑상편』 4 〈미륵선화 미시랑 진자사조〉 등에 등장한다. 실제로 일연은 '지귀(志鬼)'에 대해서 영묘사에 화재가 있었다고만 기술하고 있다. 권3 『탑상』 4 〈영묘사장육조〉에서는 "선덕왕이 절을 세우고 소상을 만든 인연에 관하여는 양지법사전에 자세히 실려 있다(善德王創寺塑像因緣 具載良志法師傳). 경덕왕 23년 (764년)에 장륙불상을 다시 도금하는데 벼 2만 3,700석이 들었다."라고 기술함으로써 영묘사라는 절이 매우 특별한 절이었고, 그 규모도 웅장했을 것이라는 것을 암묵적으로 보여주고 있다. 현재 널리 알려진 지귀설화는 『대동운부군옥』에서 전하는 이야기가 직접적인데, 그 내용은 활리역(活里驛)에 사는 지귀라는 평민 남자가 여왕을 사모하여 영묘사 탑에서 기다리다 잠깐 잠이 들고 만다. 그러나 여왕을 만나지 못하고 여왕이 남긴 팔찌 하나만을 본 지귀는 가슴에서 불이 나서 탑을 태우고 가는 곳마다 불바다를 만든다. 이에 여왕이 화재 퇴치 설화를 만들어 민간에 배포한다는 주술성을 담은 이야기가 설화의 주요 내용이다.[17] 선덕여왕은 귀신이 된 지귀를 달래는 영험함을 가지는 신화성을 보여 주고 있다. 이는 당시 민간에 불과 관련된 민간 신앙과 선덕여왕의 불교가 충돌하는 것을 보여주고 있는 것이라 할 수 있다. 선덕여왕의 화재 퇴치의 노래를 민중 달래기라는 측면

16) 일연, 위의 책, 440-446쪽.

17) 권문해, 윤호진 옮김, 『대동운부군옥』, 지만지, 2014, 19-65쪽.

으로 좀 더 깊이 생각해보면, 주보돈이나 서영교의 지적처럼 지나친 불교 장려와 불교 사찰 건립에 많은 민중의 고달픔이 서려있었음을 짐작할 수도 있을 것이다.

셋째, 선덕여왕 관련 귀신담은 선덕여왕이 아팠을 때 귀신을 퇴치한 밀본 법사의 이야기이다. 『삼국유사』 권5, 『신주편』 6 〈밀본최사(密本摧邪)조〉에서는 선덕여왕의 질병을 치유하는 밀본의 이야기가 다음과 같이 등장한다.

> 선덕왕(善德王) 덕만(德曼)이 병에 걸려 오래 낫지 않았는데 흥륜사(興輪寺) 승려 법척(法惕)이 임금의 명을 받고 병을 돌본 지 오래되었으나 효험이 없었다. 이때 밀본(密本) 법사가 있었으니 덕행(德行)으로 나라에 명성이 높아서 좌우에서 (밀본 법사로) 대신할 것을 청하였으므로, 왕이 조서를 내려 궁궐로 맞아 들였다. 밀본은 왕의 거처[宸仗] 밖에서 『약사경(藥師經)』을 읽었다. 경을 다 읽고 나자 가지고 있던 고리가 6개 달린 지팡이[六環]가 침전 안으로 날아 들어가 늙은 여우 1마리와 법척을 찔러 뜰 아래로 거꾸로 내던졌다. 그러자 왕의 병이 곧 나았는데, 이때 밀본의 정수리 위에 오색의 신비로운 빛이 나자 보는 사람이 모두 놀랐다.
>
> -『삼국유사』 권5, 「신주」 6 〈밀본최사(密本摧邪)조〉[18] -

위 인용문에서 진술되듯이 선덕여왕은 오랫동안 병이 낫지 않았던 것으로 보인다. 흥륜사의 법척이라는 스님이 여왕의 병을 정성껏 돌보았지만 낫

---

18) 일연, 위의 책, 499-502쪽.

강릉 김유신 사당 가야 조상 영정각

지 않자 신하들은 밀본 법사를 만나보라고 청한다. 밀본은 『약사경(藥師經)』을 읽어 늙은 여우와 승려 법척을 물리치고 여왕의 병을 고친다. 그러나 이 진술만으로는 귀신 퇴치에 부족했던 것으로 생각한 일연은 김양도와 김유신의 귀신 경험담 일화를 부록처럼 글 밑에 첨가시켜 밀본의 신성성과 신화적 기능을 더욱 강화시키고 있다. 김양도는 김유신과 더불어 신라의 유능한 신하였는데, 이들의 일화는 선덕여왕 시대의 신화성을 더욱 부가시키는 효과를 거두고 있다. 심지어 김양도의 어린 시절 병이 귀신들의 장난이었음을 보여주면서, 병이 나은 김양도가 매우 진실한 마음으로 불교를 신봉하고 있음을 보여주고 있다. 김유신은 금곡사에 있는 늙은 거사와 친하게 지냈다고 하는 진술이 등장하는데, 여기에서 늙은 거사는 밀본 법사에 해당한다. 김유신은 친척이 아팠을 때 이 거사에게 도움을 청하였다. 김유신은 『삼국유사』 권1 『기이』 2 〈김유신〉에서도 귀신들의 도움을 받은 것으로 등장한다. 김유신이 백제군 진영을 염탐하기 위해 고구려 첩자 백석과 동반해서 길을 가는데, 호국 여신 내림(奈林) · 혈례(穴禮) · 골화(骨火) 등 세 명의 여신들로부터 도움을 받는 것으로 등장하기도 한다. 김유신에게 도움을 주었던 호국 여신들은 신라의 땅을 지키는 신령이었다. 선덕여왕 시대에는 여왕의 아버지 진평왕 일화에서부터 유명한 신하 김유신과 김양도 등에 이르기까지 귀신담과 충돌하는 신이한 종교적 신화성이 기술되고 있다. 이 역시 민간에 남겨진 신앙과 선덕여왕 시대의 불교 형성 간의 충돌을 보여주는 사례로 보인다. 특히, 선덕여왕 시절 밀본 법사가 흥륜사의 법척을 퇴치한 것은 일종의 불교 종파의 충돌로 이해될 수 있을 것이다. 『삼국사기』 권 제5 〈선덕왕본기〉에는 선덕여왕 시절에 지진이 일어나고, 봄에 우박이 오고, 큰 돌이 저절로 옮겨지고, 누런 꽃이 비처럼 내리고, 동쪽의 바다 물이 붉게 되는 등 이상한 자연 현상이 끊이지 않았었다.[19] 이러한 역사적 사건들은 『삼국유사』 속 신이한 이야기들을 신화적으로 이해하게 해주는 교량역할을 하고 있다.

3. 인간의 공포가 종교를 만나다

『삼국유사』 권4 『의해편』 5 〈원효불기(元曉不羈)〉 즉 "원효는 얽매이지 않는다"에서는 〈분황사(芬皇寺)〉의 설립과 기원에 대한 이야기가 등장한다.

---

19) 김부식, 위의 책, 권 제5, 〈신라본기 선덕왕〉.

분황사

〈분황사〉는 선덕여왕 시대에 만들어진 절로서 분황(芬皇)이라는 이름은 '향기로운 임금'이라는 뜻을 담고 있다. 선덕여왕 초기에 건립된 이 절은 여왕의 신라 불국토사상(新羅佛國土思想)의 불교관이 강하게 드러난 사찰이라고 할 수 있다. 신라의 중심 사찰인 〈황룡사〉와 바로 맞닿아 있고, 서쪽에는 〈첨성대〉가 놓이게 되는데, 이들 건축물들과 함께 불교에 대한 히에로파니(hierophanie)적인 사상을 잘 보여주는 것이라고 할 수 있다. 미르치아 엘리아데는 히에로파니(hierophanie) 즉 성스러움이 현현된 구조를 종교의 중요한 신화성의 한 축으로 보고 있다. 따라서 히에로파니는 종교의 중요한 개념으로 성스러움이 현현된 사물의 상태를 말한다.[20] 여왕이 지은 절 혹은 여왕의 향기가 남아 있는 절은 후세에도 영험한 사찰로서 기이한 사건들을

20) 미르치아 엘리야데 강응섭 옮김, 『신화, 꿈, 신비』, 도서출판 숲, 2006, 153-157쪽.

동반하고 있다. 분황사에는 무열왕 때 원효와 설총과 연관된 이야기가 전해지고 경덕왕 때에는 희명이라는 여자와 그녀의 눈먼 딸 이야기가 등장함으로써 선덕여왕 시대에 지었던 분황사라는 사찰의 신성성이 더욱 강조되어 신화화되고 있다.

원효는 〈원효불기(元曉不羈)〉라는 제목에서 유추할 수 있듯이 어디에도 얽매이지 않는 자유로운 영혼이다. 일연은 원효의 탄생이 매우 기이하였다는 것을 말하면서 밤나무 아래에서 태어난 원효와 관련해서 그 밤나무를 '사리수'라 하고 그 열매를 '사리율'이라고 한다고 기록한다. 원효는 상례에 벗어난 기이한 행동을 매우 많이 했는데, "누가 내게 자루 없는 도끼를 주려는가. 내가 하늘을 떠받칠 기둥을 찍어 보련다."[21]라는 노래로 요석공주와 부부의 인연을 맺어 아들 설총을 낳게 된다. 이때 요석공주는 무열왕의 과부 딸로 나온다. 주지하다시피 후에 설총은 신라에서 없어서는 안 될 중요한 학자가 된다. 아들 설총이 문을 나가자 고개를 돌렸다는 전설이 분황사의 건축물에 전해지고 있다. '새벽'이라는 의미를 가진 원효는 "일체 무애인은 한 번에 생사를 벗어난다."[22]는 무애가를 전파함으로써 불교의 대중화에 깊은 향기를 덧붙인 사람이다. 이는 분황사라는 사찰이 가지는 신성성인 히에로파니(hierophanie)적 속성을 잘 살려주는 설화가 되고 있는 것이다.

〈분황사〉의 히에로파니(hierophanie)는 사찰의 신성한 영험함을 구체적으로 보여줌으로써 그 신화성이 더욱 강화되고 있다. 35대 경덕왕 때 한가리의 희명이라는 여자의 딸이 태어난지 5년 만에 눈이 멀어버린 이야기가 등장한다. 그러나 이 희명은 〈분황사〉 좌전(左殿) 북쪽 벽에 그려진 천수대

21) 일연, 위의 책, 467쪽.

22) 일연, 위의 책, 468쪽.

비 앞으로 나아가 향가를 부르며 기도를 드린 후에 딸의 눈이 뜨이는 신성한 경험을 하게 된다. 27대 선덕여왕 시절에 여왕의 향기라는 명칭은 후대 29대 무열왕 시절 원효와 설총의 이야기로 신적인 신성함을 더욱 강조하여 향기를 내는 사찰이 되고 있으며, 더 지나서 35대 경덕왕 때에는 29대 무열왕 시절 왕실의 신이한 징험에서 한 발 더 나아가 일반 백성에게도 신성함을 증명하는 대중화된 히에로파니(hierophanie)로써 향기 나는 사찰인 분황사가 되어 가는 과정을 보여주고 있다. 이는 원효의 무애가의 정신이 실현되는 불교정신으로 볼 수 있다.

〈영묘사〉는 지귀의 이야기와 관련해서 위에서 귀신담으로 이미 이야기된 사찰이지만, 영묘사에 대한 진술 역시 히에로파니(hierophanie)적인 속성을 그대로 보여주고 있다. 영묘사의 등장은 여러 곳에서 나타나고 있는데, 위에서 언급한 『삼국유사』 권3 『흥법편』 3 〈아도기라조〉와 권3 『탑상편』 4 〈영묘사장육조〉와 권3 『탑상편』 4 〈미륵선화 미시랑 진자사조〉 이외에도 『삼국유사』 권1 『기이편』 1 〈선덕왕 지기삼사조〉와 『기이편』 2 〈효공왕조〉와 권4 『의해편』 5 〈양지사석(良志使錫)조〉 등에서 동일한 명칭이 등장하고 있다. 〈영묘사〉에서는 집권 초 취약한 지지기반을 강화하기 위해 조상을 신화화하는 작업을 진행했는데, 특히 박혁거세와 알영 등 창조 시조 모시기에 공을 들였고, 여왕이라는 특수한 상황을 강조하기 위해 '알영'의 중요성을 더욱 강조하였다.[23] 일련의 신화성이 현현되는 장소로서 〈영묘사〉의 기능이 계속적으로 선덕여왕의 영험함을 신화적으로 받아들이게 하는 장치가 되고 있는 셈이다.

23) 김선주, 「신라 선덕여왕과 영묘사」, 『한국고대사연구』 71집, 한국고대사학회, 2013, 281-316쪽.

선덕여왕 시대 히에로파니(hierophanie)적 속성을 가장 잘 보여주는 건축물은 현존하지 않는 〈황룡사 9층 목탑〉으로 볼 수 있다. 이 탑은 선덕여왕 2년 자장 법사가 "황룡사에 9층 목탑을 지으면 신라 주변의 9한(九韓)이 신라에 조공을 바치고 복속을 청할 것"이라고 해서 시작된 것이다.[24] 선덕여왕은 자연재해와 외적의 침입이라는 내우외환의 문제를 해결하기 위해 집권기에 무려 25개의 사찰을 건립하게 했다. 이를 통해 왕권강화와 민심 안정과 내부 결속을 다지려고 했다. 그 중 가장 중심에 있었던 사찰이 바로 황룡사라고 할 수 있다. 웅대한 건축물이 주는 신화적 현현과 종교성은 불교의 웅장한 사찰건물과 높은 불탑에서 가장 잘 재현될 수 있을 것이다. 이때 적국인 백제의 백성인 아비지가 9층탑 건립을 하게 된다. 여기에서 9층으로 한 이유는 9개의 이웃 나라를 복속하는 것으로, 아비지는 자기가 속한 백제도 복속 대상이 된다는 도덕적 딜레마를 느끼게 된다. 아비지는 처음 찰주(刹柱)를 세우는 날 자기의 고국인 백제가 불타는 무서운 꿈을 꾸게 되어 공사에서 손을 떼려고 한다. 그런데 갑자기 지진이 나고 어두컴컴한 곳에서 노승과 한 장사가 나타나 자신이 세우지 않은 찰주(刹柱)를 세우고 사라져버리고 만다. 아비지는 할 수 없이 백제의 운이 다했다는 것을 인정하면서 탑을 짓게 된다.[25]

〈황룡사 9층 목탑〉과 관련해서 일연이 얻어내고 있는 신화성은 바로 신에 대한 공포심이라는 누미노즈(numinouse)라고 할 수 있다. 루돌프 오토

---

24) 일연은 안홍이 지은 『동도성립기』를 인용하면서 여자가 왕이 되어 위엄이 없어진 것을 막기 위해 9층탑을 세우게 했다는 글도 함께 전하고 있다. 여기에서 아홉 이웃은 1층 일본, 2층 중화, 3층 오월, 4층 탁라, 5층 응유, 6층 말갈, 7층 거란, 8층 여적, 9층 예맥 등이다. 따라서 아비지가 속한 백제는 여기에 들어 있지 않는다.

25) 일연, 위의 책, 319-323쪽.

에 의하면, 종교의 기원은 신에 대한 공포심이 생길 때라고 한다. 즉 신이 의미하는 가장 간명한 것은 분노와 신에 대한 공포심이라고 말하고 있는 것이다. 즉 신은 하나의 생각이나 추상적인 개념이나 단순한 도덕적 비유가 아니라 무언의 무서운 공포가 바로 신을 찾게 하는 요인이라고 말한다. 따라서 루돌프 오토는 이 무서운 신비를 누미노즈(numinouse)라고 부르고 있다. 이 감정은 다른 무엇과도 비교할 수 없을 정도로 완전히 색다른 공포의 경험이며, 그 안에서 인간은 하나의 피조물에 불과하다는 것을 받아들이게 된다. 그리고 종교적 성스러움은 지금까지와는 완전히 다른 그 무엇이 되는 것이다.[26]

일연은 백제 사람 아비지가 신라의 〈황룡사 9층 목탑〉을 짓는다는 모순을 바로 공포심이라는 종교적인 체험으로 승화시키고 있다. 꿈 속에서 조국이 불타는 것을 이겨내면서 적국의 탑을 지을 수 있는 사람은 없을 것이다. 그러나, 아비지는 자신이 제어할 수 없는 신적인 경험을 하게 되는데, 노승과 장수가 나타나 자신이 세우지 않은 거대한 찰주(刹柱)를 세우고 사라지는 경험인 것이다. 이는 무서운 신비인 누미노즈(numinouse)를 느끼는 인간의 연약함을 보여주는 장치라고 할 수 있다. 따라서 아비지의 누미노즈(numinouse)적 경험은 부처라는 종교적인 세계에 대한 공포심일 것이다. 아비지가 느꼈을 공포는 한 사회의 구성원으로서 가지는 도덕과 의리와 충성을 넘어서는 것으로 자신이 부처의 세계에서 하나의 피조물에 지나지 않는다는 것을 느끼게 해주는 초국경적이고 초민족적인 감정이다. 따라서 선덕여왕 시대의 대표적인 건축물인 〈분황사〉, 〈영묘사〉, 〈황룡사 9층 목탑〉

26) 루돌프 오토, 『성스러움의 의미』, 분도출판사, 1987.

등의 이야기에는 민간신앙과 대립된 불교의 종교적 신화성이 겹쳐져 있음을 알 수 있고, 이는 불교가 민중에게 깊숙이 자리매김하지 못하고 있음을 반증하는 것이라고 할 수 있다.

4. 종교와 과학적 담론이 충돌하다

『삼국유사』의 〈기이편1〉의 〈비형랑과 도화녀〉에는 "나라 사람들 즉 국인이 사륜왕(舍輪王) 진지대왕을 폐위시켰다"는 진술이 등장하고 있다. 여기에서 우리는 마찬가지로 나라 사람들이 덕만 공주를 추대하여 왕으로 오

선덕여왕 묘 도리천

르게 했다는 것에 주목해 볼 수 있다.[27] 선덕여왕은 김부식으로 대변되는 정사 기록 부분에서 다소 부정적으로 그려지고 있다가 일연의 『삼국유사』에 와서는 일약 지혜로운 여왕으로 등극하게 되는 극적인 인물이다. 지혜롭고 신성한 여왕 만들기의 가장 중심에 있는 이야기가 바로 〈선덕여왕이 미리 안 세 가지 일〉인 〈지기삼사(知幾三事)〉 이야기이다. 이 이야기가 선덕여왕 시기에는 없었을 것이라고 보는 것이 논리적인 상식으로 보인다. 세 여왕이 있을 것이라는 세 송이의 모란꽃과 적의 침략을 먼저 알아차린 옥문지 이야기도 사실 전쟁에서 승리해야 생길 수 있는 이야기이기 때문에 더욱 선덕여왕 당시의 이야기로 보기에는 다소 무리가 있다. 실제로 모란꽃은 선덕여왕 시대에는 당나라에서도 알려지지 않았던 꽃이라고 한다.[28] 그렇다면, 이 이야기가 다소 후대에 만들어졌을 가능성이 농후한 것이다. 또한 죽을 날을 예언하고 자신이 묻힐 곳까지 예언했다는 것 역시 죽고 난 후의 결과적인 것이기에 이 역시 선덕여왕 당시의 이야기로는 보기 어렵다. 이러한 문제의식은 김선주의 논문을 참고해서 실마리를 풀어볼 수 있다. 김선주는 선덕여왕의 〈지기삼사(知幾三事)〉 이야기가 후대 51대 진성여왕이 활용한 것이라고 주장한다. 9세기 신라의 통치자로서 여성이 문제가 없음을 항변하기 위해 이전 7세기 선대 여왕의 신화성을 활용해서 왕권 강화용 스토리 제작을 감행했을 것이라고 말한다.[29] 선덕여왕을 영험한 존재로 부각해서 이익을 얻는 사람이 이미 죽은 선덕여왕이 될 수 없음은 분명한 이치이기 때문에 후대왕의 활용이라는 것에 동의할 수 있다. 특히, 왕권이 약한 여왕의

27) 조범환, 『우리 역사의 여왕들』, 책세상, 2000, 19쪽.

28) 이동매, 위의 논문, 203-226쪽.

29) 김선주b, 위의 논문, 215-251쪽.

마지막 주자인 진성여왕이라면 충분히 납득이 되는 이야기가 될 수 있다. 일연은 13세기의 사람이고, 선덕여왕은 7세기의 사람이기 때문에 13세기의 인물이 7세기의 인물에 대해서 자세히 사실적인 부분을 쓴다는 것은 있을 수 없는 이야기이다. 따라서 7세기의 선덕여왕은 그 후 왕들에게 영험함을 주는 존재로 활용되어 왔던 것으로 보인다.

선덕여왕과 선덕여왕 시대를 영험하게 바라보게 하는 문화적 중심에는 〈첨성대(瞻星臺)〉의 축조가 존재한다. 종교적 기능이라는 설과 천문 과학적 기능이라는 설이 여전히 대립하고 있지만[30], 이는 둘 다 선덕여왕 시대를 신화적으로 구성하는 데 일조하고 있다고 보인다. 서금석은 첨성대의 형상이 통치자의 의도가 반영되어 건축된 것으로 다양한 목적이 함의되어 있다고 주장한다. 현재 관측기구라고 보는 설과 종교적 제의 공간이라는 설이 나뉘고 있지만, 이들 논의는 어찌 보면 둘이 아니라 하나의 연관된 융합된 담론으로 볼 수 있다. 그 근거를 〈지기삼사(知幾三事)〉의 세 번째 이야기와 〈문무왕 법민(文虎王法敏)〉 이야기를 함께 읽음으로써 그 실마리를 풀어보고자 한다.

선덕여왕의 세 번째 지혜인 죽는 날을 예언한 신출귀몰한 발언은 문무왕 법민에 의해서 극적으로 실현되는 효용 가치를 얻게 된다. 문무왕은 최초의 진골 출신 왕인 무열왕 김춘추와 멸망한 가야의 후손인 김유신의 여동생 김문희 사이에 태어난 장자로서 당나라를 물리치고 676년 최초의 신라 통일왕국을 이룩한 왕이다. 문무왕은 선덕여왕이 예언한 "낭산의 남쪽 도리천에 묻어라.[31]"라는 말을 그대로 실현시켜서 여왕의 무덤 밑에 사천왕사를 짓는

30) 서금석, 「천문대로서의 첨성대 이설에 대한 재론」, 『한국고대사연구』 86집, 한국고대사학회, 2017, 149-193쪽.

다. 불교에서 부처가 사는 세계는 수미산이라고 하고, 수미산의 꼭대기가 도리천이라고 말한다. 따라서 불교의 사찰문 앞에 서 있는 사천왕사는 불교사찰이 상징적으로 수미산임을 표시해주는 상징물인 것이다. 사찰의 중심부인 대웅전은 부처가 모셔진 곳, 즉 도리천에 해당한다. 따라서 선덕여왕의 도리천 예언이 실현되려면 무덤 아래에는 반드시 사천왕사가 지어져야 그곳이 바로 도리천이 되는 것이다. 문무왕 법민은 당나라의 거듭된 공격을 막기 위해 법사 12명을 긴급 소집하여 절 아래에 사천왕사를 짓는다.

> 왕이 명랑을 불러 말하기를, "일이 벌써 절박하게 되었으니 어떻게 하였으면 좋겠는가?"하니 명랑이 왕에게 아뢰되, "채색 비단으로써 절을 임시로 만들면 됩니다."하여 왕이 채색 비단으로써 절집을 꾸리고 풀〔草〕로써 오방의 신상을 꾸려놓고 유가명승(瑜伽明僧) 열두 명이 명랑 법사를 우두머리로 삼아 문두루(文豆婁)의 비밀 술법을 썼다. 이때에 당나라 군사와 신라군사가 아직 교전을 하지 않았는데 풍랑이 크게 일어나서 당나라 배가 모두 물에 침몰하였다. 뒤에 절을 고쳐 지어 사천왕사라고 불렀는데 지금도 불단의 법석이 계속되고 있다.
>
> - 일연, 김원중 역, 『삼국유사』, 민음사, 2007, 〈문무왕〉 -32)

윤선대는 사천왕사 위 낭산(狼山)에 있었던 선덕여왕의 장지(葬地)가 도리천(.利天)으로 표상되었던 것에 주목하고 있다. 즉, 사천왕사가 수미산 정상의 도리천으로 올라가는 불국토 신라의 입구, 경계 지점으로 인식되고 있

31) 일연, 위의 책, 115쪽.

32) 일연, 위의 책, 135-142쪽.

는 것에 주목한 것이다. 따라서 문무왕이 즉흥적으로 만든 사천왕사는 신라 왕경(王京)의 남방 끝에 불과한 공간이 아니라고 말한다. 엄밀히 말하면 밀교 의례 속에서 사천왕사는 불국토 신라의 입구이며, 오방신(五方神)과 사천왕(四天王)이 지키는 불국토의 경계 지점이라고 주장한다.[33)]

선덕여왕 시절에 만들어진 〈첨성대〉는 천문대설, 규표설, 수미산설 등 여러 설이 있지만 천문관측의 기능에 대한 주장이 여전히 가장 강력하게 제기되고 있다.[34)] 〈첨성대〉의 기능이 종교적이든 과학적 천문 기구이든 둘 다 문무왕에게는 유용한 담론이 될 수 있을 것이다. 당나라로부터 위협이 계속되는 상황에서 선덕여왕의 세 번째 예언은 종교적으로 매우 유용한 신화성을 발휘한다. 즉 사천왕사를 무덤 아래 설치하면 그곳은 순식간에 부처가 사는 도리천이 된다. 도리천은 일종의 영험한 예언력을 발휘하는 것으로 당나라의 침입을 물리칠 수 있는 신통력을 가지는 신화담론이 가능한 셈이다. 즉 이 말은 신라가 불국토라는 것을 인정한다면 나라 전체가 수미산이 되는 것이다. 〈첨성대〉가 선덕여왕이 말하는 도리천이라고 주장하는 정연식의 논리가 어느 정도 이해를 받는 지점이 된다. 그는 첨성대가 천문관측기구가 아니라고 말한다. 첨성대는 선덕여왕의 탄생을 형상화시킨 우물 모양이라고 보고 있다. 그에 의하면 우물 모양의 첨성대가 바로 신라의 시조신인 박혁거세가 태어난 우물이고 첨성대의 중간에 나 있는 구멍은 석가모니가 태어난 마야부인의 우협이라는 논리이다. 따라서 첨성대를 박혁거세의 탄생과

---

33) 윤선태, 「중대신라 불교문화 연구의 새로운 시각」, 『선사와 고대』 44집, 한국고대학회, 2015, 5-37쪽.

34) 조경철, 「신라 선덕여왕의 알영신화 재편과 첨성대」, 『천태학연구』 14집, 천태불교문화연구원, 2011, 464-465쪽.

석가모니의 탄생과 선덕여왕의 탄생이 교묘하게 결합된 종교적 건축물로 보았다.[35)]

한편 당나라가 쳐들어 올 때 풍랑이 크게 일어 배가 자주 침몰하였다는 논리는 어쩌면 문무왕이 태풍과 같은 기후와 절기를 미리 읽었을 가능성도 배제할 수 없다. 그렇다면 〈첨성대〉는 기후와 절기와 별을 관측하는 과학적 공간이자 적을 물리치고자 하는 신앙적인 바램인 도리천의 종교적 형상이 될 수 있을 것이다. 선덕여왕 시대가 가지는 건축물인 〈첨성대〉와 종교적 도리천의 관계는 현대의 시인 서정주에게도 비슷하게 결합된 융합적 상상력으로 인식되고 있음을 그의 시 〈선덕여왕의 말씀〉에서 알 수 있다.

짐朕의 무덤은 푸른 영嶺위의 욕계 제이천第二天
피 예 있으니, 피 예 있으니, 어쩔 수 없이
구름 엉기고, 비 터 잡는 데- 그런 하늘 속.

피 예 있으니, 피 예 있으니,
너무들 인색치 말고
있는 사람은 병약자한테 시량柴糧도 더러 노느고
홀어미 홀아비들도 더러 찾아 위로코,
첨성대瞻星臺 위엔 첨성대 위엔 그중 실한 사내를 뽜라.

살肉體의 일로써 살의 일로써 미친 사내에게는

35) 정연식, 「첨성대의 기능과 형태에 관한 여러 학설 비판」, 『역사학보』 24집, 역사학회, 2009, 357-403쪽.

살닿는 것 중 그중 빛나는 황금 팔찌를 그 가슴 위에,
그래도 그 어지러운 불이 다 스러지지 않거든
다스리는 노래는 바다 넘어서 하늘 끝까지.

하지만 사랑이거든
그것이 참말로 사랑이거든
서라벌 천년의 지혜가 가꾼
국법國法보다도 국법의 불보다도
늘 항상 더 타고 있어라.

짐의 무덤은 푸른 영 위의 욕계 제이천
피 예 있으니, 피 예 있으니, 어쩔 수 없이
구름 엉기고, 비 터 잡는 데- 그런 하늘 속.

내 못 떠난다.

〈선덕여왕의 말씀[36]〉

미당 서정주는 『신라초』에서 신라의 정신을 노래하면서 〈선덕여왕의 말씀〉이라는 시를 통해 선덕여왕의 염원을 종교적으로 상상한다. 서정주는 시에서 지혜로써 나라를 다스리고 모든 사람을 굽어 살필 수 있는 도리천 위에 앉아서 백성을 살피고자 하는 자비로운 부처의 마음을 여왕의 마음이라

36) 서정주, 『미당 서정주 전집1: 시』, 은행나무, 2015, 159-160쪽,

고 묘사한다. 있는 자는 약자를 살피고, 홀아비와 홀어미가 자주 드나들 수 있는 곳으로 자기가 서 있겠다는 다짐을 보인다. 첨성대 위에 실한 사내를 두라는 표현을 두고 볼 때 서정주는 첨성대를 일종의 종교적 제의 공간으로 보는 것 같다. 지귀의 사랑도 넉넉한 마음으로 받고 그 사랑의 마음이 지귀의 불보다 더 강한 힘을 발휘하길 바라는 애민의 마음을 기록하고 있다. 선덕여왕의 세 번째 예언은 바로 문무왕의 사천왕사에 의해 더욱 영험함을 발휘하고 현대의 서정주의 시에서까지 민중을 사랑하는 마음으로 추앙되고 있는 신화 상상력이다. 따라서 〈첨성대〉의 관측기구로써 과학성의 기능은 바로 도리천이라는 종교적인 상징물과 결합되어 신성한 시대를 만드는 또 하나의 상징성을 보여주고 있다.

여기에서 우리는 13세기의 지식인 일연이 12세기의 지식인인 김부식의 정사에 맞서서 무엇을 반박하고 무엇을 강조하고 싶었는지 살피기 위해 가장 극심한 대립적 진술을 보이는 7세기 선덕여왕을 총체적으로 살펴볼 수 있었다. 일연이나 김부식이나 모두 삼국의 시대와는 몇 백 년이나 떨어진 고려의 인물들이기 때문에 삼국에서 있었던 일을 그대로 기록했다고는 볼 수 없다. 본고는 김부식과 일연의 진술이 극명하게 달라지는 선덕여왕에 대해서『삼국유사』를 중심으로 살펴봄으로써 어떻게 늙은 규방의 할망이 지혜로운 여왕으로 탈바꿈하는지 살펴보았다. 따라서 신화가 민족에게 어떠한 자긍심을 줄 수 있는지 살피는 일연의 의도도 확인해 보았다. 본 연구는 선덕여왕의 서사의 원천으로써『삼국유사』속 다양한 이야기들을 통해 당시 민간신앙과 불교의 종교성과 과학적 담론이 어떻게 충돌하면서 신화성을 구현해 가고 있는지 살폈다. 또한 본 논문은 고전을 유기적으로 얼기설기 읽음으로써 보다 역동적인 텍스트 읽기의 가능성에 도전하는 의도도 함께 가진다. 고전에 대한 고정된 독서가 아니라 새로운 관점으로 새롭게 재구성해서 읽어낼 수 있는 다양한 장점이 『삼국유사』의 숨겨진 글쓰기 미덕이기 때문이다. 이는 다양한 사고와 상상력을 필요로 하는 오늘날에 더욱 필요한 유기적 읽기 방법이자 창의적 사고하기 방법일 것이다.

제 2 장

한국 신화 속에서 현대 여성들을 만나다

한국의 여인상을 정의하는 많은 학자들은 그들을 인고와 끈기라는 용어로 정의하곤 한다. 김열규[37]는 한국의 여성들을 산 넋두리를 하는 여인들이라고 평하고 있다. 이어령은 삼국유사의 여인상을 이야기하면서 한국여인들은 질김을 가지고 있다고 평한다.[38] 넋두리와 질김은 밀접한 관련이 있는 용어이다. 한국 여성들은 왜 이런 모습으로만 읽혀져야 하는가에 대한 반문으로 신화의 논의를 시작하고자 한다. 우리의 민간 신화와 『삼국유사』 등을 살펴보면 한국 여성의 원형 상상력을 넋두리나 질김으로 일반화시키는 것에 완전히 동의할 수 없게 된다. 그 일면은 『삼국유사』 속 〈도화녀와 비형랑〉의 도화녀의 당돌한 답변으로 알 수 있다. 진지왕이 수청을 명령하는 부분

37) 김열규, 『한국 여성 그들은 누구인가』, 한국학술정보, 2001. 서문.

38) 이어령, 『이어령의 삼국유사』, 서정시학, 2006, 172-223쪽.

을 통해 하찮은 백성이 당당히 자신의 의견을 밝히는 기존 질서와는 다른 여성상이 우리의 심층적 자리에 존재하고 있는 것은 아닌가 하는 의문이 들게 된다. 또한 수로부인의 아름다움은 초자연적인 존재까지 움직일 정도이다. 그녀가 등장할 때 그녀의 언행은 일상적인 삶에 얽매여 있지 않다. 점심을 먹자고 쉬는 자리에서 그녀는 늘 자신의 호기심을 따라 딴청을 피우는 여인이다. 도화녀와 수로부인만 보더라도 넋두리와 질김이라는 용어와는 거리가 멀다.

그녀들은 당돌할 정도로 당당한 모습을 지니고 있다. 그러므로 기다림과 인고의 박제상의 부인과 같은 여인상이 반드시 우리네 신화의 여성 인물의 전형적인 양상이 아니라는 점을 환기할 필요가 있을 것이다. 특히 우리는 제주도 민간 신화에 나오는 수많은 여신들을 통해 한반도에 전해져오는 독특한 여신들의 특징을 한과 인고와 넋두리라는 측면으로 설명할 수 없는 딜레마를 느끼게 된다는 것이다. 제주 민간 신화에 등장하는 여성들을 현대의 문화용어인 양성성이라는 개념으로 다시 정의해볼 필요가 있다.

『삼국유사[39]』에도 이러한 양성성의 여성 신 모습이 보이는 부분이 간혹 있는데, 그 중 가장 기억할 만한 이야기는 〈낙산의 두 성인 관음과 정취 그리고 조신〉이라고 하는 이야기에 마치 부록처럼 딸린 조신설화 부분의 이야기이다. 조신은 사찰관리자로서 절에 찾아온 아름다운 처녀를 연모하던 차에 그녀가 다른 곳으로 시집간다는 이야기를 듣고 매우 좌절하면서 불상 앞에서 깜박 잠이 든다. 그런데 꿈속에서 그 처자는 자신도 조신을 사모하였다고 고백하는 것이다. 이들은 그 때부터 부부로 살아가면서 여러 명의 자

39) 일연, 김원중 옮김, 『삼국유사』, 을유문화사, 2002, 369-376쪽.

삼성혈 신화

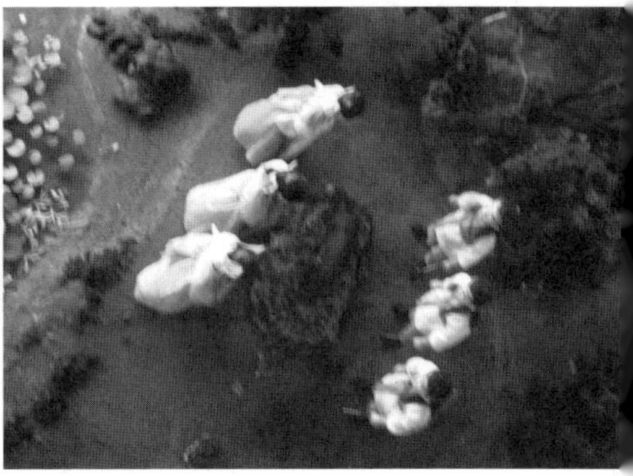

제주입도녀들의 결혼식

식을 낳는다. 그러나 그들의 생활은 점점 고단하기만 하고 가난과 굶주림에 허덕인다. 그때 부인은 이 난관을 극복할 계획을 먼저 이야기하는 과단성을 보여준다. 그녀는 남편에게 "젊은 날 고왔던 얼굴과 아름다운 웃음도 풀잎 위의 이슬이 되었고, 지초와 난초 같은 약속도 회오리바람에 날리는 버들솜이 되었습니다."라고 말하며 헤어지자고 말한다. 이 이야기에 주목하는 이유는 제주 신화의 여신들에게서 느낄 수 있는 삶에 대한 강한 생명력을 느낄 수 있기 때문이다. 일연이라는 스님에 의해 선택된 이야기는 다분히 제도권적인 이야기들이 많이 있었을 것이다. 그러나 민간에서 살아가는 갑남을녀들은 일연이 보는 이상적인 시각과는 다르게 매우 현실적인 삶의 원리로 돌아갔을 것이라 추측한다.

우리의 민간 신화의 대부분의 이야기를 차지하는 제주도 신화의 여성들은 지금까지 이야기되는 기존 제도권 이야기들의 여성 주인공들과는 사뭇 다르다. 제주 신화에 나오는 여신들의 독특한 속성을 양성성이라는 용어로 칭해볼 수 있을 것이다. 양성성의 속성에는 지금까지 여성적이라고 여겨졌던 것들에 대한 도전과 전복이 들어있다. 이는 미르치아 엘리아데[40]의 신화적 개념을 떠올리게 하는 요소이기도 하다. 엘리아데는 신체적 양성성과 심리적 양성성을 이야기하면서 남성과 여성의 합일된 요소를 가장 완전한 인격체로 보고 있다. 신은 남성이면서 여성이라는 논리일 수도 있겠다. 우리의 신화 안에는 그러한 양성성이 재미있게 드러나고 있다는 것은 흥미롭다.

버지니아 울프가 〈자기만의 방〉에서 가장 완벽한 인간의 모습을 양성성으로 묘사한 사유에는 한 인간 안에 여성적인 것과 남성적인 것이 조화롭게 공존하는 것이 들어있었다. 그리스의 소포클레스가 쓴 비극 작품 중 하나인 〈안티고네〉 역시 여성이지만 남성의 이성과 용기를 가진 현재적 여성이었다. 제주 민간 신화에 등장하는 여성들 역시 현재라는 시간의 속성을 가진 공시성이 존재한다. 사랑과 효와 부부간의 관계에서 보이는 역학관계와 의미가 오늘날 현대 사회가 담아내는 의미 구조를 그대로 담고 있다는 점이 흥미롭다. 이를 두고 제주 여성 신화의 독창성에 주목한 김정숙[41]은 제주의 여신들을 생물학적 성과 사회적 성을 조화시킬 수 있는 완전한 인격체들로 바라보고 있다. 그렇다면 제주 신화의 여신들의 삶을 네 가지 유형으로 이야기 해 보면서 양성성이라는 담론을 신화적으로 혹은 기호학적으로 살펴보기로 하자.

제주 신화에 나오는 여성들은 기존 질서에 대해 하나같이 전복적이고 도발적이다. 어째서 이러한 여신들이 등장하는 것일까. 우리는 신화가 빠롤이고 의미작용의 한 양식이라고 했던 롤랑바르트[42]를 다시 상기해볼 필요가

---

40) 미르치아 엘이아데, 이재실 옮김, 『메페스토펠레스와 양성인』, 문학동네, 2006. 제2장.
41) 김정숙, 『자청비 · 가믄장아기 · 백주또』, 각, 2002, 79쪽.

제주남신

제주여신

있다. 제주 민간 신화의 담론을 통해 푸코가 이야기한 대로 신화 담론을 권력과 관련된 언어의 앙상블로 볼 수도 있지만 그레마스처럼 신화 담론을 의미의 앙상블로 바라볼 수도 있다. 본고는 제주 민간 신화의 담론을 통해 여성의 의미구조를 양성성의 측면에서 바라볼 것이다.

제주의 바다는 신화의 세계를 이해하는 매우 중요한 지리적이고 문화적인 요소가 될 것이다. 남성들은 배를 타고 나가면 불의의 사고를 당하기도 했을 것이다. 생활의 근간을 지켜야 하는 여인들은 바다로 물질을 나가야

42) 롤랑바르트, 이화여대기호학연구회 옮김, 『현대의 신화』, 동문선, 1997.

했을 것이고 그러다 보니 여성 중심의 경제 구조를 보일 수밖에 없었을 것이다. 제주 신들의 80%는 여신들이라고 한다. 초공본풀이, 이공본풀이, 삼공본풀이, 칠성 본풀이 등 여성 신들이 많이 등장한다. 제주도 민간 신화에서 여성 신들 만큼이나 특징적으로 특이하게 많이 보이는 상상력은 바로 꽃이 많이 등장한다는 것이다. 이는 중국 남반부의 소수 민족들의 신화에서 보이는 것과 비슷한 상상력이다.[43] 중국 소수 민족들의 신화의 주인은 대부분 여신들이다. 그녀들은 꽃을 관장하고 그 꽃은 바로 인간세계를 나타내며 여신들은 바로 태양의 상징이기도 하고 거미의 여신이 되기도 한다. 거미의 여신들은 바로 직물의 여신들이 되고 있다. 제주의 여신들은 직, 간접적으로 꽃과 관련된 인물이 매우 많다는 것이다. 제주도에 방문해본 적이 있다면 왜 제주도 신화에 꽃이 많이 등장하는지 알 수 있을 것이다.

한국 민간 신화 속 여성의 특성은 여러 각도로 연구되어지고 있다. 크게 세 가지 측면의 논의들을 주목해 볼 수 있을 것이다. 첫 번째, 한국 무속신화의 여성 주체의식과 전복적 성격에 주목하는 논의들을 볼 수 있다. 장영란은 한국 신화 속의 여신의 창조기능과 생산성의 부재를 거론하면서 한국 여성 신화에서 어머니는 자신에게 주어진 시련과 고난을 극복하는 과정에서 자신의 삶을 주체적으로 확립해 가는 전복성을 지닌다고 보았다.[44] 그는 〈바리데기〉를 가부장제 사회의 효 이데올로기와 자기완성이라는 논의를 통해 한국 여성 영웅 서사에서 희생은 소극적인 방식이지만 주체의식과 자발성을 발견하는 계기이며 궁극적으로 자기완성에 이른다고 보고 있다.[45] 노

43) 김선자, 『중국 소수민족 신화기행』, 안티쿠스, 2009.

44) 장영란, 「한국 신화 속의 여성의 주체의식과 모성 신화의 전복적 기능」, 『한국여성철학 8』, 2007, pp. 141-171.

정숙 또한 〈바리공주〉를 통해 서구 근대적 주체의 전복과 여성 주체 형성의 이론적 가능성을 탐색하고 있다.[46)]

두 번째, 한국 무속신화에 등장하는 이중성에 초점을 둔 논의들을 볼 수 있다. 오세정은 여성 신화의 주인공들의 가장 두드러진 특징은 이중성이라고 지적한다. 〈바리데기 신화〉와 〈제석본풀이〉를 통해 희생제의의 메커니즘이 위기에서 보상으로 신성화가 이루어진다고 보았다. 여주인공 바리데기와 당금애기는 문제해결의 장본인이지만 희생의 제의를 통해 신으로 좌정되고 그 소속 집단을 갱신시키고 풍요롭게 한다는 논의를 펴고 있다.[47)] 염원희 역시 이러한 여신의 이중성에 주목하고 있는데, 자청비, 바리공주, 당금애기, 원강암이, 황우양씨 부인 등의 수난 극복과정과 신기능 획득에 주목하고 있다. 여성 수난의 의미는 신의 지위를 받기 위한 절차임을 강조한다.[48)]

세 번째, 여성신과 문화와 문학의 상관성을 주목한 논문들을 볼 수 있다. 여성신의 기능이 문학과 문화의 영역에서 확장되는 연구들을 볼 수 있다. 조력자로서의 여성의 역할과 여성의 정체성 그리고 여성 문화를 점검하고 있다.[49)]

---

45) 장영란, 「한국 여성-영웅 서사의 희생의 원리와 자기완성의 철학-'딸'의 원형적 이미지 분석과 효 이데올로기 비판」, 『한국여성철학9』, 2008, pp. 1-29.

46) 노정숙, 「신화를 통해 본 여성 주체의 형성-〈바리공주〉신화에서 주체 형성의 원리들과 가치」, 『한국여성학 21』, 2005, pp. 5-37.

47) 오세정, 「무속신화의 희생양과 희생제의」, 『한국고전연구』, 2001, 342-367쪽.

48) 염원희, 「무속신화의 여성 수난과 신기능의 상관성 연구」, 『한국무속학』, 2010, 305-333쪽.

49) 차옥숭, 「한국 여성 신화의 여성 정체성」, 『종교연구 45』, 2006, 1-24쪽.
김수연, 「여성 신화와 여성 조력자, 문학 속의 그녀들」, 『독일문학』, 2005, 28-49쪽.
조홍윤, 「동아시아의 여성문화: 한국 신화 속의 여성 문화」, 『민족과 문화 9』, 2001,

여기에서는 제주 무속신화의 이야기에 등장하는 네 명의 여성 주인공들을 양성성이라는 새로운 문화적 코드에 주목하여 그들이 가지는 문화적 원동력을 살피고자 한다. 양성성을 통해서 사랑, 효, 부부애 등이 어떻게 문화적으로 의미화 되는지 그 과정을 점검해 볼 수 있을 것이다. 그러한 의미작용 속에서 여성 주인공들이 어떻게 양성성을 실현하고 있는지 논리적으로 풀어볼 수 있을 것이다. 첫째, 〈세경본풀이〉의 '자청비'의 사랑의 의미작용과 자청비의 양성성이 어떤 문화적 기호작용을 거치고 있는지 살펴볼 것이다. 인고와 기다림과 선택 받음이라는 지극히 수동적인 담론 속에서 여성의 사랑 담론이 거론되었던 것에 문제제기를 하는 것이다. 둘째, 〈삼공본풀이〉의 주인공 '가믄장아기'의 효심과 그녀의 삶의 태도를 살펴볼 것이다. 매정하게 보이는 그녀의 언행은 부모와 자식의 관계형성에 대한 의미를 재구성한 것이라 볼 수 있기 때문이다. 부모와 자식의 관계가 소유와 종속의 관계가 아니라 인간과 인간의 상호 소통 관계하여야 한다는 이 신화 담론의 이야기를 통해 현재의 부모와 자식의 관계를 점검해 볼 수 있을 것이다. 셋째, 〈송당본풀이〉에 등장하는 '백주또 부부'의 관계를 통해 부부의 의미구조를 살펴볼 수 있다. 이는 현대의 가족의 문제를 생각해 볼 수 있는 계기를 제공할 것이다. 〈세경본풀이〉의 주인공 '자청비', 〈삼공본풀이〉의 '가믄장아기', 〈송당본풀이〉의 '백주또'는 모두 양성성을 가진 현대적 여성상과 상통하는 인물이라고 볼 수 있다. 넷째, 〈삼승할망본풀이〉에 등장하는 명진국 따님 이야기를 통해 삼신할미의 의미구조와 양성성에 대해서 이야기 해 볼 수

187-205쪽.

이나미, 「한국의 마고 여신에 관한 고찰-한국 신화의 고태적 상징」, 『심성연구 24』, 2009, 151-173쪽.

있다. 이는 현대 우리 사회의 가족 문제를 다시 생각해 볼 수 있는 계기를 제공할 것이다. 〈세경본풀이〉의 주인공 자청비, 〈삼공본풀이〉의 감은장아기, 〈송당본풀이〉의 백주또, 〈삼승할망본풀이〉의 명진국 따님은 모두 양성성을 가진 현대적 여성상이라고 볼 수 있다. 그들이 펼치는 양성성의 의미구조를 살펴보면서 궁극적으로 추구하는 것은 한국 신화의 여성성이 일관적으로 넋두리나 질김이나 인내나 소극적 복종이라는 부정적 담론으로 일반화할 수 없다는 것을 입증해 보여주고자 한다. 또한 현대 여성의 양성성이 신화 속에 잠재되어 있던 내적 원리라는 것을 더불어 살펴볼 것이다.

제주 무속신화의 주인공들의 양성성을 네 가지 측면에 초점을 맞추어 살펴 볼 것이다. 첫째, 여성과 남성의 관계에서 여성은 어떻게 주도권을 획득하는가. 둘째, 이 세 여성들은 유교적 윤리덕목을 어떻게 전복시키는가. 셋째, 이들 여성들에게 시련은 어떤 의미이며 극복 방법은 무엇인가. 넷째, 이들에게 삶에 대한 긍정의 힘은 어떻게 작용하고 있는가. 이들 네 요소가 양성성으로 어떻게 유기적으로 연결되는지 살펴볼 것이다. 그들이 펼치는 양성성의 의미구조를 살펴보면서 궁극적으로 추구하는 것은 한국 신화의 여성성이 일관적으로 넋두리나 질김이나 인내나 소극적 복종이라는 부정적 담론으로 일반화할 수 없다는 것을 보여주고자 한다. 또한 현대 한국 여성의 주체성과 양성성이 19세기 개항과 함께 서구권 문화에서 이입된 타율적 문화개념이 아니라, 우리의 민간 신화 속에 잠재되어 있던 자생적인 내적 원리이며 원형적 구조라는 것을 입증하고자 한다.

1. 내 인생은 내가 결정한다

제주 무속신화에 나오는 여성들은 하나같이 전복적이고 도발적이다. 특히 〈세경본풀이〉의 자청비는 전복성과 도발성에 있어서 최고라고 할 만하다. 어째서 이러한 여신이 등장하는 것일까. 우리는 신화가 빠롤이고 의미작용의 한 양식이라고 했던 롤랑바르트[50]를 다시 상기해볼 필요가 있다. 신화 읽기가 미토스 안에서 로고스를 찾는 것임을 상정할 때 〈세경본풀이〉의 '자청비'는 여러 측면에서 논의가 가능하다. 여성의 몸으로 네 명의 남자와

메밀꽃-자청비가 미쳐 가져오지 못헤 9월에 피는 꽃

50) 롤랑바르트, 이화여대기호학연구회 옮김, 『현대의 신화』, 동문선, 1997.

어떤 역학관계를 보이는지 살펴볼 필요가 있다. 자청비는 먼저 하늘나라 목도령을 사모한다. 그리고 사랑의 주도권을 자신이 가진다. 다음으로 부모 특히 아버지와 대립하는 인물로 등장한다. 여자로서 죽은 사람을 살려내는 재주를 가졌기 때문에 그녀는 아버지에게 쫓겨나고 만다. 또한 자기 집의 정수남이라는 하인이 자신을 범하려 하자 지혜를 발휘해서 그를 물리친다. 마지막으로 시아버지의 시련에 기꺼이 도전함으로써 오곡을 얻어 곡모신이 된다. 제주 무속신화의 담론을 통해 신화 담론을 권력과 관련된 언어의 양상블로 볼 수도 있지만 신화담론 자체를 의미의 앙상블로 바라볼 수도 있다. 본고는 제주 무속신화의 담론을 통해 여성의 의미구조를 양성성의 측면에서 바라본다.

제주의 독특한 신화구조를 제주의 자연환경과 연결시키는 것은 전 세계 신화의 특이한 변별점을 두고 볼 때 너무나 자명한 것이다. 홍수가 일어나기 쉬운 지역에서는 어김없이 홍수신화가 창조신화의 일부분으로 등장한다. 건조한 사막의 척박한 기후는 인간을 미이라로 만드는 영혼불멸의 사상과 피라미드로 신화화되었다. 그리고 밤과 낮의 여신들이 등장했고 지상의 왕과 지하의 왕을 만들어 냈다. 북유럽의 극야와 백야의 자연환경과 거대한 숲은 이그드라실이라는 우주목을 만들어 냈고 심지어 라그나로크라고 불리는 신들의 황혼 즉 세상의 종말을 신화의 세계에서 그려내고 있다. 일 년의 절반이

북유럽 신화: 이그드라실 우주목

극야와 백야가 번갈아 오고 있는 자연 조건을 생각하면 신화의 발생을 짐작하게 된다. 따뜻한 그리스의 지중해 문화는 다양한 사랑과 증오와 갈등과 전쟁의 신화를 만들어냈다. 일본 역시 섬나라의 특성에 맞는 신화 이야기가 전해져오고 있다. 바로 이러한 관점에서 우리의 제주도 역시 지형적으로 매우 독특한 곳이라는 사실에 주목할 필요가 있다. 제주도의 신화에는 유독 자연환경을 담아내는 독특한 신화들이 존재한다는 것이다.

제주의 바다는 제주 무속신화의 세계를 이해하는 매우 중요한 요소가 될 것이다. 남성들은 배를 타고 나가면 불의의 사고를 당하기도 했을 것이다. 생활의 근간을 지켜야 하는 여인들은 바다로 물질을 나가야 했을 것이고 그러다 보니 여성 중심의 경제 구조를 보일 수밖에 없었을 것이다. 제주 신들의 80%는 여신들이라고 한다. 〈초공본풀이〉, 〈이공본풀이〉, 〈삼공본풀이〉, 〈칠성 본풀이〉 등 여성 신들이 많이 등장한다. 이들 제주도 무속신화에서 여성 신들 만큼이나 특징적으로 특이하게 많이 보이는 상상력은 바로 꽃이 많이 등장한다는 것이다. 특히, 〈이공본풀이〉와 〈세경본풀이〉에 등장하는 웃음 웃을 꽃, 싸움 싸울 꽃, 절망 꽃, 살오름 꽃, 오장육부 만들 꽃, 숨쉴 꽃, 환생 꽃, 피가 살아 오르는 꽃, 죽은 사람 살아내는 꽃 등 수많은 꽃들은 제주 무속신화의 세계를 사회 문화적이며 자연 환경적으로 이해하게 해주는 신화적 상상력들이다. 제주 무속신화에서는 저승 세계에서 꽃감관이 이승의 인간들을 관리하고 있다고 생각하였다.[51]

꽃과 관련된 신화 상상력은 중국 남반부의 소수민족들의 신화에서 보이는 것과 비슷한 상상력이다.[52] 중국 소수 민족들의 신화의 주인공들 역시

51) 현용준, 『제주 신화의 수수께끼』, 집문당, 2005, 58-64쪽.

52) 김선자, 『중국 소수민족 신화기행』, 안티쿠스, 2009.

대부분 여신들이라는 점이 우리의 제주 무속신화의 상상력과 만나고 있다. 그녀들 역시 꽃을 관장하고 그 꽃은 바로 인간세계를 나타내며 여신들은 바로 태양의 상징이기도 하고 거미의 여신이 되기도 한다. 중국 남반부의 소수 민족들의 신화에서 거미의 여신들은 바로 직물의 여신들이 되고 있다. 제주의 여신들은 직, 간접적으로 꽃과 관련된 인물이 매우 많으며, 특히 자청비는 꽃 이외에도 곡모신이 되고 있다.

그런데 우리의 옛 여인상들은 자청비의 모습과는 반대로 사랑에 있어서 대부분 선택을 받는 수동적인 존재로 그려진다. 어쩌면 선택되는 것이 한국 여인들의 운명이었을지도 모른다. 여자의 운명론적 사유는 오랫동안 유교 사회를 거치면서 우리 사회에 더욱 고착화되는 이데올로기로 고착화되었다. 사실 조선 시대의 대표적인 러브스토리인 〈춘향전〉의 춘향은 이도령에게 선택되어 사랑을 받는 수동적인 인물이다. 선택받은 사랑에 대해서 그녀는 끝까지 정절을 지켜냄으로써 사랑을 성취한 여성인 것이다. 마치 우리의 이야기들은 무의식중에 〈춘향전〉의 사랑을 유전자처럼 닮으려고 했던 경향이 있다. 이러한 사랑 담론은 비단 한국의 것만은 아니다. 전 세계에서 600개가 넘는 신데렐라 부류의 이야기들은 바로 이러한 수동적인 사랑구조를 보인다는 것이다. 여성은 사랑을 하는 데 있어서도 누군가의 선택을 받아야 하는 수동적인 자세를 지닐 수밖에 없는 것이 가부장제 신화 구조에서 형성되는 스토리텔링의 구조였다. 그러나 우리 신화 〈세경본풀이〉의 주인공 자청비는 그와는 매우 다른 독특한 이야기 구조를 보여준다. 자신의 사랑을 스스로 찾아가는 자청비에게서 현대 여성의 양성성의 그림자를 읽게 된다.

〈세경본풀이〉의 자청비는 어떤 인물이었을까. 그녀는 아니무스적인 속성이 강한 남성적 여성이라고 할 수 있다. 반대로 남자 주인공 문도령은 아니마적 속성을 가진 여성적 인물이라고 볼 수 있다. 자신의 운명을 스스로 개척해가는 자청비는 궁극적으로 곡물신이 되는 여신이다. 그러나 곡물신이 되기까지 파란만장한 그녀의 삶의 스펙트럼은 현대를 살아가는 여성들의 모습과 겹치는 현대적 상상력을 담고 있다. 구체적으로 〈세경본풀이[53]〉를 재구성해 들여다보면서 어떻게 양성성이 실현되고 있으며 그러한 양성성이 어떤 문화적 작용과 함의를 가지는지 살펴보기로 하자.

지상에 사는 오로대감은 늙도록 자식이 없었다. 그래서 윗마을 절 스님에게 자식을 점지해주십사 시주를 하기로 약속을 했다. 암소랑 명주랑 쌀이랑 금을 바치려고 길을 가고 있다가 하필이면 아랫마을 절 스님을 덜컥 만나버리고 말았다. 아랫마을 절이 더 영험하다는 소리를 듣고, 그만 시주할 곳을 즉석에서 바꾸고 말았다. 윗마을 스님은 이에 대해 몹시 화가 나서 오로대감에게 점지될 아이가 그 집 하녀에게 가도록 부처님께 간절히 빌었다.

오로대감 집에는 두 명의 아이가 동시에 태어났다.

대감은 어여쁜 딸을 낳고, 하녀는 떡두꺼비 같은 아들을 낳았다.

대감의 부인은 자청해서 났기 때문에 딸을 자청비라고 불렀고, 하녀 정수덕이가 난 자식은 자신의 이름을 따서 정수남이라고 불렀다. 이때 하늘나라 옥황국의 문곡성도 문도령이라는 잘생긴 아들을 낳았다.

53) 신동흔, 『살아있는 우리 신화』, 한겨레출판, 2004.
조현설, 『우리 신화의 수수께끼』, 한겨레출판, 2006.
현용준, 『제주 신화의 수수께끼』, 집문당, 2005. 위의 저서들을 참고해 정리한 내용이다. 〈자청비〉 〈가믄장아기〉 〈백주또〉 등에 대한 서사는 위 책들을 통해 편역 재구성한다.

하늘나라 문도령은 땅 세계의 아름다운 자청비를 자주 내려다 보고 어느 덧 땅 세계로 내려오게 되었다.

열 다섯 살이 된 문도령은 글 공부를 위해 땅 세계로 내려와서 자청비가 빨래하는 우물에 서서 말을 건네었고, 자청비는 바가지에 우물물을 떠서 버들잎을 띄워 주었다.

자청비는 잘생긴 문도령에게 그만 마음을 홀딱 빼앗기고 부모님에게 허락을 받고 문도령을 따라 공부하러 떠났다. 자청비는 자기를 자청도령이라고 말하고 같은 방에서 삼년 동안 문도령과 함께 지냈다.

공부도 활쏘기도 모두 자청비에게 뒤진 문도령은 자청비가 여자인 것 같아서 시합을 제안했다.

자청비는 대나무를 준비하고 흔쾌히 오줌싸기 시합을 받아들였고, 문도령보다 더 멀리 오줌을 쌌다.

문도령은 오줌싸기까지 지고 난 후에 자청비가 여자인 것 같은 의심을 다시는 하지 않기로 했다.

삼년이 지난 어느 날 문득 문도령은 혼인을 해서 하산하기로 했다. 아무런 보람도 없이 내려가야 하는 자청비는 마음이 심난하여 문도령에게 목욕이나 하고 내려가자고 말했다.

자청비는 버들잎에 답답한 마음을 써서 아래 물로 내려보냈고, 버들잎을 주워 든 문도령은 그제야 자청비가 여자임을 알고 얼른 자청비의 집으로 뒤쫓아 왔다.

자청비와 문도령은 서로의 마음을 확인했고 하늘 나라로 떠나기 전 문도령은 박씨 하나를 자청비에게 주면서 꼭 돌아오겠다고 말했다.

그러나, 박이 주렁주렁 열려도 문도령은 절대 돌아오지 않았고, 자청비는 남장을 자청하여 하인 정수남을 데리고 문도령을 찾아 나선다.

정수남의 속임수에 자청비는 소금 범벅된 메밀 밥을 먹고 목이 말라 옷을 벗어두고 물을 마시다가 정수남에게 옷을 도난당하고 말았다. 자청비는 정수남을 달래어서 옷을 돌려받고 잠든 정수남을 죽게 하였다.

그러나 자초지종을 들은 자청비의 부모님은 크게 화를 내면서 딸을 집에서 쫓아버렸다.

자청비는 정수남을 살려내야만 했기 때문에 어렵게 서천꽃밭 꽃감관 사라대왕의 집에서 간신히 환생꽃을 얻어 가지고 왔다. 뼈를 붙이는 뼈살이꽃, 피를 만드는 피살이꽃, 살을 올리는 살살이꽃, 숨을 불어넣는 숨살이꽃 등을 얻어 고생 끝에 하인을 살려냈지만, 자청비의 부모님은 계집애가 사람을 죽였다 살렸다 하는 것이 더 괴이하고 해괴망측하다고 노발대발했다.

집에서 두 번이나 쫓겨난 자청비는 길을 가다가 조그마한 초가집에서 비단을 짜는 할머니에게 얹혀 살게 되었고, 할머니의 도움으로 하늘나라 문도령을 만나게 된다.

문도령이 자청비를 만나러 급하게 땅으로 내려와서 문 앞에서 서성거리자, 자청비는 문도령에게 손을 내어 보라고 하고 바늘로 손등을 콕콕 쑤셨다. 이에 화가 난 문도령은 그 길로 그만 하늘로 올라가버리고 말았고, 자청비는 할머니에게도 야단을 맞고 쫓겨나고 말았다.

자청비는 정처 없이 길을 가다가 어느 냇가에 다다랐는데, 물동이를 앞에 둔 선녀들이 울고 있는 것이었다. 선녀들은 문도령이 자청비와 목욕한 물을 찾고 있었고, 도움을 준 자청비는 선녀들의 두레박을 타고 하늘나라 문도령이 있는 뜰로 와서 그를 만났다.

문도령과 자청비는 서로의 사랑을 확인하고 하늘나라 문도령의 아버지에게 갔다.

그리고는 문도령은 아버지와 어머니에게 자청비에 대해서 그간의 모든 이야기를 털어 놓았다.

문도령의 아버지는 인간의 아녀자가 하늘나라의 며느리가 되려면, 쉰자 구덩이를 파고, 쉰 섬 숯에 불을 붙인 다음, 불 위에 작두를 올려 놓고, 그 위를 타고 건너야 한다고 말했다.

자청비는 죽을 각오로 칼 위를 걸었고 선분홍 뜨거운 피가 철철 흘러 내렸다. 무사히 그 칼날을 건너자 문도령의 아버지와 어머니는 자청비를 며느리로 인정했다.

그런데, 어느 날 갑자기 하늘나라에 큰 난리가 나고 말았다.

옥황상제는 문도령에게 선봉을 서게 했지만, 자청비는 스스로 자청해서 자신이 싸우겠다고 말했다.

자청비는 서천꽃밭에 들려서 사라대왕에게 수리멸망악심꽃을 얻어서 전쟁에서 크게 이기게 되었다.

옥황상제는 흐뭇해하면서 자청비에게 상을 주고자 하였고, 자청비는 오곡의 씨앗을 상으로 받아 자신이 살던 곳으로 내려왔다. 도착해서 보니, 텅 빈 집에 굶어 죽어가는 정수남만이 있었다.

문도령은 삼세경 큰 농신이 되었고, 자청비는 작은 농신이 되어 농사하는 법을 사람들에게 가르쳤고, 정수남은 소와 말을 지키는 목축신이 되었다.

〈세경본풀이 편역, 표정옥〉

위의 이야기에서 자청비는 사랑에 적극적인 여신이면서 농경의 여신이 된 인물이다. 자청비가 보여준 사랑의 의미주조와 그녀의 선택에 양성성이 어떻게 드러나고 있는지 살펴보자. 먼저, 문도령의 사랑을 얻기 위해 남장을 선택한 과감함을 양성성의 첫 번째 특성으로 보겠다. 자청비는 남녀관계를 주도적으로 끌고 가는 남성적 여성인 아니무스적인 인물이다. 아름다운 손을 가지기 위해 "주천강 연못에 빨래를 하러 갈 만큼 적극적인 성격"이다. 그녀는 자신의 아름다움을 적극적으로 개발하고자 하는 여성성을 가지지만 자신의 사랑을 위해 과감히 변장까지 하는 아니무스적인 속성을 가진 여성이다. 자청비는 문도령을 "마음에 두고 남장을 하고 그와 함께 글공부 길에 오르는" 인물이다.

둘째, 하인 정수남이 그녀를 범하려고 하자 그를 진정시켜서 이성적으로 대처하면서 위기를 물리칠 수 있었던 것을 들 수 있다. 자청비는 지혜를 발휘해서 정수남을 죽이는데 그녀의 부모들은 오히려 딸이 집안의 재산인 하인을 죽였다고 딸을 나무라고 그녀를 집에서 쫓아버린다. 그런데 자청비가 쫓겨난 후에 그녀는 다시 남장을 선택한다. 자신이 사랑하는 남자와 함께하기 위해 남장을 선택했던 것처럼 그녀는 자신의 위기를 극복하기 위해 ⑧의 화소처럼 다시 남장으로 "서천꽃밭을 지키는 꽃감관의 황세곤간의 막내사위가 되어 살오는 꽃, 피가 살아 오르는 꽃, 죽은 사람 살려내는 꽃들을 얻어 정수남을 살려서" 자신의 부모에게 빚을 갚으려 한다. 자신을 지키기 위해 자청비는 자발적으로 남성을 선택한다.

세 번째, 문도령과 하산하면서 먼저 사랑 고백을 한 점과 돌아오지 않는 문도령을 스스로 찾아가는 적극성을 가진다. 그녀는 시련의 통과제의를 적극적으로 받아들인다. 고전소설 속의 여주인공들이 현숙한 모습으로 기다리는 망부석의 이미지라면 그녀는 스스로 사랑을 찾아가는 망부운과 같은 존재이다. 사랑과 운명에 맞선 〈세경본풀이〉 주인공 자청비는 남녀 간의 사랑에 있어서 여성이 남성보다 더 적극적이고 능력도 더 우수한 신화 속 알파걸이다. 또한 여성 원리의 생산력과 번식력으로 읽혀지는 〈세경본풀이〉는 오곡을 가지고 하강한 자청비의 농경기원신화로 읽혀지고 있다[54]. 자청비는 망부석처럼 한 자리에서 자기의 사랑을 기다리며 인내하는 유형이 아니라 마치 망부운처럼 자신의 의지에 의해 사랑을 쟁취한 이야기이다. 여기서 망부운이란 중국의 신화학자 위 앤커에 의하면 운우지정 즉 아침에는 구름으로 저녁에는 비로 무산을 돌아다니는 무산무녀의 신화가 다른 지역으로 전해진 이야기이다.[55] 무산무녀의 주인공은 염제신의 요절한 셋째 딸 요희를 가리키는데 그녀는 요초로 다시 태어나 사람들이 그것을 먹으면 사랑을 받는다고 한다. 한 여인의 신화에 무산무녀와 같은 망부운 상상력과 요초와 같은 망부석의 기다림을 이야기하는 신화 상상력이 공존하고 있는 것이다. 이처럼 망부운 전설의 주인공 여성들은 수동적으로 사랑을 기다리는 것이 아니라 자신의 사랑을 적극적으로 지켜내고 찾아가는 능동적인 현재형 인물들이라고 할 수 있다.

넷째 문도령의 부모님의 허락을 받기 위해 스스로 험난한 통과의례를 수행했던 점을 들 수 있다. "물길 위의 작두날을 가르고 걸어올 수 있어야만 며느리가 되는데 자청비는 드디어 이를 완수한다."는 것은 자청비의 영웅성을 보여주는 것이다. 그리고 그녀가 하늘나라의 난을 평정하고 시아버지에게 보답으로 받는 것이 권력의 끝자락인 "땅 한 조각이나 물 한 조각"이 아니라 "곡물"이라는 점은 그녀를 문화적 양성성의 욕망을 가진 인물로 읽게

---

54) 이수자, 「농경기원신화 〈세경본풀이〉의 특징과 의의」, 『동아시아 여성신화』, 집문당, 2003, 217-246쪽.

55) 김선자, 『변신이야기: 필멸의 인간은 불멸의 꿈을 꾼다』, 살림, 2004. 71-72쪽.

한다. 여성의 몸으로 남장까지 해서 그녀가 얻어낸 것은 비단 사랑에 머무르지 않는다는 점이다. 그녀는 한 인간을 사랑하는데 성공한 것이 아니라 인류를 위해 곡식을 얻어낸 문화영웅이다.

우리 시대에 자청비는 도발적이고 주체적으로 인식되는 사랑의 아이콘이다. 그녀에게 사랑의 의미작용은 매우 전복적인 상상력이다. 사랑을 선택받는 행위가 아니라 스스로 선택하는 자발성을 가진 의미체계로 변화시키고 있기 때문이다. 사랑을 위해 남장을 하고 사랑을 위해 죽음을 불사하는 용기를 보이고 사랑을 통해 세상을 보듬는 곡물신이 된다는 것은 양성성의 상상력을 보여주는 것이다. 능동적이고 자발적인 사랑의 주체가 남성이라는 기존의 이야기 담론 체계에 사랑의 역학관계를 바꾸는 인물이다. 여성이 온전히 자신의 특성을 지켜가면서 자신의 자리를 찾아가는 일은 지극히 어려운 일이었다. 하지만 자청비는 옛 이야기 속에서 매우 주체적이면서 자주적인 여성상이다. 그렇다고 아름다움이나 여성적인 것을 포기하면서 찾아가는 것은 결코 아니다. 그녀는 아름다움을 위해 빨래를 자청하는 매우 적극적인 여성인 것이다. 자청비는 개방적이고 자주적인 제주 여신들의 원형이라고 평가되곤 한다.

자청비는 현대를 살아가는 여성들에게 정신적인 신화적 멘토를 제공해 줄 수 있는 적극성을 가진 인물이다. 자신의 생각을 합리적으로 풀어가는 여성으로서 갈등과 포기가 아니라 대화와 극복이라는 긍정의 힘을 가지는 여성이다. 자청비는 남녀 간의 관계나 부모와의 관계에서 결코 자신을 잃어버리는 유형이 아니다. 그녀는 누군가에 의해서 살아가는 수동적인 인물이 아니라 스스로를 지켜내는 힘을 가진다. 또한 현재의 자신을 더욱 발전시켜서 보다 더 큰 자아로 나아갈 수 있는 전형적인 알파걸[56]적인 속성을 보인다. 알파걸은 태생부터 차별이나 부당함을 인정하지 못하는 이 시대의 주체적이고 능동적인 여성들을 일컫는 신조어이다. 자청비는 신화 속의 알파걸이라 칭할 수 있다. 그녀는 어렵게 도달한 마지막 시험의 자리에서 자신의 영달이 아니라 세상을 보듬을 수 있는 오곡을 원하였다. 자신을 더 큰 자아의 세계로 던질 수 있는 여성이다.

2. 오늘날의 효도를 생각한다

우리의 제주 무속신화에는 그러한 자기 자존감을 가장 중요하게 여기는 인물이 등장하는데, 바로 〈삼공본풀이〉의 가믄장아기이다. 제주 무속신화 〈삼공본풀이〉의 주인공 가믄장아기는 고전소설 〈심청전〉과 『삼국유사』의 〈효녀지은설화〉를 떠올리게 하며 어느 부분에서는 『삼국유사』의 〈무왕〉편에 등장하는 〈서동요〉이야기를 떠올리게 한다. 최근 심청의 인신공희 상상력은 현대소설에도 이어지는 상상력으로 활용되고 있는데, 대표적인 작품으로 황석영의 〈심청〉이라는 작품을 들 수 있다. 19세기 중국 배에 팔려간 심청은 용궁에 간 것이 아니라 동아시아의 매춘의 경로를 보여주고 있다. 심청의 상상력은 우리 문화권에서 문화적으로 다양한 스펙트럼 속에서 조망되기도 하고 재생산되는 이야기이다.

그런데 제주 무속신화의 〈삼공본풀이〉의 막내딸 가믄장아기의 이야기는 고전소설에 등장하는 심청이와는 근본적으로 변별점을 가진다. 일단 가

56) 댄 킨들런, 최정숙, 『알파걸』, 시대의창, 2007.

곡성 심청축제

믄장아기는 부모로부터 매우 독립적이다. 김정숙은 가믄장아기의 가장 중요한 동기가 일과 신념이라고 말한다.[57] 일과 신념에 의해서 자기 자신의 삶을 개척하는 인물은 아니무스적인 속성을 가진 남성적 여성인 것이다. 자청비가 사랑하는 문도령에게 한눈에 반해서 남장을 선택한 다소 디오니소스적인 감성적 인물이라면 가믄장아기는 집에서 쫓겨나 의탁하는 집의 막내아들을 선택한다. 그녀가 남편을 선택한 기준은 철저히 이성적인 판단에 의한다. 그녀는 부모에게 쫓겨나는 극한 상황에서도 감성적인 슬픔에 포기하지 않고 자신을 추스르는 이성적인 아폴론적인 인물이다. 그녀의 남편 선택의 기준

57) 김정숙, 『자청비 · 가믄장아기 · 백주또』, 각, 2002, 113쪽.

은 벗처럼 지낼 마음씨 좋은 사람이다. 그녀는 남편을 종용해서 부를 일궈낸다. 그리고 자신을 쫓아버린 부모님들을 위해 두 언니처럼 말로 치장하는 효도를 하기보다는 부모를 위해 먹을 것을 장만하고 눈을 뜨게 해주는 실천적이고 이성적인 효도를 실행한다. 〈삼공본풀이〉를 편역해서 들어보기로 하자.

윗마을 거지와 아랫마을 거지가 만나서 백년가약을 하고 첫째 딸을 낳고 이름을 은장아기라고 부르기로 했고, 두어 해가 지나서 태어난 딸을 놋장아기라 라고, 첫 번째나 두 번째 만큼 아이가 그다지 예쁘게 느껴지지는 않았지만 세 번째 딸을 낳았는데 대강 검은 나무그릇과 나무대야를 쓰고 감은장아기라는 이름을 붙여주었다.

그런데 신기하게도 감은장아기가 태어나고부터 부부의 집안 살림이 점점 피기 시작했다.

해마다 살림이 좋아지더니, 십년이 지나자 아주 큰 부자가 되었고, 감은장아기 15살 되던 해 부부는 세 딸을 큰 방에 불렀다. 큰 딸 은장아기와 작은 딸 놋장아기에게 누구 덕에 잘 먹고 사냐는 질문을 했다.

둘 딸의 대답은 어머니 아버지 덕이라고 했는데, 셋째 딸 감은장아기는 전혀 다르게 자기 복으로 산다고 대답을 했다.

예기치 못한 막내딸의 당돌한 대답에 부부는 화를 참지 못하고, 셋째 딸을 쫓아버렸다.

쫓겨난 감은장아기를 은장아기와 놋장아기는 오히려 음해를 하였다. 감은장아기는 언니들을 지네와 말똥버섯으로 만들고 길을 떠났다. 부부는 바로 재산이 바닥이 나고 거지가 되었고 눈까지 멀어버렸다.

감은장이는 깊은 산 속에서 마를 캐는 총각 셋을 만났는데, 그 중 착한 세 번째 총각과 결혼을 했다.

어느날 감은장아기는 남편이 마를 캐는 곳에서 금덩이가 그득그득한 것을 발견했다.

감은장아기와 막내아들은 금방 대궐같은 기와집이 생기고 비단 옷을 입고 사는 큰 부자가 되었다.

감은장아기는 그간에 있었던 이야기를 모두 남편에게 이야기 하고, 석달 열흘 동안 거지 잔치를 열었다.마지막 날이 되었을 때, 감은장아기의 부모가 찾아왔다.

거지 부부는 그간의 일들과 딸들의 이야기를 하면서 눈물을 뚝뚝 흘렸고, 두 눈을 번쩍 뜨게 되었다.

언니들도 모두 사람으로 다시 돌아오고 부모님의 눈도 다시 보이고 다시 식구들이 모여 살게 되었고, 감은장아기는 이렇게 운명신이 되었다.

〈삼공본풀이 편역, 표정옥〉

여러 가지 이야기가 매우 재미있게 얽히고설킨 신화가 바로 〈삼공본풀이〉이다. 여기에서는 우리는 심청전의 모티프, 선화공주와 백제 무왕이 된 〈서동요〉의 서동 이야기 모티프, 효녀 이야기, 반쪽이 설화 모티프 등이 얽혀있는 것을 볼 수 있다. 〈삼공본풀이〉처럼 우리 옛 이야기들에 등장하는 셋째 딸과 셋째 아들의 의미는 아주 특별하다. 매우 재주가 있거나 아니면 무척 바보스럽다. 가믄장아기는 재주 있는 셋째 딸이고 가믄장아기의 남편이 되는 셋째 아들은 반쪽이처럼 바보스럽고 충직하다. 이들의 만남은 남성적인 여성과 여성적이고 의존적인 남성의 조화라는 문화적 의미를 함축한다.

드라마 서동요 세트장

주체적이고 이성적인 가믄장아기에 비해 막내아들의 유일한 장점은 두 형들에 비해서 착한 마음을 가지고 있었다는 것이고 다행히 그것을 알아본 가믄장아기는 그를 낭군으로 맞이한다. 그런데 신기하게도 이 이야기는 신라의 선화공주 이야기와 백제의 무왕인 맛동의 이야기를 떠올리게 한다. 서동의 직업과 막내아들의 직업이 일치하고 있음을 보게 된다. 이들은 둘 다 부인 덕에 금을 발견한 인물들이다.

진평왕의 선화공주 역시 셋째 딸이며 공교롭게 부모에게 쫓겨나고 만다. 물론 가믄장이는 자신의 복 때문에 잘산다고 해서 쫓겨난 자발적 퇴출의 장본인이라면 선화공주는 타율적인 퇴출이다. 서동이라는 인물의 유언비어 때문에 강제로 궁에서 쫓겨난 인물이다. 하지만 이들이 남편과 더불어 부를 얻는 방법은 동일하다. 스스로 살 길을 모색하는 과정에서 금을 발견하게 된다는 것이다. 〈서동요〉에서는 셋째 딸 선화공주의 불미스런 행실이 세상에 노래로 회자되는 것을 괘씸히 여겨서 왕은 그녀를 왕궁에서 쫓아버린다. 결국 소문을 퍼트린 장본인 서동은 선화공주를 백제로 데려와 결혼하고 자신이 마를 캐던 곳으로 그녀를 인도한다. 그곳에는 금덩이가 쌓여 있었으므로 그들은 결국 부자가 되고 아버지 진평왕에게도 인정을 받는 딸과 사위가 되었다고 이야기가 전해진다.

선화공주와 서동이 발견한 금은 다소 횡재의 성격을 가진다. 그러나 가믄장아기와 막내아들이 발견한 금은 그 의미가 좀 다르다. 성실하고 심성이 고운 막내아들을 선택한 가믄장아기의 의지와 노력이 가미된 결과이기 때문이다. 가믄장아기가 금을 얻는 과정에 분명히 의지가 반영되었다고 보는 지점이다. 그리고 선화공주와 서동이 금을 왕에게 전달한 것은 자신들의 입지를 확보하기 위한 것이었다고 볼 수 있다. 금을 신라에 전달한 다음 서동은 인정을 받아 무왕이 되었다고 전해진다. 물론, 이것은 설화적 진실이다. 그러나 가믄장아기와 막내아들의 금은 보다 실천적인 부분에 쓰인다. 가믄장아기는 거지가 되고 눈이 먼 자신의 부모들을 위해 거지 잔치를 열고 눈을 뜨게 한다.

가믄장아기는 가난과 여성이라는 장애를 극복한 이야기 속의 양성성의 욕망을 가진 인물로서 지혜와 이성을 바탕으로 상황을 대처해나가는 인물이다. 적극적인 현대 시대의 도전적 알파걸의 모태이다. 가믄장아기는 자신의 뜻을 굽히지 않고 자신의 신념에 따라 길을 하기 위해 과감히 집을 나설 수 있는 강단을 가진다. 그렇다면 가믄장아기가 부모에게 부모의 덕이 아니라 자신의 선그릇 덕으로 먹고 입고 행동한다고 말한 이유는 무엇일까. 여기에는 부모와 자식의 관계 형성에 대한 신화적 의미가 들어있다. 결국 부모와 자식은 서로에게 종속된 관계가 아니라 서로에게 독립적인 관계여야 한다는 신화적 담론체계를 형상화한 것이다. 신화의 미토스는 현실을 이해하게 하는 로고스를 담고 있기 마련이다.

가믄장아기의 가출은 인간으로서 스스로의 자존을 인식한 여성임을 보여주기 위한 행위였다. 우리는 도전적인 양성성을 갖춘 현대 여성의 원형적 이미지를 〈삼공본풀이〉의 가믄장아기에게서 찾을 수 있다. 그러나 가믄장아기는 우리 신화에 등장하는 막내딸 콤플렉스도 잘 드러내주는 복합적인 인물 유형이다. 막내딸 콤플렉스란 부모를 위하거나 집안을 위해 자신을 희생하는 인물 유형으로 〈바리공주〉에게서 비롯된 용어이다. 가믄장아기 역시 마지막 딸로서 장님이 되어버린 거지 부모를 거두는 구원의 인물인 것이다. 희생의 이야기로 치자면 〈심청전〉을 들 수 있지만 근본적으로 감은장이와 심청이와는 거리가 있는 인물이다. 심청이는 공양미 삼백 석 때문에 어쩔 수 없이 팔려간 인물이지만 가믄장아기는 스스로 자신의 운명을 선택한 여성이다.

여성은 전통적으로 자신에게 주어진 사회적 역할을 부모에게, 남편에게, 자식에게 종속시키는 경향이 있었다. 가믄장아기는 부모에게 종속된 자신의 존재를 과감히 분리시킬 수 있는 양성성을 가진 인물이다. 태생부터 자존을 위해 고민하는 열등감이 없는 도전적인 여성이 미국의 학자 댄 킨들런이 정의한 알파걸이라면 태생부터 부모로부터 독립심을 가진 여성이 바로 가믄장아기이다. 가믄장아기의 남편 고르는 태도 역시 진취적이고 현명하다. 그녀가 남편을 고르는데 있어서 부모의 의견이나 다른 사람의 조언은 의미가 없다. 그녀는 스스로 자신의 이성적 판단에 의해 남편을 선택한다. 그녀는 세 남자의 마를 먹는 방법을 보면서 인간됨을 판단한다. 위의 두 형은 살 많은 잔등을 자신들이 먹는 반면 셋째 아들은 그 부분을 부모님에게 준다. 또한 쌀로 한 밥을 세 아들에게 내놓자 위의 두 형은 먹어보지 않은 것이라고 사양하고 셋째만 즐겁게 받아먹는다. 따라서 가믄장아기는 셋째 아들을 자신의 남편으로 받아들인다. 즉 인간의 도를 알면서 삶에 대한 호기심과 도전을 가진 남성을 스스로의 판단으로 선택한 것이다. 기존 이야기들에서 배필이 정해진 것이 대부분이라면 가믄장아기가 스스로 자신의 짝을 선택하는 부분은 현대 시대를 살고 있는 여성들의 양성성의 욕망과 통한다.

부모가 만들어준 안정된 집안에서 자라고 또 집안을 벗어나지 못하던 이야기 속의 여인들과는 다르게 가믄장아기의 외출은 무모하고 위험할 정도로 과감하기까지 하다. 남자 같은 여자라거나 소년의 모습을 띤 소녀라는 미야자키 하야오의 애니메이션 〈센과 치히로의 행방불명〉이나 〈하울의 움직이는 성〉의 여주인공 '치히로'와 '소피'를 보는 것처럼 현대적이고 적극적인 인물이 가믄장아기이다. 가믄장아기는 스스로 삶을 개척한다는 긍정적인 의미를 던져주는 이야기 속의 주인공이다. 버려졌지만 좌절하지 않고 자신의 길을 개척하는 당찬 여성이다. 자신의 일을 통해 수많은 난관을 극복하는 여성들을 이 가믄장이의 모습에서 찾아볼 수 있을 것이다. 그렇다고 가믄장아기가 부모를 거부하는 배은망덕한 인물은 결코 아니다. 부모에게서 떨어져 나와 스스로를 진정한 성인으로 발전시켜 나가면서 동등한 인격체로 성장하는 것이다. 우리는 신화 속 이야기들에서 자신의 진로를 스스로 결정해서 사회로 나아가는 이 시대의 가믄장아기들을 상상해 볼 수 있을 것이다. 현대 사회에서는 누군가의 생각이 아니라 스스로 현명하게 자신의 배우자를 찾아가는 신화 속 가믄장아기들이 많아지고 있다. 우리 신화의 오래된 이야기에 이렇게 급진적이고 미래 지향적인 양성성의 여성이 있다는 사실이 참으로 새롭게 다가온다. 가믄장아기를 효와 관련되거나 희생제의 측면에서 논의하는 일방적인 방식에서 벗어나 인간의 성장과정과 독립이라는 측면에서 받아들여 볼 필요가 있다.

3. 부부유별의 주도권을 가지다

『삼국유사』에도 자청비와 가믄장아기처럼 양성성의 여성 신 모습이 보이는 부분이 간혹 있는데, 그 중 가장 기억할 만한 이야기는 〈낙산의 두 성인 관음과 정취 그리고 조신〉이라고 하는 이야기에 마치 부록처럼 딸린 조신설화 부분의 이야기이다. 조신은 사찰관리자로서 절에 찾아온 아름다운 처녀를 연모하던 차에 그녀가 다른 곳으로 시집간다는 이야기를 듣고 매우

제주 송당 본향당

제주 부부돌상

좌절하면서 불상 앞에서 깜박 잠이 든다. 그런데 꿈속에서 그 처자는 자신도 조신을 사모하였다고 고백하는 것이다. 이들은 그 때부터 부부로 살아가면서 여러 명의 자식을 낳는다. 그러나 그들의 생활은 점점 고단하기만 하고 가난과 굶주림에 허덕인다. 그때 부인은 이 난관을 극복할 계획을 먼저 이야기하는 과단성을 보여준다. 그녀는 남편에게 "젊은 날 고왔던 얼굴과 아름다운 웃음도 풀잎 위의 이슬이 되었고, 지초와 난초 같은 약속도 회오리 바람에 날리는 버들 솜이 되었습니다."라고 말하며 헤어지자고 말한다. 이 이야기에 주목하는 이유는 제주 무속신화의 여신들에게서 느낄 수 있는 삶에 대한 강한 생명력을 느낄 수 있기 때문이다. 일연이라는 스님에 의해 선택된 이야기는 다분히 제도권적인 이야기들이 많이 있었을 것이다. 그러나 민간에서 살아가는 갑남을녀들은 일연이 보는 이상적인 시각과는 다르게 매우 현실적인 삶의 원리로 돌아갔을 것이라 추측한다.[58]

'일만 팔천 신들의 고향'이 바로 제주도라고 부른다. 그러한 신들 중에서 80퍼센트 이상이 여성 신이라는 것은 제주의 사회문화적이고 지리적인 것과 밀접한 연관성을 가진다. 우리는 〈송당본풀이〉와 〈궤네귓땅본풀이〉에서 돼지고기와 여성 신화와의 관계를 살펴볼 수 있다. 기본적으로 제주도 민간 신화는 삼성혈에서 남자 셋이 태어났고 여자들은 배를 타고 유입된 구조에서 시작한다. 어찌 보면 토착신인 남성 신과 유입된 이방신인 여성 신의 끈질긴 갈등이 신화에 뿌리를 차지한다고 볼 수 있다. 따라서 우리나라 다른 지역에 전해지는 이야기와는 다르게 여성과 남성의 갈등이 첨예하게 표층화되고 있으며 특히 여성 신들의 성격이 매우 강하게 등장하고 있는

58) 일연, 김원중 옮김, 『삼국유사』, 을유문화사, 2002, 369-376쪽.

것을 볼 수 있다.

제주 무속신화에서 여신은 주로 농경과 관련이 있다. 그녀들이 성으로 입성할 때 반드시 동반되는 것이 바로 오곡의 곡식과 소와 말이다. 이것들은 농경문화의 산물로써 수렵문화를 이루는 토착 남신들과의 갈등을 예고할 수밖에 없다. 삼성혈에서 솟아난 남신과 바다 건너 곡식을 가지고 온 여신들은 험난한 부부생활을 시작한다. 이들 부부는 식생활 문화에서부터 모든 소소한 문화가 충돌할 수밖에 없다. 먹지 말아야 하는 고기를 먹어서 갈등을 보이는 신들이 유독 제주 무속신화에 많은 것은 지리적 특성과 문화적 특성을 보여주는 지표들이다.

제주 무속신화의 부부들은 유교 사회에서 보여주는 전형적인 가정과는 매우 다르다. 즉 부부의 기호학적 의미가 매우 자의적이라는 점을 들 수 있다. 특히 〈송당본풀이〉에 등장하는 부부의 관계는 남성과 여성의 권력 투쟁으로 볼 수 있고 토착신과 유입신의 갈등으로 볼 수도 있다. 솟아난 남신과 외지에서 들어 온 여자들이 순탄하게 살아갈 수는 없었을 것이라고 김정숙은 이야기 한다.[59]. 일면 공감이 가는 말이다. 밭을 갈아야 하는 소를 잡아 먹어버린다거나 거름을 공급하는 돼지를 잡아먹어버리는 것은 부부 신들의 갈등의 원천이었다. 이는 생태적인 삶을 이해하면 자연스럽게 이해가 될 것이다.

제주의 부부 신들이 "땅 가르고 물 갈라서" 분산하는 극단적인 방법을 취한다는 것 역시 기존 다른 지역의 신화에서 찾아 볼 수 없는 요소이다. 제주의 신화에는 남성 신에게 절대적으로 복종하는 여성 신이 존재하지 않

59) 김정숙, 『자청비 · 가믄장아기 · 백주또』, 각, 2002, 23-28쪽.

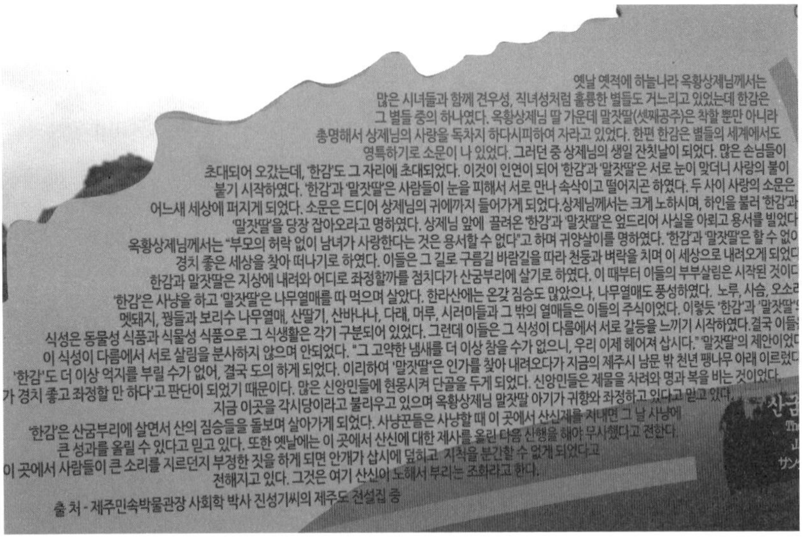

산굼부리설화

제주 산굼부리 수렵 상징

는다. 또한 남성의 절대적인 권위가 없다. 척박하고 불리한 자연환경에서 삶의 주역으로 활동해야 했던 제주의 여신들은 자신들의 당당한 목소리를 낼 수밖에 없었을 것이다. 드라마 〈김만덕〉에서 우리는 제주 여성들의 부지런함과 무뚝뚝함 그리고 경제력을 함께 지켜볼 수 있다. 제주의 척박한 땅에서 거상이 된다는 김만덕은 어쩌면 제주의 신화들 속에서 볼 수 있는 주체적이고 자주적인 여신들의 현현이라고 볼 수 있다. 제주 여성들이 연구자들의 관심을 끄는 이유는 남성의 질서에 전목과 위반을 가져오는 단순한 이유 때문이 아니라 한 인간 안에서 남성과 여성이 공존하는 조화로운 존재인 양성성의 현대적 인간형을 보여주기 때문이다.

한라산에서 솟아나 사냥을 하면서 살아가는 남성 신들에게 어느 날 오곡과 송아지를 가지고 외지에서 이 섬에 찾아든 여성 신들의 결합이 〈송당본풀이〉의 내용이다. 즉 수렵문화와 농경문화의 충돌이 바로 남성 신과 여성 신의 갈등과 결합이라고 볼 수 있을 것이다. 수렵을 하던 습관을 가진 남성 신은 여성신이 중요하게 여기는 농경의 도구인 짐승을 잡아먹어 버린다. 〈송당 본풀이〉를 간단하게 동화로 편역해서 살펴보자.

> 남성 신 소천국은 오곡과 소를 가지고 외지에서 입도한 백주또와 결혼한다. 이들에게는 아들과 딸이 수십 명이 생기고 손자는 수백에 달한다. 그러나 수렵을 하던 소천국은 늘 노는 것이 일상이 된 인물이다.
>
> 그에게 일상은 사냥이었고 사냥은 필요한 때만 나가서 하면 되는 일이기 때문이다. 그런데 육지에서 들어온 백주또의 삶의 방식은 상당히 다르다. 그녀에게 삶이란 사냥처럼 비정규적인 노동이 아니라 늘 정규적인 노동을 요구하는 농사와 같은 것이다.

백주또는 사냥에 길들여져 놀면서 지내는 남편에게 도시락을 싸주면서 소를 가지고 밭을 일구도록 종용해 들로 내보낸다. 그러나 지나가던 중에게 자신의 도시락을 줘버린 소천국은 배가 고픈 것을 참지 못한다. 급기야 밭을 갈기 위해 가져간 소를 잡아먹어 버리고 거기에서 그치지 않고 한 발 더 나아가 옆 밭의 소까지 잡아먹어 버린다.

자식을 위해 정기적으로 일정한 먹을 것을 마련하고자 했던 백주또는 밑천마저 잃어버린 셈이다. 남편이 잡아먹은 소는 수렵의 대상이 아니라 농경문화의 재산이었기 때문이다.

화가 난 백주또는 과감하게 남편에게 "땅 가르고 물 갈라 살림을 분산합시다"라고 냉철한 해결법을 제안한다. 부인과 헤어진 소천국은 다시 수렵 생활을 하면서 유유자적하게 살아간다.

그러나 이미 헤어질 때 백주또는 막내 아들을 잉태하고 있었고 그 아들 궤네깃또가 태어나 3살이 되자 아버지를 인식시켜주기 위해 소천국을 찾는다.

이때 아들이 장난으로 아버지 소천국의 수염을 잡아당기자 아버지는 화가 나서 아들을 무쇠석장에 담아 동해바다에 던져버린다.

수년을 떠다니던 무쇠석장과 아들 궤네귓또는 동해용궁에 도착하고 용왕의 막내딸과 결혼한다. 그 막내 사위 궤네귓또는 닥치는 대로 소와 닭을 먹어치워 용왕도 참지 못하고 막내딸과 사위를 다시 무쇠석함에 넣어 강남천자로 흘러가게 한다.

강남천자에 도착한 부부는 큰 난을 평정하였지만 강남천자에 머무르지 않고 제주에 다시 들어왔다.

〈송당본풀이 편역, 표정옥〉

제주에는 "궤네귓또"를 맞이하고 기념하기 위해 돼지를 통째로 제사상에 올리는 풍습이 생겼다고 한다. 이는 농경문화의 대변인인 백주또와 수렵문화의 대변인인 소천국의 대립과 갈등을 그린 이야기이다. 당시 농경문화의 자식인 백주또의 자식을 동해에 돌려보냈으나 이 자식은 다시 제주로 돌아온다. 이는 어쩌면 농경문화와 수렵문화의 화해가 어느 정도 이루어진 것이라 하겠다. 이때부터 제주에는 돌아온 궤네귓또를 위해 돼지를 통째로 제사상에 올리는 풍습이 생겼다고 한다.

그렇다면 왜 우리는 여성성의 새로운 이미지로 백주또의 상징성에 집중해야 하는가. 백주또의 삶의 자세가 무척 진보적인 양성성의 측면이기 때문이다. 자신의 운명을 개척하면서 사랑을 얻고 곡모신이 된 자청비와 부모로부터 버림을 받지만 자신의 삶을 개척하고 부모를 다시 살린 가믄장아기처럼 백주또는 남성적인 속성을 가진 여성 즉 양성성의 전형을 보여주는 인물이다. 대부분의 신화 속 이야기에서는 자신의 의견이 합리적으로 전달되지 않는 상황에서 가부장제의 여성들은 주로 인고와 견딤을 미덕으로 알고 넋두리와 질김의 인생을 살아야 했다. 그런데, 남편의 말도 안 되는 불합리한 상황에 백주또는 절대로 호락호락하지 않는다는 것이다. 또한 이미 헤어진 남편이지만 자식의 입장을 헤아려 부모를 만나게 하려는 의도 역시 무척 현대적인 발상이다. 아들을 데리고 이미 헤어진 남편을 찾으러 가는 것이다.

우리는 백주또의 이야기를 보면서 부부관계의 독립성을 보게 되며 자립적인 어머니의 상을 보게 된다. 부부관계에 있어서 합리적인 대화와 소통이 무엇보다도 중요함을 소천국과 백주또는 보여준다. 백주또는 기존 신화와 옛이야기에서 활용하는 부부관계를 재점검하게 해주는 신화적 의미작용을 보여준다. 신화의 이야기는 모든 담론의 조직 원리를 가장 전형적으로 드러내준다. 김열규는 "신부의 의미론"이라는 이야기를 하면서 신부 측과 신랑 사이의 교환에는 신부 측에서 신랑에게 안겨주는 고통이나 난관이 포함된다고 말한다. 신부 측에서는 신랑에게 안겨주고 신랑은 그것을 받아넘겨야 한다고 말한다.[60] 이러한 신부의 의미론이 백주또에게는 해당되지 않는다는 것이다. 백주또의 부부관계와 부모와 자식관계를 살펴볼 때도 무척 독립적인 양성성이 보인다. 모성인 백주또에게 부성의 요소가 들어있고 여성이면서 남성의 모습을 보인다. 백주또는 양성성의 또 다른 인물이다.

의존적인 오늘날의 부모와 자식의 관계를 두고 볼 때 백주또와 소천국의 부모와 자식관계는 현대 문화를 다시 생각해 보게 한다. 소천국은 자식의 무례함을 참지 못하고 자식을 동해바다에 버리고 만다. 매우 살벌한 부정이라고 느껴진다. 그러나 이것은 부모와 자식의 상징적 관계를 보여주는 것이다. 조금만 더 넓게 생각해본다면 부모와 자식이 격을 갖추어야 한다는 의미로 재해석 될 수 있을 것이다. 부모와 자식의 삶이 독립적으로 존재할 수 있어야 함을 〈세경본풀이〉의 자청비와 그녀의 부모들을 통해서 볼 수 있으며, 〈삼공본풀이〉의 가믄장아기와 그녀의 부모들의 관계를 통해 볼 수 있었다. 마찬가지로 〈송당본풀이〉의 소천국과 백주또와 궤네깃또에게서 부모와 자식의 독립적인 관계의 문화적 기의를 읽게 된다.

백주또의 "땅 가르고 물 갈라 살림을 분산합시다"라고 하는 냉철한 해결법과 이성적인 판단은 옛 이야기와 신화의 이야기에서는 찾아보기 힘든 매우 독특한 구조를 보인다. 미래를 중시하는 삶의 태도를 견지하는 양성성의 욕망을 가진 인물로 볼 수도 있을 것이다. 삶의 테두리를 정리하고 미래를

60) 김열규, 『가호로 읽는 한국 문화』, 서강대출판부, 2008, 102-106쪽.

준비하는 여성들은 백주또의 현대적 현신들이다. 백주또는 자청비와 가믄장아기처럼 새로운 양성성의 인물들로서 기존의 가부장적 질서를 넘어서는 양성성의 모성을 가진 인물이다. 우리 신화의 여성 신들은 현대의 문화담론에서 이야기하는 알파걸적 속성과 양성성의 특성을 아주 오래전부터 원형적으로 그려 보이고 있다. 자청비, 가믄장아기, 백주또는 현대의 양성적 페미니즘의 원형적 상상력이 될 수 있을 것이다.

4. 영원히 젊은 처녀로 살다

제주도의 문화적 특성을 보여주는 드라마 두 편이 방영되었다. 역사적 여성 영웅을 그린 〈김만덕〉과 동성애와 제주도의 가족관계를 보여주는〈인생은 아름다워〉가 그것이다. 〈김만덕〉은 조선 정조 시절에 살았던 여성으로 제주도뿐만 아니라 전국적으로 알려졌던 인물이었다. 자신이 모은 평생의 재산을 흉년이 들어서 죽어가는 제주도 사람들을 위해 썼다. 그리고 당시 여자로서는 상상할 수 없는 금강산 유람을 실행한 여인이었다. 따라서 그녀는 서울 장안에서 큰 화제를 불러일으켰으며 사대부를 비롯한 많은 사람들이 직접 만나보고 싶어 했던 인기 있는 조선의 유명 인사였다. 형조판서를 지낸 이가환은 시를 지어 헌정하였고 영의정 채제공은 〈만덕전〉이라는 전기문까지 써서 바쳤을 정도였다. 그녀는 유통업으로 벌어들인 전 재산을 기부해 도탄에 빠진 제주도민들을 살려낸 여성 영웅이다. 그녀의 이력은 당시 시대에는 매우 독특한 것이었다.

만덕은 가난한 집에 태어나 12살에 부모님이 모두 사망하여 기생의 몸

종으로 의탁하였다. 그리고 이후 기생의 수양딸이 되어 가무를 익혀 제주도에서 한때 가장 유명한 기생으로 이름을 떨쳤다. 출신도 미천한 기생이었던 독신녀이지만 그녀는 객주를 운영하면서 제주도 물품과 육지 물품을 교역하는 유통업을 통해 막대한 부를 이루었다. 그리고 평생을 통해 모은 돈을 계속되는 기근에 시달리는 제주도민을 살려내는데 아낌없이 내놓았다. 그녀가 후대에 칭송받고 있는 요인이다.

제주 김만덕 기념관

김만덕은 자신이 쌓은 부를 사회에 환원함으로써 정조 임금의 칭송을 한 몸에 받았고 비록 명예직이었지만 '의녀반수'라는 벼슬에 올랐다. 이는 당시 여성에게는 상상도 할 수 없는 일이었다. 정조가 그의 업적을 치하하기 위해 소원을 물었을 때 만덕은 주저 없이 금강산 구경이라고 대답하였다. 당시 여성은 육지에 갈 수 없다는 법이 있었다. 그러나 김만덕은 사회적 금기에 도전하면서 여성에게는 제한된 이동의 자유를 요구하였다. 금강산 구경은 당시 성공한 남성의 특권이었다. 김만덕은 여성으로서 놀라운 일을 행하였고 새로운 것을 개척해나가는 용기 있는 여성이었다. 김만덕은 자신의 욕망을 억제하면서 삼종지도를 유일한 덕으로 삼았던 조선의 여인들에 비해서 자신의 꿈에 충실하고 세상에 개방적이었던 양성성의 소유자라고 할 수 있다.

처녀의 몸으로 스스로 민중을 위해 마음과 재산을 아끼지 않는 김만덕 이야기에서 제주도 삼승할망 신화의 주인공인 명진국 따님애기를 떠올리게 된다. 삼신할미하면 제주도에는 명진국 따님애기를 지칭하는 말이고 내륙지방에는 당금애기를 두고 하는 말이다. 둘 다 공통점은 처녀가 아기의 탄생과 관련 있다는 것이다. 명진국 따님애기의 경우에는 직접 자식을 낳지는 않는 순수한 처녀 삼신할미이고 당금애기는 상징적인 결혼이지만 젓가락 결혼과 같은 절차를 통해 딸 세 톨로 임신을 해서 세 명의 아들을 낳는다. 그리고 그 아들들을 훌륭하게 키우고 비로소 삼신할미가 되는 것이다. 그렇다면 명진국 따님애기의 삼신할미는 어떤 사연이 있으며 김만덕과는 어떤 점에서 비슷한 상상력을 가지고 있는지 그 상상력을 들여다보자.

제주도 삼신할미의 모습은 할머니가 아니라 아리따운 처녀라는 데 특별함이 있다. 성처녀 어머니와 같은 신화의 원리가 보이는 구석이기도 하다. 이야기는 대강 이러하다. 동해용군 아버지와 서해용궁 어머니는 어렵게 딸을 가졌다. 그 딸이 동해 용궁 따님인데 무척 버릇이 나빴다. 조금 더 커도 버릇없기는 마찬가지여서 아버지는 부인에게 딸을 죽이자고 한다. 어머니는 차라리 무쇠상장에 가두어 인간세계에 보내자고 하였고 그래서 동해 용궁 따님은 인간 세계로 보내진다. 어머니를 떠나기 전 하소연하는 딸에게 어머니는 인간세계에 가서 아기를 마련해주는 생불왕이 되어 먹고 살라고 조언한다. 그리고 아이를 만드는 과정과 돌보는 과정을 알려주지만 아버지의 호통 때문에 아이를 어떻게 출산시키는 지는 알려주지 못했다. 인간세계의 여자에게 아이를 갖게 해주었지만 막상 어떻게 아이를 출산시키는지는 알지 못했고 아이의 아빠는 옥황상제에게 제사를 지내며 아이의 탄생에 대해서 기원을 드린다. 옥황상제는 신하들로부터 인간세계의 명진국의 한 따님이 적합한 인물이라고 이야기 듣고 그녀를 아이를 낳게 하는 생불왕에 올린다. 그러나 명진국 따님은 옥황상제에게 당당히 자신의 뜻을 이야기하면서 불만을 이야기한다.

우여곡절 끝에 명진국 따님애기는 생불왕이 되어 인간의 여성이 애기를 낳게 할 수 있게 되는데 동해 용왕따님은 명진국 따님 애기가 아이를 낳게 하자 자신의 일을 넘보았다고 싸움을 건다. 옥황상제는 이 둘을 불러 물 가르기와 꽃 기르기를 시킨다. 그때 명진국 따님은 지혜로움을 통해 내기에 승리하여 애기를 출산시키는 삼신할미가 된다. 그리고 동해 용궁따님을 설득시켜서 저승할미가 되게 한다. 신동흔[61]은 이승할머니 명진국 따님애기의 짝으로서 저승할미 동해 용궁따님 애기의 존재는 좋은 일에 궂은 일이 맞물려 움직이는 세상사에 대한 신화적 상상력이라고 설명하고 있다.

이 명진국 따님애기의 이야기에서 흥미롭게 느껴지는 부분은 명진국 따님애기의 자질이다. 즉 처음에 생불왕으로 자신이 낙점되었을 때 옥황상제에게 자신의 처지와 입장을 분명하게 말할 수 있는 여성이라는 점이다. 자신이 결혼도 하지 않았고 부모님도 아직 살아 계시다는 이야기를 하면서 자신이 생불왕이 되는 것이 부당함을 피력하고 있는데, 여성으로서 매우 주체적인 사고를 보인다. 또한 동해 용왕따님이 싸움을 걸었을 때 자신의 논리정연한 언변으로 상대방을 설득시키는 점이 돋보인다. 저승할미에게도 자기와 똑같이 제사 음식을 나누어 먹겠다고 한 것이다. 이는 내륙의 삼신할미의 모습과는 매우 다른 양상이다.

61) 신동흔, 『살아있는 우리 신화』, 한겨레신문사, 2004, 45쪽.

〈인생은 아름다워〉를 보면 보통 다른 드라마와는 다른 가족 구도를 보인다는 점에서 흥미롭다. 할아버지와 할머니와 자식들이 같이 살기는 하지만 밥을 해먹는 것은 각각 따로따로이다. 즉 같이 살지만 솥은 따로 거는 방식의 독립적인 삶의 형태를 보인다는 것이다. 내륙을 배경으로 하는 드라마는 할아버지와 할머니를 비롯해서 모두 모여 밥을 먹는데 제주도의 풍습을 보여주는 이 드라마는 시종일관 할아버지와 할머니는 따로 밥을 해 먹는다. 자식과 부모가 어느 정도 독립된 인격체임을 보여주는 문화적 특성이다. 드라마의 할머니 역시 매우 강인한 제주도 할머니의 모습이다. 바야흐로 할머니 담론이 점점 많아지고 있다. 애니메이션 〈빨간 모자의 진실〉에 등장하는 할머니는 원작 〈빨간 모자〉에서 나오는 희생적이고 인자한 할머니가 더 이상 아니다. 애니메이션 속 할머니는 자신의 삶을 사랑하며 익스트림 스포츠를 즐기는 양성성의 할머니이다. 할머니의 양성성이 실현되고 있는 애니메이션이라고 하겠다. 고령화 사회에서 점점 할머니 담론은 문화의 한 부분을 장식하는 새로운 이야기가 될 것이다.

제주 민간 신화인 〈세경본풀이〉〈삼공본풀이〉〈송당본풀이〉〈삼승할망본풀이〉에 등장하는 여성 주인공인 자청비, 가믄장아기, 백주또, 명진국 따님의 양성성과 문화의 현대적 의미를 점검해서 그 현대적 의미를 다양하게 살펴볼 수 있었다. 여성신들에 대한 담론이 지나치게 주변화되었다는 반성에서 이 논의는 의미를 찾을 수 있다. 넋두리나 질김이나 인고 등의 희생과 관련된 언어로 여성의 문화를 정의했던 것이 그간 연구의 흐름이라면 여기에서는 우리의 신화 이야기 속에 여성의 창조적 주체성과 양성성이 오랜 시간 동안 내재되어 왔었다는 것을 입증하고자 한다. 현대의 알파걸과 양성성의 문화가 갑자기 어느 한 순간에 외국의 일방적인 영향을 받아서 우리문화에 갑자기 탄생한 이입 문화가 아니라 우리 안에 유전자처럼 오랫 동안 내재되어 있었던 고유의 상상력이었었다는 것을 보여주고자 함이다. 위에서 이야기한 것처럼 제주 민간 신화에 등장하는 여성의 모습은 매우 현대적인 속성을 가진다. 이 말은 우리의 문화 속에서 현대 여성의 양성적이고 주체적인 속성이 잠재되어 있어 왔다는 증거가 되는 셈이다.

| 제 2 부 |

차이와 연대로 다시 보는 관용 이야기

제 3 장

한국과 베트남의 신화 이야기를 읽다

1. 지도 위의 한국과 베트남을 보다

2016년을 기준으로 한국 국적을 가지고 있는 외국인 인구는 전체의 0.6 퍼센트를 차지하는 30만명을 넘어서고 있다. 따라서 한국의 다문화 교육은 인종, 이념, 민족에 따른 편견을 줄이고 동등한 문화적 가치가 인식되는 방향으로 나아가야 된다는 지적이 제기되고 있다.[1] 현재 우리나라 중앙 정부에서 이루어지는 다문화 교육은 교육부, 여성가족부, 문화관광체육부 등이 주축을 이루고 있다.[2] 통계청 자료 〈2015년 다문화 인구 통계〉를 살펴보면,

1) 성용구, 「우리나라 다문화 교육문제와 개선방향」, 『초등교육연구논총』, 대구대학교 초등교육연구소, 2009, 1-10쪽.

2) 이병준, 박정현, 「다문화 교육 정책 프로그램 분석과 평생교육의 대응방안 연구」, 『문화

몇 가지 중요한 사실을 확인할 수 있다. 한국의 다문화 가족을 구성하는 이주 여성의 비율은 중국, 베트남, 필리핀 등의 순서로 집계되고 있다. 여기에서 2위를 차지하는 베트남 여성들의 결혼 비율은 23.1퍼센트에 이르고 있는데, 다문화 이주 가족의 이혼률도 20.9퍼센트로 높게 나타나고 있다. 물론 이혼은 한국 가족에서도 증가하고 있는 현상이지만, 특히 다문화 가족의 이혼률은 점점 빠른 속도로 커지고 있다. 이혼기간 5년 미만인 가족 비율이 한국인 기준 22.5퍼센트인데 비해서 다문화 가족의 이혼률은 40퍼센트의 높은 기록을 보이고 있다. 그런데, 2015년 통계에서 더 주목할 만한 수치는 다문화 2세의 출생과 어머니 즉 모(母)의 국적에 대한 통계이다. 중국 이주 여성의 비율이 제일 많은 만큼 2세도 중국의 다문화 아동이 많을 것이라는 예상을 깨고, 베트남 어머니를 둔 2세의 탄생이 전체 다문화 출생 중 34.6퍼센트를 차지하고 정작 중국은 23.6퍼센트에 그치고 있다.[3)]

다문화 가족 중 베트남 2세의 증가와 베트남 이주 여성의 증가에 맞물려서 우리가 주목해서 봐야 할 자료 중 〈2015년 여성 가족부〉의 자료가 있다. 2015년 여성 가족부는 〈성인(일반국민)다문화 수용성〉 검사를 실시한 적이 있다.[4)] 그런데, 한국인은 다문화에 대해 매우 모순적인 자세를 취한다. 일자리가 다급할 때는 외국인 우선 고용에 가장 높은 비율로 찬성을 하지만

예술교육연구』, 한국문화교육학회, 2014, 1-26쪽.

3) 2015년 통계청 홈페이지 참고, 〈다문화 인구 동태 통계〉를 참고함.

4) 2015년 여성 가족부 〈성인(일반국민)다문화 수용성〉조사

① 일자리가 귀할 때 외국인 우선 고용에 찬성
한국(60.4), 미국(50.5), 독일(41.5), 스웨덴(14.5), 호주(51.0)

② 외국인 노동자를 이웃으로 삼고 싶지 않음
한국(31.8), 미국(13.7), 독일(21.5), 스웨덴(3.5), 호주(10.6)

외국인을 정작 이웃으로 여기냐는 설문에는 가장 높은 비율로 이웃으로 삼고 싶지 않다는 생각을 하고 있다. 한국인들은 다문화에 대해서 다소 부정적이거나 배타적인 자세를 취하고 있다는 것을 알 수 있다. 베트남 2세의 다문화 비중이 가장 많아지고 있는 형국에 어머니의 나라에 대한 이해가 상호문화적인 관점에서 이루어질 필요가 있을 것이다.

한-베 다문화가족의 이혼률이 증가하고 있는 요인으로 심상준이 제기한 베트남 여성의 지위에 대해서 한 번 생각해 볼 필요가 있다. 베트남은 동남아의 다른 지역들과 마찬가지로 여성의 역할이 강조되고 있는 농경사회이다. 따라서 베트남에서 여성의 지위는 대체로 높은 편이라고 말할 수 있다. 그런데, 심상준에 의하면 그러한 베트남 여성의 지위가 한국으로 건너와서는 상대적으로 부정되곤 한다는 것이다. 베트남의 여성은 모계계와 양계계의 영향으로 베트남의 사회구조와 풍습 습관과 사회관념 속에서 다소 높은 지위를 누리고 있다고 평가받는다.[5] 한국으로 건너온 베트남 여성들은 한국에서 외국인에 대한 우호적이지 못한 시선과 함께 자기가 속한 사회보다 더 인정받지 못하는 이중적인 고통을 감당해야 하는 상황이라고 할 수 있다. 따라서 언어교육에 치중되어 있는 현재의 다문화 교육은 자존감을 회복하는 방향으로 진일보해 나아가야 한다고 생각한다.

다문화 이주 여성들과 그 2세들이 자존감을 잃지 않기 위해서는 출신 나라의 역사와 근본을 존중하는 스토리텔링 교육이 동반되어야 한다. 이를 위해 가장 적절한 콘텐츠는 신화 스토리텔링의 공유라고 할 수 있다. 한국의 근대 지식인 최남선에 따르면, 신화는 각 나라의 문화적 집결체이자 역사

5) 심상준, 「베트남 여성의 지위와 함-베 다문화 가족」, 『베트남 연구』 9, 한국 베트남 학회, 2009, 25-66쪽.

이고 예술이기 때문이다.[6] 이러한 논리는 석창훈이 주장한 신화 스토리텔링을 활용한 다문화교육과 일견 맥을 같이한다고 할 수 있다.[7] 석창훈은 몽골과 베트남의 건국신화의 스토리텔링을 이해함으로써 다문화에서 다름이 아니라 같음의 문화를 공유하자는 논리를 펼치고 있다. 이때 각 나라의 차이는 차별로 이어져서는 안된다는 포용성 강화 논리를 펼치고 있다. 이에 대해서 본 연구 역시 적극적으로 동감하는 바이다. 본고에서는 동아시아라는 범주가 아니라 점점 많아지는 베트남 이주 여성과 관련해서 한국과 베트남의 신화를 몇 가지 측면에서 비교 분석해서 서로의 문화를 상호 이해하는 것이 필요하다는 것을 피력하고자 한다. 이는 점점 늘어나는 베트남 2세들의 양부모의 문화 비교와 자존감 회복으로도 이어질 수 있는 요인이 될 수 있을 것이다.

한국과 베트남의 역사는 긴밀한 관련성을 가진다. 두 나라 모두 강대국의 식민지를 겪어야 했는데. 베트남은 19세기 중반에서 20세기 중반까지 프랑스의 식민지로 지내야 했고. 한국은 1910년부터 1945년까지 일본의 식민통치를 겪어야 했다. 두 나라 모두 1945년에 독립되었다는 공통점과 그 후 자유주의와 공산주의의 이념 갈등으로 남과 북이 대치되는 민족상잔(民族相殘)의 비극을 겪는다는 공통점이 존재한다. 베트남의 호치민이 남북통일을 기원하는 민족 지도자였다면. 한국에는 김구의 남북통일에 대한 열렬한 노력이 있었다. 1950년대 한국은 전쟁의 비참한 경험을 해야 했고, 1964년부터 1975년까지 베트남은 치열한 베트남 전쟁을 벌여야 했다. 미국은 한국에

6) 최남선, 『사론 종교론』, 경인문화사, 2013.

7) 석창훈, 「동아시아 신화의 스토리텔링을 활용한 다문화이해교육 연구」, 『다문화콘텐츠연구』 10, 중앙대 문화콘텐츠 기술연구원, 2011, 195-213쪽.

서는 전쟁의 명분을 얻어 계속 주둔하게 되었고, 베트남에서는 전쟁의 명분을 잃고 철수하게 된다.

역사적인 유사점 이외에도 삼면이 '바다'라는 지리적 유사성도 존재한다. 한국과 베트남은 반도 문화권이라는 공통점을 가진다. 한반도는 삼면이 바다인 반도국이고, 베트남은 서쪽을 제외한 북, 동, 남등 삼 면이 리아시스식 바다인 인도차이나 반도의 가장 자리를 차지한다. 따라서 식생활의 여러 부분이 유사한 부분이 많다. 유교 문화에서 오는 가족 문화뿐만 아니라, 문화적 유사성이 매우 많다. 한국의 성균관이나 종묘처럼 베트남에는 문묘 국자감이 존재했다. 각 시조를 모시는 사당이 존재하고, 씨족 질서를 중요시하는 전통을 여전히 가지고 있다. 베트남은 한국과 비슷하게 설을 가장 중요하게 여기는 민족이다. 베트남에서는 음력설이 가장 중요한 명절이자 축제인데 뗏 (Tet)이라 불린다.[8] 점점 증가하는 많은 다문화 베트남 이주 여성들을 이해하기 위해 두 나라의 신화가 각각의 문화에서 어떻게 발현되는지 그 양상을 살펴볼 필요가 있을 것이다.

현재까지 베트남 문화에 대한 연구는 다문화와 경제 부분 연구에 비해서 다소 부족한 편이다. 박희병, 최귀묵, 강은해 등 국문학자들의 관심이 어느 정도 있어왔고, 송정남, 유인석, 이한우 등 베트남 문화 연구자들의 논의가 진척되었고, 전경미, 하은하, 최호림 등은 베트남 이주여성 다문화를 그 나라의 신화와 연결시키고자 하였다. 특히 본고에서 다루고자 하는 신화와 문화 부분의 기존 연구는 베트남 역사와 문화를 정리한 송정남과 유인선의 논

8) 베트남에서 설은 뗏이라고 하여, 전통적으로 음력 12월23일부터 음력 1월7까지 지내는 긴 명절이었지만, 현대에는 그 기간이 많이 단축되었다. 우리나라의 설과 비슷한 의미를 가진다. 반면, 추석은 뗏쭝투라고 하는데, 우리나라와는 다르게 어린이를 위한 명절이다.

의를 참고해서 신화와 역사의 관계를 살펴볼 수 있고, 문화 쪽의 연결 고리로는 이한우와 최귀묵의 논의를 통해 문화와 콘텐츠 현황을 살펴볼 수 있다.

여기에서는 두 나라의 대표적인 신화서인 한국의 『三國遺事』와 베트남의 『嶺南摭怪列傳』의 비교를 통해 신화가 생성되는 문화적 욕망을 들여다보고, 더 나아가 다문화 이주 여성을 비롯한 문화 교류가 빈번해진 두 나라 이해의 단초를 닦고자 한다. 이를 위해, 세 가지의 구체적인 연구 목표를 상정한다. 두 나라의 신화서에 등장하는 국가 형성의 이야기 속의 난생 신화와 남과 여로 표상되는 이문화의 결연과정에 대해서 논의하고자 한다. 두 번째는 두 나라에 등장하는 용 신화의 의미 구조를 살피고자 한다. 두 나라의 용 신화는 중국에 대한 대항의식이면서 민족의식 형성이라는 공통점을 가진다. 용의 피와 용의 후예라는 베트남과 한국 곳곳에 흩어져 있는 용의 무덤인 대왕암 신화를 살펴보기로 한다. 한국의 용이 된 왕들은 외세에 대한 저항과 수호 의지의 표상체라고 할 수 있다. 셋째로는 딸과 아버지의 관계를 통한 문화적 유사성과 차이점을 발견하고자 한다. 한국의 『三國遺事』의 〈무왕〉조에 나오는 선화공주와 베트남의 『嶺南摭怪列傳』의 〈하룻 밤 새 생긴 못〉의 선용공주에 대한 이야기와 결혼을 둘러싼 아버지와의 갈등을 상호 비교한다. 신화적 상호 연관성은 늘어나는 한-베 다문화 이해에 대한 인문적 초석으로 작용할 수 있을 것이다.

2. 난생 신화로 한국과 베트남을 보다

13세기 한국의 일연과 15세기 베트남의 무경은 약간의 시간 차이는 있

가야문화축제-구지봉에 놓여있는 여섯 알

지만, 이야기를 채록하고 책으로 엮어 가는 그들의 문화적 욕망은 거의 비슷한 것이라고 볼 수 있다. 둘 다 중국의 괴이한 이야기에 비해 자국의 괴이한 이야기가 전혀 이상하지 않음을 주장함으로써 문화적 자주국임을 천명하고자 하였다. 『三國遺事』의 일연은 〈기이편〉 서문에서 우리의 신이한 이야기가 황당한 것이 아니라 자주적인 이야기임을 천명한다. 그는 감성과 이성의 조화와 균형에 많은 관심을 가진 것으로 보인다. 김부식이 『三國史記』를 편찬한 이유가 중국의 역사서와 같은 삼국의 역사서를 기술하고자 한 것이라면, 일연의 『三國遺事』의 편찬 동기는 민중에게 남겨진 이야기를 기록하는 것이었다. 일연은 이야기 중심의 역사서를 만들면서 항상 실재와 허구 사이의 문지방에 서 있어야 했다. 그때 그에게 필요한 것은 이성과 감성의 적절한 조화를 가질 수 있는 비판적 상상력과 냉철한 이성과 창의적 상상력이었다. 서문의 이야기는 그러한 고민의 흔적을 보여준다. 그가 논리적 근거로 끌어온 것은 중국의 신이한 이야기이다.

『三國遺事』 서문의 이야기를 인용하면 "황하(黃河)에서 그림(河圖)이 나오고 낙수(洛水)에서 글(洛書)이 나오면서 성인이 나타나게 되었으며, 무지개가 신모(神母)를 둘러싸서 희(羲)를 낳고, 용이 여등(女登)과 관계하여 염(炎)을 낳고, 황아(皇娥)가 궁상(窮桑)이라는 들에서 놀다가 자칭 백제(白帝)의 아들이라는 신동(神童)과 관계하여 소호(少昊)를 낳고, 간적(簡狄)이 알을 삼키고서 설(契)을 낳고, 강원(姜嫄)은 거인의 발자국을 밟고서 기(棄)를 낳았으며, 요(堯)의 어머니는 잉태한 지 열넉 달 만에 요를 낳았고, 패공(沛公)의 어머니는 용과 큰 못에서 교접하여 패공을 낳기에 이르렀다. 그 뒤에 일어난 이와 같은 일을 어찌 이루 다 기록하랴! 이렇게 본즉 삼국의 시조가 모두 신비스러운 기적으로부터 태어났다는 것도 무엇이 그리 괴이하다고 하랴! 이것이 신비로운 기적 이야기를 이 책의 첫머리에 싣게 된 까닭이며 그 의도도 바로 여기에 있다.[9]"라고 진술하고 있다, 이는 중국의 것에 기댄 『三國史記』와는 사뭇 다른 자주 의식의 발현이라고 볼 수 있다. 중국의 것이 정당하다면 우리 역시 정당하다는 주체적인 사상의 발현인 셈이다.

『〈嶺南摭怪列傳』의 구성은 무경의 서문과 22편의 구전된 기이한 이야기들이 기록과 무경으로부터 1년 후 교부라는 사람이 쓴 서문으로 구성된 신화서이다.[10] 무경은 계해, 즉 베트남은 비록 영남에 있긴 하지만 기이한

9) 일연, 김원중 옮김, 『삼국유사』, 민음사, 2002, 15쪽.

10) 15세기 베트남 문인인 무경은 14세기 후반 지은이와 연대조차 정확하게 알려지지 않은 『영남척괴열전』에 틀린 글자를 바로잡고, 책의 체제를 정비하고, 서문을 첨가해서 내놓

산천, 땅, 호걸스런 사람과 신이한 물건이 많다고 말한다. 늘 중국과 관련이 되어 온 역사이지만 베트남의 풍속은 독특하다고 말한다. 베트남인들이 간략함을 좋아해서 기록하지 않아서 많은 이야기가 소실되어 버렸다고 안타까워하면서, 비록 황당한 이야기이지만 자신이 기록하는 이야기의 근거는 이치에 맞는다고 말한다. 대부분이 권선징악(勸善懲惡)의 이야기임을 밝히면서 사람들의 교훈서로 아름다운 풍속을 만들고자 하는 의도임을 밝히고 있다. 그리고 자신이 정리한 신화서가 진나라의 『搜神記』나 당나라의 『幽怪錄』에 버금간다고 자존감을 드러내고 있다.[11] 책 후반에 수록된 교부의 서문에서는 『嶺南摭怪列傳』이 역사책에서 버려진 이야기들을 기록함으로써 누락된 역사를 보완하는 기능을 하고 있다고 하였다.[12] 교부의 집필 의도는 일연이 『三國史記』에 누락되어 남겨진 이야기가 민중의 진정한 역사를 보여준다고 생각한 신화적 발상과 유사한 것이다.

『三國遺事』와 『嶺南摭怪列傳』에는 기이한 왕조의 탄생에 대해서 상당히 주목한다. 특히, 난생 신화에 대한 묘사가 두드러지고 있다. 『三國遺事』에는 고구려의 시조인 주몽, 신라의 시조인 혁거세, 가야의 시조인 수로 등이 모두 알에서 탄생한 난생 신화라는 공통점을 가진다. 북방계 신화에서는 주로 천손이 강림한 유형이 많이 등장하는데, 단군의 경우가 그러하다. 반면, 남방계 신화는 난생 신화가 등장하고 있는데, 가야의 경우에는 하늘에서 알이 내려오는 것으로 볼 때, 부여계 북방 민족과 남방 민족의 결합 형태라고 논의된다. 즉, 북방계의 남하를 보여주는 것이다. 베트남에서는 〈태곳

았다. 베트남은 주로 구전되어 온 문화이기 때문에 자세한 기록은 남겨지지 않았다.

11) 무경, 박희병 옮김, 『베트남의 신화와 전설 -嶺南摭怪列傳』, 돌베개, 2000, 9-13쪽.

12) 무경, 위의 책, 121-125쪽.

적〉이라는 첫 이야기 속에 난생 신화가 등장한다. 난생 신화 뿐만 아니라 용의 후예인 수신과 산의 화신인 선녀가 만나는 이문화 결합의 형태를 보여준다는 측면에서 우리의 〈가락국기〉와의 비교가 유효할 것으로 보인다.

질베르 뒤랑에 의하면 사회적 조직이나 제도는 쉽게 단원화 되는데 반해 사회적 이드(Id)는 다원적이면서도 풍요롭고 다양한 가능성으로 존재한다고 한다.[13] 신화는 대표적인 사회적 이드이다. 가야에 대한 기록이 거의 없는 상태에서 일연이 기술한 〈가락국기〉는 매우 요긴한 신화적 자료가 된다. 『三國遺事』의 〈기이〉편 마지막에 등장하는 가야의 이야기의 중심은 허황옥이라는 머나먼 이국 왕비 즉 이주 여성의 등장이다. 주몽을 낳았던 유화와 온조를 낳아서 왕으로 만들고 백제 건립의 도움을 주었던 소서노가 단지 영웅의 조력자로 기술된 것과는 사뭇 다른 방향이다. 〈가락국기〉의 허황옥은 가야의 첫 번째 왕인 수로의 조력자일 뿐만 아니라 동반자로 당당하게 목소리를 내고 있는 것에 주목할 수 있다. 엄밀하게 현대 담론으로 보자면, 허황옥은 성공한 다문화 이주 여성이다. 즉, 머나먼 아유타 국의 공주가 꿈에 하늘의 계시를 받고 동쪽 나라의 왕비가 되고자 가야라는 나라에 들어온 것이다. 그녀가 타고 온 배에 파사석탑이 함께 있었다는 것으로 볼 때, 불교라는 문화의 전래도 함께 이루어졌을 가능성도 농후하다. 일연이 허황옥에게 관심을 가지는 지점이 바로 이러한 불교와의 연관성에 어느 정도 있을 것이다.

베트남 『嶺南摭怪列傳』에서 〈태곳적〉이라는 이야기는 제일 먼저 등장하는 것이다. 베트남의 역사와 지리와 문화를 함께 설명하는 이야기로 볼

13) 질베르 뒤랑, 유평근 옮김, 『신화비평과 신화분석』, 살림, 2002, 201쪽.

베트남 박물관: 직물 짜는 여자

수 있다. 베트남의 시조는 숭람(崇纜)인데, 낙용군(貉龍君)이라고 불렸다. 낙용군은 백성들에게 밭을 갈고 씨 뿌리고 농사짓고 누에 치는 법을 가르쳤다. 군신(君臣)과 존비(尊卑) 간에 차등을 두게 했으며, 부자(父子)와 부부 사이의 인륜을 마련했다고 한다. 낙용군은 때때로 수부(水府)로 돌아갔지만, 백성들은 편안하여 아무 일이 없었다. 어느 날 낙용군은 구희라는 여자를 만나 사랑하게 된다. 용군은 구희를 찾기 위해 신술(神術)을 부려 온갖 모습으로 변신해, 요정이 되기도 하고, 귀매(鬼魅)가 되기도 하고, 용이나 뱀, 호랑이나 코끼리가 되기도 했다. 용군과 함께 산 지 1년 만에 구희는 삼 하나를 낳았는데, 상서롭지 못하다 하여 들판에 내다 버렸다. 7일이 지나자 삼이 열리며 백 개의 알이 나왔는데, 알 하나마다 사내아이 하나가 태어났다. 그래서 데려와 길렀는데, 젖을 먹이지 않아도 각자 자랐다. 그 모습은 수려하고 기이했으며, 지혜와 용맹함을 다 갖추었다. 사람들은 두려워 복종하면서 비상한 형제들이라고 했다.

바다 세계의 용군은 육지 세계의 구희에게 말하기를, “나는 용의 종내기로 수족(水族)의 우두머리이고 당신은 선인(仙人)의 종내기로 지상의 사람이니, 비록 음양의 기운이 합해져 자식이 태어나기는 했으나, 물과 불처럼 상극이요. 종류가 서로 다른지라 오래 함께 살기는 어렵소. 그러니 이제 서로 헤어집시다. 50명의 아이는 내가 수부로 데리고 가서 각처(各處)를 나누어 다스리게 할 테니, 당신은 나머지 50명과 함께 지상에 남아 자식들로 하여금 나라를 나누어 다스리게 하오. 산에 있든 물속에 있든 무슨 일이 생기면 서로 알리고 관계를 끊지 말도록 합시다.”라고 말한다. 백 명의 자식들은 아버지의 말에 따랐고, 용군과 50명의 자식은 바다로 떠났다. 구희와 나머지 50명의 자식은 봉주(峯州)에 거처했는데, 자식 가운데 웅장(雄長)한 자를

추대해 임금으로 삼아 웅왕(雄王)이라 칭하고, 국호를 문랑국(文郞國)이라 했다고 한다.[14)]

한국의 『三國遺事』의 기이한 탄생을 통해 볼 때, 베트남의 『嶺南摭怪列傳』의 기이한 탄생담은 신비롭기 때문에 다분히 상징적으로 읽힌다. 먼저, 아버지의 존재가 인간이 아닌 영험한 신의 영역이라는 공통점이 있다. 한국의 주몽의 탄생에서 유화가 해를 통해 잉태했듯이, 아버지의 존재는 신계라는 설정이 공통적이다. 두 번째는 정상적인 인간이 아니라 알을 낳은 것을 두고 그 의미를 살펴볼 수 있다. 한국에서 고구려 시조 주몽과 신라의 시조 혁거세는 단 하나의 알에서 탄생했다. 반면, 가야의 김수로는 하늘에서 알이 강림하여 탄생하는데, 6개의 알에서 탄생한다. 주몽이 태어난 알은 유화가 낳은 것이고, 혁거세는 백마가 사라진 자리에 남겨진 알에서 탄생했고, 수로는 하늘에서 내려온 6개 중 가장 큰 하나의 알에서 탄생했다. 이는 당시의 민족 구성원과 통치의 관계를 보여주는 것이라 할 수 있다. 고구려와 신라의 경우, 왕을 중심으로 세워진 나라이고, 가야는 아홉 부족이 결합된 나라라는 의미로 받아들여질 수 있다. 그렇다면 베트남의 100개의 알은 현재 54개의 소수민족의 조합이 하나의 베트남을 이루는 것을 상징적으로 보여주는 것이라 할 수 있다. 대부분의 베트남 신화 해석도 이러한 논리를 따르고 있다.

그렇다면 왜 하필이면, 두 나라의 영험한 존재들은 알에서 탄생하는가. 전 세계 많은 신화에는 난생 신화가 존재한다. 신화학자들은 알에서 완전한 존재가 탄생하는 것에 신화적 상상력을 부여했다고 말한다. 그런데, 이처럼

---

14) 무경, 위의 책, 17-23쪽.

어렵게 만난 이계의 남자와 여자는 그다지 쉽지 않은 삶을 보낸다. 『三國遺事』의 단군 신화에서 웅녀의 부탁으로 환웅이 신단수에 내려와 인간으로 변한 웅녀와 결연을 맺고 단군을 탄생시킨다. 그리고 환웅의 존재는 금새 신화 속에서 사라진다. 이러한 구조는 베트남의 시조인 낙용군(貉龍君)의 이야기에서도 그대로 등장한다. 용왕의 아들인 그는 산신의 후손인 구희와 만나 자손을 100명이나 낳지만, 그들은 함께 할 수 없다고 말하고 각각 자신의 삶의 영역으로 헤어진다는 이야기이다. 바다와 산을 주로 이용하는 베트남의 생활 문화를 남녀의 갈등 구조로 보여주는 신화이며. 동시에 다양한 민족의 구성원들이 살아가는 땅이며. 서로 다른 민족의 차이점을 존중해주자는 의미를 함축하고 있는 이야기이다.

베트남의 〈태곳적〉에 등장하는 구희는 『三國遺事』의 유화나 웅녀보다는 〈가락국기〉의 허황옥을 닮아 있다고 볼 수 있다. 허황옥은 가야라는 나라와는 전혀 다른 이질적인 문화권에서 들어온 다문화 이주 여성이다. 그런데 그녀는 자신이 낳은 많은 아들들 중 두 명의 아들에게는 자신의 성을 붙이는 주체성을 보인다. 베트남의 구희 역시 100명의 아들 중에서 50명의 아들을 데리고 산신의 세계로 분리해서 나온다. 그리고 서로가 어려우면 도움을 청하자고 하는 매우 평등한 조약을 맺는다. 이는 허황옥이 조력자가 아니라 공동 운영자인 것처럼 묘사되는 〈가락국기〉의 논의와 일맥 통한다고 보인다. 이는 한국과 베트남 두 문화권에서 이주 여성의 자기 주체성 확립을 보여주는 것이라 볼 수 있다.

3. 용 신화로 두 나라를 이해하다

한국과 베트남은 삼면이 바다로 이루어져 있고, 크고 작은 섬들이 많이 존재하기 때문에 다양한 해양신앙과 해양설화가 존재한다는 공통점이 있다. 한국의 동해 바다에는 용과 관련된 신화가 많이 등장하고 있고, 베트남 역시 용과는 뗄 수 없는 문화적 특성을 보인다. 심지어 메콩강을 구룡강(九龍江) 즉 9개의 용이라는 용어로 바꾸어 쓸 정도이고, 하롱베이(下龍)는 수천 마리의 용이 내려온 흔적이라고 말하고 있다. 두 나라에서 용은 외세에 대한 저항과 깊은 관계가 있다. 상상 동물인 용은 민족의 저항의지를 보여주는 국토수호의 의지를 보여준다. 한국 바다의 지리적 특성상 동해 바다는 수심이 깊기 때문에 인간에게 경외감과 두려움을 동시에 주었을 것이다. 이는 서해안의 바다가 조수간만으로 변화무쌍한 것과는 대조적이다. 따라서, 동해안 바다와 관련된 신화에는 용이 많이 등장한다. 『三國遺事』의 여러 곳에서 용이 동해 바다와 관련이 되고 있는 이유이다.

한국에서 가장 대표적인 것으로는 처용이 동해 용왕의 아들이라는 것과 문무왕이 죽어서 동해의 용이 되어 나라를 지키겠다고 한 이야기와 수로부인이 동해 바다에서 용에게 잡혀간 것을 떠올려 볼 수가 있다. 그와는 반대편에 위치한 서해안 바닷가와 관련해서는 토룡(土龍) 즉 지렁이가 자주 등장하고 있다는 것을 눈여겨 볼 수 있다. 백제의 서동은 30대 무왕이 되는 인물인데, 『三國遺事』에서는 "제30대 무왕(武王)의 이름은 장(璋)이다. 그 어머니가 과부가 되어 서울 남쪽 못 가에 집을 짓고 살고 있었는데 못의 용(龍)과 관계하여 (장을) 낳고 어릴 때 이름을 서동(薯童)이라고 하였다[15)]." 라고 전한다. 또한 백제의 견원은 처녀가 밤마다 찾아오는 야래자(夜來者)

와 관계를 해서 낳은 자식이라고 기술된다. 지렁이의 다른 이름인 토룡은 서해안에 사는 용의 상징이며 용은 임금의 상징이다.

『三國史記』〈신라본기〉 264년(미추왕3년) 2월에 바다에 망제(望祭)를 지냈다는 기록이 등장한다(김부식 권 제2). 이는 신라 초기부터 해양신앙이 존재하고 있었음을 유추하게 해준다. 〈처용랑과 망해사〉의 879년(헌강왕 5년) 기록에는 생김새가 해괴하고 옷차림과 두건이 괴상한 사람들을 산과 바다의 정령이라 일컬었고 바다의 영혼을 인정하여 인간처럼 의식, 욕구, 느낌 등이 존재하다고 믿는 신앙인 정령신앙과도 연계하였다고 한다(김부식, 권제2 권). 『三國遺事』의 〈처용랑과 망해사[16]〉편에서는 헌강왕이 지금의 울주 지역인 개운포로 놀러갔다가 갑자기 구름과 안개를 만나는 일을 이야기한다. 이를 동해 용의 변괴로 해석하고 용을 달래기 위해 절을 짓게 하였더니 동해 용이 기뻐하며 자기의 아들 하나를 신라의 왕에게 보낸다. 그가 바로 처용인데, 신라의 급간(級干)이란 직책을 맡아 열심히 일을 하는데, 아름다운 그의 아내를 역신이 범한다는 이야기이다. 처용의 노래와 춤에 역신은 형체를 드러내 다시는 처용의 형상만 보더라도 들어가지 않겠다고 맹세하는 이야기가 나온다. 이러한 이야기를 듣고 왕은 망해사란 절을 지어 처용을 기렸다.

『三國遺事』〈기이편: 처용랑과 망해사〉에서 처용은 자기 몰래 아내를 범한 역신을 퇴치한다. 『三國史記』에는 제 49대 헌강왕 때의 기록을 자세히 적고 있지는 않다. 오히려 『三國史記』에 나오는 자료를 통해서만 보면, 처용이 무찔러야 하는 역신이 좀 어색해 보일 정도이다. 제 49대 헌강왕은 이

---

15) 일연, 위의 책, 208-211쪽.

16) 일연, 위의 책, 186-189쪽.

름이 정이고 경문왕의 아들이고, 총명하고, 영민했다고 한다(김부식 권 제11). 또한 자연재해와 생활사 부분에서도 다른 왕 때와는 비교도 되지 않을 만큼 그다지 큰 피해가 기록되어 있지 않다. 기껏 기록하는 상서로운 변은 왕 11년 2월에 호랑이가 궁궐에 들어왔다는 것과 10월에 태백성이 낮에 나타난 것 정도이다. 그렇다면 어느 정도 평안한 시대를 누리고 있었다는 것으로 유추되는데, 『三國遺事』속에 등장하는 〈처용랑과 망해사〉를 황병익의 논의처럼 질병으로 지칭되는 역신 퇴치의 과정이기보다는 이미 〈처용가〉가 민중 사이에서 퍼질 만큼 질병이 어느 정도 진정된 양상을 보이고 있는 결과적 노래로 효과를 보고 있었던 것으로 추측해 볼 수 있다.

용이 용왕이 되는 상상력과 기우제의 상상력은 신라중기 33대 성덕왕 시절 〈수로부인〉의 이야기에서도 찾아볼 수 있다. 『三國遺事』〈기이편: 수로부인〉과 〈신주편: 혜통항룡조〉에는 둘 다 용이 등장하고 있다. 이 이야기들은 신이한 능력을 보이는 인물이나 사물의 등장이 공통적으로 보이지만, 잘 들여다보면 수로부인을 데려간 용은 민중의 소망을 들어주는 영물로 등장하고, 해통의 용은 퇴치의 대상으로 존재한다. 『三國遺事』〈기이편: 수로부인〉은 성덕왕 때 지어진 이야기로. 『三國史記』(권 제7)의 자연재해와 관련된 문건을 함께 들여다보면 제 33대 성덕왕 때 매우 많은 자연재해가 등장하고 있다. 큰 불, 지진 8번, 유성이 떨어지는 불길함, 가뭄 6번, 큰 비, 때 아닌 폭설과 우박, 벼락과 같은 기상이변 등이 서술되고 있다. 즉 자연재해가 극심한 시기였다고 할 수 있다.[17] 이러한 역사적 사실 기록들과 연관해서 그 시대 지어진 『三國遺事』 수로부인 이야기를 들여다 본다면 그간 살

17) 김부식, 『삼국사기』, 한길사, 1998.

펴보지 못했던 설화 속에 나타난 질병적 징후를 용 신화와 함께 읽어낼 수 있을 것으로 보인다.

『三國遺事』〈신주편: 혜통항룡조〉에서는 용이 질병과 관련되는 이야기가 등장하고 있다. 이 설화는 경주의 바다에 수장되어 동해의 용이 된 문무왕과 관련된 이야기이다. 제 30대 문무왕 시절 혜통이라는 스님과 관련된 이야기이다. 문무왕은 아버지 무열왕의 뒤를 이어 삼국통일을 이루기 위해 많은 힘을 쏟았던 왕이다. 제위 20여년의 기간 동안 수많은 자연재해가 기록되고 있다. 지진 5번, 불과 벼락 6번, 혜성의 이상 징후 8번 등 많은 사건과 사고가 있었다고 전해진다. 이때 기록된 이야기가 〈혜통항룡조〉라는 것을 감안하면, 혜통이라는 스님이 퇴치한 것이 용이라기보다는 전염병과 같은 질병이라고 유추할 수 있다. 따라서 당나라 고종의 공주가 가진 병을 퇴치하는 방편으로 악한 용을 퇴치한 것은 일종의 질병 치료과정이라고 볼 수 있다.

현재 경주에 있는 대왕암은 문무대왕의 무덤으로 알려지고 있다. 문무왕은 아버지 김춘추와 어머니 김문희 사이에 태어난 자식으로 〈김유신〉과 〈태종 춘추공〉과 〈문무왕 법민〉으로 이어지는 가야의 후손들과 신라와 가야의 문화적 융합을 담당하며 당나라라는 대항세력에 맞선 대결 의식적 민족정신의 상징체라고 할 수 있다. 김유신과 김춘추는 당나라의 도움을 받지만 주체적 정신을 지키려고 애썼으며 급기야 문무대왕에 와서는 중국에 대한 사대적 관계를 바로 잡으려고 한다. 〈사천왕사〉를 짓게 해서 당나라에 맞서도록 도사들에게 명령하기도 한다. 따라서 문무왕은 나라를 위해 헌신하다가 56세쯤 사망하게 된다. 그는 죽으면서까지 자신을 동해 바다의 용이 되도록 동해에 수장시켜 달라는 유언을 남긴다. 죽어서도 바다의 용이 되어

나라를 수호하겠다는 강력한 의지를 보여주고 있는 셈이다. 경주 대왕암은 용의 국토수호 정신을 보여주는 문화적 상징체라고 할 수 있다.

바르트에 의하면 신화는 메시지의 내용으로 정의되는 것이 아니라 발화되는 방식으로 정의되며, 이는 담화가 의미 작용하는 상황에서 일어나는 하나의 가능성으로 간주되기 때문이다. 바르트의 신화 해석에 따르면, 신화는 하나의 고정된 화석으로 존재하는 것이 아니라고 할 수 있다. 즉 용의 신성성과 장엄함의 상징 너머에서 용의 좌절과 추락을 느끼면서 현실적인 삶의 질서를 다시 느끼는 것이다. 따라서 용의 양가성의 의미는 바르트의 신화의 의미로 집결된다고 볼 수 있다.

한국의 용 신화는 왕의 절대성, 영험한 상징성, 질병의 상징성, 용왕의 영험함을 알리는 신물 등 다양한 기의들을 가지는 기표이다. 반면, 베트남 문화 곳곳에 등장하는 용은 구원자와 국토 수호자의 의미를 지배적으로 담고 있다. 한국에 비해서는 용의 상징성이 국토수호나 민족의 저항으로 한정되어 활용되고 있는 듯하다. 베트남 신화서인 『嶺南摭怪列傳』에서는 용군의 등장이 매우 많이 보인다. 〈물고기 정령〉과 〈여우의 정령〉 등 많은 이야기에서 악귀를 퇴치하는데, 문제의 해결 지점에 반드시 용군이 등장한다는 특징이 있다. 따라서, 용군의 도움은 매우 중요한 상징성을 가진다. 용군의 도움을 구체적으로 살펴보면, 다음과 같다.

1) 〈물고기 정령〉

용군은 백성들이 해를 입는 것을 불쌍히 여겨 백성의 배로 화한 다음 수부(水府)의 야차(夜叉)에게 분부해 해신(海神)으로 하여금 파도를 일으키지 못하게 했으며, 배를 몰아 물고기 정령이 사는 바위에 이르러 짐짓 사람 하나를 먹이로 던져 주는 시늉을 했다. 그러자 물고기 정령은 입을 쩍 벌려 삼키려고 했다. 용군은 그때 시뻘겋게 달군 쇠뭉치를 그 입 속에 던져 넣었다. 물고기 정령은 펄쩍펄쩍 뛰며 배에 부딪혔다. 용군은 그 꼬리를 베어 버리고, 껍질을 벗겨 내어 산 위에 펼쳐 놓았다. 지금 그곳을 백룡미(白龍尾)라고 부른다. 물고기 정령의 대가리는 바다 밖으로 흘러가더니, 개로 화하여 달아났다. 이에 용군은 돌로써 바다를 메운 다음 그걸 베어 버렸다. 그러자 그것은 개 대가리로 화했다. 지금 그곳을 구두산(狗頭山)이라고 부른다. 그 몸뚱이는 만구(曼求)로 흘러갔다. 그래서 지금 거기를 '만구수'(曼求水)라고 부른다.[18]

2) 〈여우의 정령〉

용군(龍君)은 마침내 수부(水府)의 병졸들을 뭍으로 올려 보내 돌산을 공격해 깨뜨려 버리게 했다. 구미호가 달아나자 수부의 병졸들은 그 뒤를 쫓았으며, 구미호를 잡아서 먹어 버렸다. 부서진 돌산은 깊은 못이 되었는데, 지금 호시담(狐尸潭)이라고 불린다. 마침내 그 곁에 절을 세워 요사한 기운을 눌렀다. 못 서쪽 언덕의 평평한 들판에서는 농사를 짓는데, 사람들은 그곳을 호동(狐洞)이라 부른다[19].

물고기와 여우의 정령은 모두 인간에게 해로움을 주는 대상들이고, 이것을 퇴치하는데 용군은 큰 도움을 준다. 그리고 그 지역은 용과 관련된 지명이 남게 되는 히에로파니(hierophanie) 즉 성스러움이 현현된 구조이다.[20]

---

18) 무경, 위의 책, 24-25쪽.

19) 무경, 위의 책, 26-27쪽.

20) 히에로파니는 미르치아 엘리아데의 종교의 중요한 개념으로 성스러움이 현현된 사물의

용군은 바다 길을 열어주는 역할을 하며 파도에서 사람들을 구하는 해신 역할을 담당한다. 용군의 도움은 지리적인 어려움도 극복하게 해주는 역할을 담당하는데, 백룡미(白龍尾), 구두산(狗頭山), 만구수(曼求水) 등의 지명 유래가 용군이 인간을 도우면서 만들어진 이름인 것이다. 이것들은 물고기를 용군이 잡아먹고 육지로 몸을 던지면서 개(狗)와 관련되는 이야기들이다. 반면, 〈여우의 정령〉에서 용의 도움은 여우와 관련되어 있고, 지명의 이름에서도 여우가 활용된다. 용군은 수부의 병사들을 도와 구미호를 잡는데, 구미호와 관련된 지명이 호시담(狐尸潭)과 호동(狐洞)이라는 지명이다. 용군의 도움으로 희생된 것이 개(狗)와 여우(狐)라는 육지 동물이라는 것에 유념하면, 해양문화와 육지문화의 충돌로도 읽어 볼 개연성도 생긴다.

베트남은 우리나라처럼 외세에 많은 침입을 받아왔던 역사를 가지고 있고 그것에 대한 강한 저항의식이 이야기 속에서 매우 많이 보인다. 몽골의 침입에 맞서고, 청나라 건륭제의 침입에 맞서고, 프랑스 식민 통치로부터 독립 운동을 전개하고[21], 미국과의 10여 년의 장기 전투에서 그들은 모두 승리했고 베트남을 어렵게 지켜냈다. 한 번도 외세에 굴복하지 않았다는 문화적 자존감은 용이 자신의 나라를 수호해 준다는 신화적 믿음 체계를 더욱 확고하게 만들었다. 용의 신화가 가장 많이 남아 있는 곳이 바로 하롱베이(Halong,

---

상태를 말한다. 『성과 속』과 『종교형태론』과 『신화, 꿈, 신비』 등에서 히에로파니에 대한 설명이 자세히 등장한다.

21) 송정남, 『베트남 사회와 문화 들여다보기』, 한국외국어대학교 출판부, 2013.
프랑스 식민통치 동안 저항 운동은 세 가지로 전개된다. 첫째. 사대부 계층이 주축이 되어 전통 왕조를 회복하자는 것이었다. 둘째. 유교적 저통을 기반으로 한 서구의 영향을 받은 액국 지사들의 움직임이었다. 셋째. 1920년대 프랑스식 교육을 받은 지식층에 의한 도립운동이었다. 따라서 구체적으로 바다를 배경으로 싸웠다는 정항을 찾기는 어려우나 저항 정신이라는 측면에서 용의 정신과 함께 엮을 수 있다.

베트남 하롱베이

下龍)라고 할 수 있는데, 베트남의 가장 대표적인 문화 유적지인 국립공원이다. 3,000개 이상의 섬들은 모두 용들이 바다에 내려온 형상이라고 표현한다.

하롱(Halong,下龍)이라는 말은 글자 그대로 "용(龍)이 바다로 내려왔다"는 것을 의미하는데, 전설에 따르면 한 무리의 용들이 외세의 침략으로부터 사람들을 구했고, 침략자들과 싸우기 위해 내뱉은 보석들이 모두 각각의 섬이 되었다고 한다. 실제로 외세와의 전쟁이 있을 때마다 그들의 믿음은 어느 정도 효력을 발휘했고, 섬의 지세에 약한 외국군들은 베트남에서 패배할 수 밖에 없었다. 신화는 과거의 역사적 사건들을 역으로 설명해주기도 하지만, 미래에 대한 의지를 강화시키기 위한 민중의 상징적 결속력으로도 존재한다. 용과 관련된 이야기는 외세에 대해서 나라를 지키고자 하는 베트남인들의 의지적 표현이라고 할 수 있다. 『嶺南摭怪列傳』의 많은 이야기들은 용군을 수호신처럼 등장시킨다. 송정남은 베트남에서 용 신화의 의미를 다섯 가지로 정리하고 있는데, 먼저 베트남인들이 용의 자손이라는 것이다. 둘째, 베트남의 다종족이 하나의 부모에게서 태어났다는 의미이고, 셋째는 베트남은 음양의 조화를 통해서 구현되고 있으며, 넷째, 베트남이 어업과 농업 양쪽에 종사하는 사람이 많고, 다섯째는 베트남의 문화가 다양하다는 것을 의미한다고 말한다.[22] 따라서 용 신화는 베트남의 역사뿐만 아니라 생활 전반을 지배하고 있다고 보는 것이 타당할 것이다. 한국과 베트남에 공통으로 존재하는 용 신화의 상호 비교는 점점 교류가 빈번해지는 두 나라의 문화적 이해의 단초로 작용할 것이다.

4. 신화 속 결혼으로 두 나라를 보다

신화 속 아름다움은 동서양을 막론하고 늘 소문을 동반한다. 우리나라의 대표적인 신화서인 『삼국유사』 역시 치명적인 아름다움을 가진 여인들을 다수 그리고 있다. 가장 대표적인 인물은 수로부인으로 자연의 신물들도 그녀의 미모에 빠져들어 가는 곳마다 사건 사고가 끊이지 않는다. 심지어 바다 속 용도 그녀의 미모를 탐해 수로부인을 납치하는 일이 벌어진다. 또한 미모 때문에 역신의 유혹을 받았던 〈처용랑과 망해사〉의 처용부인이 있고, 미모 때문에 죽은 왕이 귀신이 되어 찾아온 〈도화녀와 비형랑〉의 도화녀라는 여성도 있다. 그러나, 아름다움과 관련해 가장 낭만적인 스토리를 보여주는 『삼국유사』의 주인공은 단연 신라의 선화공주일 것이다. 수로부인이나

22) 송정남, 『베트남 사회와 문화 들여다보기』, 한국외국어대학교 출판부, 2013, 8-13쪽.

베트남 박물관: 결혼식

처용부인이나 도화녀의 상대는 용이거나 역신이거나 귀신왕이었다. 어느 누구도 사람과 진짜 로맨스를 펼치지는 못한 것이다. 그러나, 아름다운 선화공주는 가난한 청년과 결혼한다는 낭만적 러브스토리를 성공시켰다. 〈무왕〉편에는 백제의 서동이라는 인물이 신라 진평왕의 셋째 딸 선화가 아름답다는 이야기를 듣고 마를 캐서 신라로 들어간다. 그는 시장에서 노는 아이들을 모아놓고 백제에서 가지고 온 마를 나누어 주며 〈서동요〉라는 노래를 부르게 해 성 안에 이상한 소문을 퍼트린다. 그 소문은 궁궐에 있던 공주를 쫓겨나게 하는 결정적 원인이 된다. 베트남 신화에도 아름다운 공주의 이야기가 등장하고 있는데, 이야기 구조가 『삼국유사』의 선화공주와 비슷한 구조를 보인다는 점에서 흥미롭다. 베트남 신화인 『嶺南摭怪列傳』의 〈하룻밤 새 생긴 못〉이라는 이야기 속 선용공주가 그 주인공이다. 따라서 이 장에서는 아름다움의 신화가 어떻게 그 사회의 심층적인 인식구조를 보여주고 있는지 살피고, 그 아름다움의 이야기가 부녀의 갈등관계 속에서 어떻게 그려지는지 살피며 나아가 신화 속 결혼의 문화적 의미 또한 살피고자 한다.

『삼국유사』의 〈무왕〉조와 『嶺南摭怪列傳』의 〈하룻밤 새 생긴 못〉이라는 이야기를 상호 비교함으로써 아름다움의 신화에 관련된 두 나라의 상호 문화적 연관성과 결혼을 자세하게 살펴보기로 한다. 〈무왕〉조와 〈하룻밤 새 생긴 못〉이라는 이야기는 둘 다 아버지와 딸의 갈등 관계로 읽혀질 수 있다는 공통점이 있다. 첫째, 두 나라의 아름다운 공주들은 모두 아버지와의 관계 속에서 그려지고 있다는 공통점이 있다. 먼저 아들이 아니라 아름다운 딸이 왕에게 존재하는데, 그 딸들이 어느 날 가난한 남자를 만나게 된다는 공통된 설정이다. 〈무왕〉조에는 "신라 진평왕(眞平王)의 셋째공주 선화(善花, 혹은 선화(善化)라고 쓴다)가 매우 아름답다는 말을 듣고는 머리를 깎고 신라의 서울로 가서 동네 아이들에게 마를 나누어 주면서 아이들과 친하게 지냈다. 이에 노래를 지어 아이들을 꾀어 부르게 했다. 동요는 서울에 가득 퍼져 궁궐에까지 알려지게 되었다. 백관들은 힘껏 간하여 공주를 먼 곳으로 유배 보내게 하였다."[23]라는 진술이 등장한다. 『嶺南摭怪列傳』의 〈하룻밤 새 생긴 못〉에서는 "제3대 웅왕 때 일이다. 왕에게는 딸이 하나 있었는데 선용(仙容)공주라고 했다. 공주는 나이가 열여덟이었으며 용모가 빼어났다. 그러나 시집을 가려고 하지 않고 천하를 떠돌아다니며 놀기를 좋아했다. 왕은 공주를 무척 사랑하여 하는 대로 내버려 뒀다. 공주는 해마다 2,3월이 되면 배를 띄워 해외에서 노닐었는데 즐거운 나머지 돌아오는 걸 잊곤 했다."[24]

23) 일연, 위의 책, 213쪽.

24) 무경, 위의 책, 35쪽.

『삼국유사』의 〈무왕〉조의 선화공주는 진평왕의 막내딸인데, 아름답다는 이유만으로 이웃나라에서 온 서동의 악의적인 소문에 걸려들어 피해를 보게 된다. 『嶺南摭怪列傳』의 〈하룻밤 새 생긴 못〉에서 웅왕의 아름다운 딸 선용공주는 천막강(天幕江)의 저사향(褚舍鄕)에 저미운(褚微雲)이라는 사람의 어린 아들과 결혼하게 된다. 저미운은 잠방이 하나만을 유산으로 남겼는데, 아들은 아버지의 장례식 때 아버지에게 잠방이를 입혀서 장례를 치른다. 아들은 맨몸으로 강가에서 숨어 살다가 어느날 놀러나온 공주를 보게 되어 급기야 공주와 결혼에 이른다. 이 두 이야기 속에서 아버지는 딸의 배필에 대해 매우 불만족스러운 상황이다. 〈무왕〉조의 진평왕은 소문의 주인공인 서동이 사위가 되는 것을 원치 않았을 것이고, 〈하룻밤 새 생긴 못〉에서 웅왕은 "예법을 돌아보지 않고 재물을 함부로 쓰면서 천하를 돌아다니더니 기껏 가난뱅이에게 시집가겠다고! 무슨 낯으로 나를 볼 건가. 지금부터 제 하고 싶은 대로 하고 다시는 오지 말라고 해라."[25]라고 말하며 직접적으로 딸에 대해서 불만을 드러낸다. 두 결혼 이야기에서 아버지와 딸의 관계가 갈등 상황임을 알 수 있다. 여기에서는 아버지의 유교적인 규범이 강하게 작용하고 있는 남성 중심적인 질서를 읽어 낼 수 있다.

둘째, 아버지와 딸의 꼬인 관계와 갈등적 상황에 대해 딸들의 노력이 매우 강하게 드러나고 있음을 알 수 있다. 〈무왕〉조의 선화공주는 "공주는 비록 그가 어디서 온 사람인지는 몰랐으나, 우연한 만남을 기뻐하며 그를 믿고 따라가 몰래 정을 통하였다. 그런 후에야 서동의 이름을 알고, 동요의 징험을 믿게 되었다. 그리고는 함께 백제에 도착하여, 어머니가 준 금을 내어

25) 무경, 위의 책, 37쪽.

앞으로 살아갈 계책을 세우려 하였다."[26] 선화공주는 자신이 보여준 금이 서동에 의해서 많이 발견되자 그것을 지명 법사를 통해 신라의 아버지에게 편지와 함께 하룻밤 사이에 보내려고 한다. 자신에게 금을 준 것은 정작 어머니였지만 그녀는 아버지의 인정을 받기 위해 노력한다. 『嶺南摭怪列傳』의 〈하룻밤 새 생긴 못〉의 선용공주는 "우리가 부부가 된 건 하늘의 덕이지만 의식주는 사람이 노력해서 마련하지 않으면 안 되지요. 지금 황금 1알을 갖고 상인들과 해외에 나가 귀한 물건을 사 오도록 하세요. 그걸 팔아 남는 이익으로 생활을 꾸려가도록 해요."[27]라고 말하면서 해외로 남편을 장사보낸다. 남편은 도중에 암자에서 부광이라는 스님으로부터 신비한 지팡이 하나와 삿갓 하나를 받아서 신통력으로 하룻밤 사이에 큰 집과 금은보화와 하인들까지 얻게 된다. 선화공주와 선용공주는 모두 불교의 스님의 도움으로 신통력을 경험하게 된다는 공통점을 가진다. 다른 점이 있다면, 한국의 선화공주는 금을 신라에 보내 아버지의 인정을 받게 되어 남편을 백제의 왕이 되게 한다. 반면 베트남의 선용공주는 아버지의 인정과는 별도로 독립적인 나라를 세우게 된다. 버려진 딸들이 성공해 가는 이야기로 읽을 수 있다. 또한 두 이야기에는 모두 서양의 신화에 자주 등장하는 엘렉트라 콤플렉스가 반영되어 있다. 아버지에게 인정을 받고 싶은 딸들의 심리적 현상을 엘렉트라 콤플렉스라고 지그문트 융이 말했던 것이 이 두 공주에게도 그대로 드러나고 있는 것이다.

셋째, 새롭게 세운 나라에서 공주들과 관련된 히에로파니 현상이 드러나고 있다는 공통점이 있다. 종교의 기원에 대해 루돌프 오토는 신에 대한 공

26) 일연, 위의 책, 214쪽.

27) 무경, 위의 책, 37-38쪽.

포심이 가장 주요하다고 말한다. 즉, 신이 의미하는 것은 하나의 생각이나 추상적인 개념이나 단순한 도덕적 비유도 아닌 분노와 신에 대한 공포심이라고 말한다. 이러한 감정을 루돌프 오토는 누미노즈(numinouse)라고 말하는데 무서운 신비라는 뜻이다. 누미노즈(numinouse)는 다른 것과 비교할 수 없을 정도로 완전히 색다른 것을 말하며 인간이 하나의 피조물에 지나지 않다는 감정을 주며 성스러운 것은 완전히 다른 것임을 보여주는 어떤 것이라고 한다. 선화공주는 아버지에게 인정을 받고 남편을 백제의 30대 무왕이 되게 한다. 그리고 그녀는 어느 날 사자사라는 절에 행차하려고 용화산 아래 큰 못가에 도착하게 되는데, 그곳에서 미륵삼존(彌勒三尊)을 만나게 된다. 이때 선화공주가 느낀 감정은 누미노즈(numinouse)일 것이다. 선화공주는 수레를 멈추고 경의를 표하고 왕에게 미륵사라는 큰 절을 세우는 부탁을 한다. 왕은 지명 법사에게 또 신통력을 발휘해서 하룻밤에 못을 메우게 하고 그곳을 평지로 만들었다고 한다. 이곳에 미륵불상 세 개와 절을 세우고 이곳을 미륵사라고 불렀다. 신라의 진평왕은 딸과 사위가 짓는 이 절을 위해 여러 명의 공인들을 보냈다고 전해진다. 선화공주의 미륵삼존과의 신이한 만남은 미륵사라는 절을 탄생하게 한다.

한편, 베트남의 선용공주는 부광 스님이 준 신이한 물건들인 지팡이와 삿갓의 조화로 나라를 세웠지만, 아버지의 합법적인 인정을 받지는 못한다. 아버지 응왕은 딸이 반란을 일으켰다고 생각해서 군대를 총동원해서 딸의 나라를 공격하게 한다. 선용공주는 군대를 향해 "내가 한 일이 아니고 하늘이 시킨 일이며, 게다가 생사는 재천(在天)이거늘 어찌 감히 아버지에게 거역하겠는가? 하늘의 올바른 이치를 좇아 그들이 마음대로 도륙(屠戮)하도록 내버려 둘 일이다."[28]고 말한다. 한밤중이 되자 갑자기 큰 바람이 일어나

모래가 날아오르고 나무가 뽑히더니 무리와 성곽이 하늘로 올라가고 그 땅은 함몰되어 큰 못이 되었다. 그때부터 이곳에 사당을 세워 제사를 지내고 '하룻밤 새 생긴 못'이라고 불렀다. '미륵사'와 '하룻밤 새 생긴 못'은 성스러운 것의 현현으로 보인다. 이는 자연적인 것에서 어떤 신성함을 느끼게 하는 히에로파니의 현상들이라고 할 수 있다.

한국과 베트남의 공주들은 모두 다른 나라를 세우는데 일조하고 있다는 공통점이 있다. 사랑하는 딸이 다른 나라로 이주하거나 다른 나라를 세운다는 상상력은 아버지와 딸의 이중적인 관계를 보여주는 상징적 장치라고 볼 수 있다. 사랑하는 딸이 집을 떠나서 아버지만큼 잘 살기를 바라는 마음과 딸을 데려간 사위에 대해서 일종의 경제적 적대감이 공존함을 동시에 보여주는 장치라고 할 수 있다. 신화는 기이한 이야기를 보여주는 구조를 취하지만 정작 신화를 양산하는 현실의 사람들은 자신이 가장 드러내고 싶은 원초적인 욕망을 신화라는 그릇에 담는다. 한-베 다문화 가족들은 멀리 떠나온 제2의 터전에서 건강한 뿌리를 내리고 살아야 하는 현실적 과제를 가지고 살아간다. 자신의 문화와는 다른 나라에서 다름만을 느끼면서 소외감을 느끼기 보다는 신화 속에서 동질성과 친연성을 경험함으로써 다름 속에서 같음을 경험하는 기회를 가져야 할 것이다. 더 나아가 한-베 2세 다문화인들이 한쪽 부모의 문화만을 일방적으로 교육받는 반쪽 문화 교육이 아니라 동시에 두 나라의 상호 연관성을 교육받을 수 있어야 할 것이다.

한국과 베트남은 중국의 영향권에 함께 놓이는 대표적인 나라이다. 한자 문화권, 유교 문화권, 불교 문화권 등 중국의 영향과 밀접한 관련을 가지면

28) 무경, 위의 책, 38쪽.

서 두 나라는 서로 비슷하지만 상당히 다른 문화를 형성해 왔다. 충효사상, 친경의식, 사농공상, 과거제도, 관혼상제, 풍수지리, 24절기, 십간십이지, 가부장제, 칠거지악, 삼종지덕, 남존여비, 고부갈등 등 양국의 문화는 비교할 부분이 매우 많다.[29] 지리적으로 매우 멀리 떨어져 있는 한국과 베트남은 아이러니하게도 역사적, 지형적, 문화적 측면에서 상당히 많은 공통분모를 보인다. 특히, 많은 베트남 여성들이 제 2의 삶의 터전으로 한국을 선택하고 있다는 것에 주목할 필요가 있다. 많은 한국 사람들이 베트남으로 여행을 가고, 한류 스타들이 베트남의 문화에서 영웅으로 추앙되고 있으며, 많은 한국 기업들이 베트남을 찾고 있다. 1992년 개시된 한국과 베트남 수교는 25년을 맞이하고 있다. 현재까지 경제적으로는 많은 교류가 진행되었지만, 문화적으로 또는 학문적으로는 아직 미흡한 수준이라고 평가되고 있다.

한국의 신화 이야기와 비슷한 상상력을 보이는 베트남의 이야기는 위에서 논의한 것 이외에도 매우 많다. 『嶺南摭怪列傳』의 〈이옹중〉 이야기는 성호 이익이 『성호사설』에서도 언급한 사람인데, 키가 2장 3척이나 된 용감하고 씩씩한 안남 출신이라고 한다. 그는 진시황에 의해 죽음을 자청한 사람인데, 진시황은 그의 시신을 구리 동상에 넣고 적들이 침범하면 군사들을 수십 명이나 산채로 동상에 녹여 움직이게 했다고 한다. 이는 제주도의 돌하르방의 유래와 비슷하다. 『嶺南摭怪列傳』의 〈하오뢰〉 이야기는 『三國遺事』의 〈처용〉과 비슷한 이야기로 읽힌다. 한국의 〈낙랑 공주와 호동 왕자〉처럼 『嶺南摭怪列傳』의 〈금구전〉이라는 베트남 이야기도 전해진다. 본 연구는 두 나라의 문화적 이해를 위해 상호 교차적인 문화적 상관성에 초점을

29) 송정남, 『베트남 역사 읽기』, 한국외국어대학교 출판부, 2010.

두는데 강조점을 두었다. 한국으로 이주해온 여성들 중 베트남 여성들의 비율은 상당히 높은 편이다. 이들이 새로운 터전에서 성공적으로 삶을 재구성하기 위해서는 자신의 문화와 다른 점이 부각되어 이질감을 느끼기 보다는 비슷한 점을 통해 서로를 이해하는 게 도움이 될 것이라고 생각한다.

제 4 장

차이와 연대로 신화 속 이방인을 들여다보다

1. 이방인에게 성과 속의 그림자가 드리우다

최근 문화는 점점 국경이 없어지고 있다. 보다 정확하고 엄밀히 말하자면 우리의 문화는 서양과 일본의 문화에 잠식되어 고유의 독창성을 잃어버리고 있다는 표현이 맞을 것이다. 그런데 현재 한류를 이끌었던 어른들의 문화와는 정반대의 현상이 어린이 문화에서는 그다지 사회적 주목을 받지 못한 채 그 몸짓을 공룡처럼 불리고 있었다. 이 점이 이방인으로서 도깨비와 요괴의 성과 속의 연구를 통한 문화의 비교연구가 절실히 필요한 부분이라고 하겠다. 현대 우리 어린이 문화에서 일본적인 상상력은 미야자키의 주인공 괴물인 가오나시(얼굴없음)처럼 슬쩍 우리 어린이들의 상상력을 지배하는 것을 목도하게 된다. 강제적인 문화의 식민지화는 저항의 대상이 되지만 이렇게 얼굴 없는 가오나시처럼 우리의 어린이 문화에서 주인행세를 하는 것은 공론화되어 저항하는 문화적 대상조차 되지 못한다. 그렇다면 어린이 문화이니까 대수롭지 않게 이대로 넘어가야 할 것인가. 끊임없이 계속되는 요괴 상상력의 문화적 잠식은 더 이상 묵과할 수 없는 지경에 이르렀다. 〈포켓몬스터〉, 〈디지몬 어드벤처〉, 〈탑블레이드〉, 〈유희왕〉, 〈베틀 비드맨〉, 〈이누야사〉, 〈바쿠간〉 그리고 가장 최근에 새로 나온 닌텐도 게임까지 우리 어린이들은 일본적인 상상력으로 중무장을 하기에 이른다. 문제는 어린아이들이 향유층이 되다 보니 비판적 수용이 전혀 일어나지 못하고 우리의 문화인지 타문화인지 전혀 알지 못한 채 무조건적으로 일본의 문화적 상상력을 체득한다는 것이다.

현재 어린이 문화 상상력의 근간을 이루는 가장 큰 줄기는 "몬스터적"인 상상력 즉 '요괴 상상력' 이라고 하겠다. 달리 표현하면 요괴에 대한 성과 속의 그로테스크 상상력이라고 할 수 있는데, 요괴에 대한 일본의 특유한 상상력이 어린이 매체를 생산하는 창작 동력이 되고 있음을 보게 된다. 그러나 일제 강점기를 겪으면서 우리 문화 속의 도깨비는 뿔을 하나 더 단 채 국적을 잃어버리고 있는 지경에 이르렀다. 실제로 우리 어린이들이 그리는 도깨비 중 상당수가 뿔을 두 개 가진 일본의 도깨비라는 것에 문제의식을 가질 필요가 있다. 서구에서도 어린이 애니메이션의 중요한 상상력으로 하이브리드(잡종성) 상상력을 차용하고 있음을 찾아볼 수 있다. 〈몬스터 주식회사〉, 〈몬스터 하우스〉, 〈꼬마유령 캐스퍼〉 등 몬스터 상상력은 매우 활용도가 크다. 그러나 이렇게 디즈니가 제공하는 '몬스터 상상력'과는 다소 다르게 동아시아의 어린이 문화는 독특한 몬스터 상상력을 가진다고 하겠다. 따라서 문화와 역사학계에서는 한국, 일본, 중국이 서양의 문화벨트와 대적

일본 요괴마을 입구

할만한 동양의 문화벨트 조성에 시급하게 대처해야 한다고 지적한다. 그러나 현재 어린이 문화매체의 흐름으로 보자면 일본의 요괴 문화 상상력이 동양 어린이 문화를 대표하는 것이 아닌가하는 우려마저 생긴다.

일본의 요괴와 문화적 파급력이 강한 우리문화의 도깨비를 한데 묶어 이방인들이 새로운 문화권에 유입되면서 성과 속의 기호작용을 거치는 과정으로 살펴볼 수 있다. 왜 요괴와 도깨비가 문화적으로 발생했을까 하는 질문에서 시작하고자 한다. 또한 왜 현대 과학의 시대에 더욱더 그 생산성은 높아지는 것일까 하는 논의로 사고를 진척하고자 한다. 도깨비와 요괴가 애니메이션, 게임, 놀이 공간, 공원, 박물관 등에서 자유롭게 생성되고 있는 문화적 근거와 원초적 상상력을 살펴볼 수 있을 것이다. 본 연구는 요괴와 도깨비 연구를 이방인으로서 성과 속의 양가성으로 살펴보는 장이 될 것이다. 현대사회에서 만들어지고 있는 현대판 도깨비와 요괴들이 가지는 문화적 지형도를 살펴보고 그것이 가지는 의미를 살펴보는 것을 주목적으로 한다. 이는 '축제에 뛰어든 도깨비들의 신화성[30]'이라는 글에서 미처 깊이 있게 다루지 못한 도깨비들과 요괴들에 대한 현대문화 담론을 펼쳐 보이고자 함이다. 이

연구는 도깨비들에 대한 기존 연구들을 토대로 아직 논의가 안 되었거나 더 심화시킬 수 있는 부분들에 집중하고자 한다.

도깨비들에 대한 기존 연구들은 그다지 많지 않다. 그러나 질적 연구로 본다면 상당할 정도로 연구된 것을 확인할 수 있다. 가장 대표적으로 김열규[31]의 연구들을 주목해볼 수 있다. 그에 의하면 도깨비는 한국인의 콤플렉스이자 그림자이며 이드이고 집단무의식이고 얼터 에고(alter ego)이다. 즉 한국인은 도깨비와 등치되는 개념인 것이다. 그는 또한 도깨비를 트릭스터로 정의하면서 그 기능이 축제적 성격을 가지고 있음을 피력하고 있다. 의인화된 그로테스크의 표상으로써 도깨비는 이질화의 기호작용을 한다. 거기에서 한 발 더 나아가 송효섭[32]은 도깨비 상상력의 생산과정에 세미오시스 즉 의미를 생산하는 과정을 살펴보고 그 상상력의 기호작용을 밝혔다. 그는 세미오시스로 도깨비를 정의하면서 도깨비의 예측할 수 없는 성질을 도깨비의 기호적 특성으로 풀어가는 하나의 코드로 바라본 바 있다. 도깨비 논의를 현대문화인 난타와 연결한 강은해는 도깨비담의 유형을 신화에 근접한 유형, 신화로부터 벗어나려는 유형, 순수 민담화된 유형, 경험하는 이야기로서의 유형 등 네 가지로 유형화시킨 바 있다.[33] 또한 그는 도깨비 상상력의

30) 표정옥, 『놀이와 축제의 신화성』, 서강대학교출판부, 2009, 217-238쪽.

31) 김열규, 『도깨비 날개를 달다』, 한국학술정보, 2003.
_____, 『기호로 읽는 한국 신화』, 서강대학교출판부, 2008.
_____, 『도깨비 본색, 불난 한국인』, 사계절, 2010.

32) 송효섭, 「도깨비 기호학」, 『기호학 연구』, 한국기호학회, 2004.

33) 강은해, 「대장장이 신화와 야장의 체험」, 『한중인문과학 연구』12집, 한중인문학회, 2004, 181쪽.
_____, 『한국난타의 원형, 두두리 도깨비의 세계-도깨비 설화의 시학』, 예림기획, 2003.

문화적인 계승에 대해 상당히 진척된 논의를 제시하고 있다. 한국 난타의 원형을 두두리 도깨비 방망이의 원형에 연결시킴으로써 현대를 살아가는 우리의 삶 속에서도 도깨비의 원형적 상상력이 남아 있음을 각인시켜주는 흥미로운 논의를 선보이고 있으며, 도깨비의 공간론에 대해서도 깊은 관심을 보이고 있다. 그에 의하면 도깨비는 결손자이면서 원조자가 되는 양가성을 가진다. 김영희 역시 도깨비의 신성적인 긍정적 면모와 부정적 이미지를 양가적이라고 평가하고 있다[34]. 마지막으로 김종대[35]의 논의는 상당히 진척된 사고를 보여주고 있다. 그는 주로 도깨비와 관련된 민간 신앙에 대한 논의를 펼치고 있다.

기존 논의들을 단초로 삼고 기초적 디딤돌로 하여 아직 자세히 논의 되지 않는 도깨비와 이방인의 관계를 다문화 이해의 측면으로 살펴볼 수 있다. 여기에서 말하는 이방인이란 레비나스[36]의 시간의 개념과 밀접한 관계를 가지는 개념이다. 레비나스에 의하면 현재는 항상 새로운 시작이고, 그렇기 때문에 현재는 과거와 미래 사이의 한 순간이기 이전에 자기 자신을 새로운 시작으로 긍정하는 그 무엇이며 자아와 관계한다. 이방인으로서 문화에 등장한 요괴와 도깨비는 과거의 기이한 형상에 대한 과거의 기호가 아니라는

______, 「도깨비의 공간론-현실과 초월의 다리」, 『한국문학이론학회』20집, 2003.
______, 「도깨비 설화의 전통과 현대소설」, 『계명어문학』4집, 계명어문학회, 1998.

34) 김영희, 「도깨비의 양가적 이미지 고찰」, 『한국 문학논총』제27집, 2000, 185- 208쪽.

35) 김종대, 『도깨비를 둘러싼 민간신앙과 설화』, 인디북, 2004.
______, 『민담과 신앙을 통해 본 도깨비의 세계』, 국학자료원, 1997.
______, 「한국 도깨비의 유형 분류와 구조에 대한 시론」, 『민속학』23집, 민속학회, 1990, 1-33쪽.

36) 임마누엘 레비나스, 강영안 옮김, 『시간과 타자』, 문예출판사, 2009, 45-50쪽.

점이다. 바로 현대를 살아가는 현대인들의 '지금, 여기'의 사유물인 것이다. 붉은 악마의 기호는 다름 아닌 현대인의 도깨비에 대한 상징과 의미의 기호 작용이다. 신화가 고정된 것이 아니라 어느 특정한 상황에서 새롭게 의미작용 한다는 바르트의 사유를 비판적으로 생각해볼 때 우리는 우리시대가 만들어내는 일본의 요괴와 한국의 도깨비를 비교할 필요가 있을 것이다.

한국의 〈도깨비〉와 일본의 〈요괴〉는 현재 다양한 문화콘텐츠로 향유되고 있다. 일본의 〈요괴〉 콘텐츠라 불릴 수 있는 일본의 돗토리현의 〈기타로 요괴마을〉과 〈지브리 박물관〉의 요괴 상상력을 살펴볼 수 있을 것이다. 한국에서는 도깨비를 활용하는 문화콘텐츠 즉, 공원, 마을, 박물관, 축제의 장소를 그 대상으로 살펴볼 수 있을 것이다. 한국의 주요 대상은 전남 곡성의 〈도깨비 마을〉, 전북 장수의 장안리 〈도깨비축제〉, 도깨비춤으로 유명한 〈춘천 마임축제〉, 제주도 〈도깨비공원〉, 〈안동 국제 탈춤 페스티벌〉, 〈울산 처용 문화제〉 등을 탐방하면서 어떠한 이미지가 기호화되어 생산되고 있

장수 도깨비 전시관

곡성 도깨비 마을 입구

는지 그 실태를 조사하여 원형적 의미 구조를 밝히고자 한다.

우선 이러한 콘텐츠를 대상으로 논의하고자 하는 것은 세 가지이다. 첫째, 〈도깨비〉와 〈요괴〉가 된 이방인의 성과 속의 양가성을 살펴볼 것이다. 이러한 논의를 활용해 현대 문화 속에서 공포를 놀이화하고 있는 콘텐츠를 살펴볼 수 있을 것이다. 이는 미르치아 엘리아데[37]의 성과 속의 개념에서 현대의 성과 속이 어떻게 변화되고 있는지 살펴보는 장이 될 것이다. 둘째, 〈도깨비〉와 〈요괴〉의 생산과정에 나타난 여러 가지의 의미 양상을 살펴볼 필요가 있을 것이다. 즉 바흐친 식으로 이야기하면 도깨비에는 다성성이 들어있다. 기호학적인 표현으로 보자면 기표 안에서 기의가 미끄러지고 있는 셈이다. 셋째, 〈도깨비〉와 〈요괴〉에는 전시된 현실 욕망이 치유의 항체 이미지로 나타나 있다는 점이다. 전시된 이미지들은 바로 메두사의 시선과 같은 인간의 시선일 것이다. 즉 무의식적인 공포를 도깨비로 현시화 시킨 다음 공포의 실체를 직접 확인하면서 대상은 더 이상 원래 가지는 공포의 의미를 가지지 못한다. 마치 메두사가 바라보는 것이 화석이 되어버리는 것과 같은 심리적 기제가 작용하고 있다.[38] 이러한 논의들은 이방인에 대한 상반된 기호작용을 펼치는 현대문화의 성과 속의 의미를 연구하는 것으로 모아질 것이다. 〈도깨비〉와 〈요괴〉는 문화의 이방인에 대한 인식을 드러낸 것이라고 말할 수 있기 때문이다. 이방인은 성과 속의 기호작용을 넘나들면서 도깨비와 요괴는 현대문화의 주인으로 재탄생하는 것이다.

---

37) 미르치아 엘리아데, 이은봉 옮김, 『성과 속』, 한길사. 2006.

38) 김용석, 『메두사의 시선』, 푸른숲, 2010.
메두사의 시선은 과학의 탄생을 이해하게 한다고 말한다. 과학은 탄생에서부터 진리의 빛을 향한 욕망은 메두사의 눈을 갖고자 하는 욕망과 일치한다. 메두사의 시선은 진리의 빛을 통합하고 고정한다고 말한다.

2. 우리의 도깨비는 이방인이었을까

우리나라 〈도깨비〉의 문화적 원형은 『삼국유사』의 '비형랑과 도화녀'의 '비형'과 '처용랑과 망해사'의 '처용'이리고 할 수 있다. 김열규는 비형이라는 도깨비를 귀신과 인간의 중간자라고 말한다. 비형이란 존재는 이것과 저것, 여기와 저기의 중간적 존재 즉 사이에 낀 존재라는 것인데, 무엇인가 서로 다른 것들이 맞닿아있는 곳에 자리 잡은 존재라는 것이다[39]. 처용 역시 우리의 기억공간을 채우는 도깨비의 원형에 속하는 인물이다. 축사의 의미를 가지고 대문이나 기와에 넣는 화상이 된 것으로 보아 처용은 도깨비의 원형이었을 것이다. 성과 속의 의미, 즉 공포와 두려움의 대상이자 친근함에 대한 상반된 기호작용을 보이고 있다는 것이다. 우리는 이 논리의 근거를 이어령[40]의 논의에서 찾아볼 수 있다. 그는 처용을 이야기하면서 속의 공간에서 성의 공간으로 승화한 인물이라고 평한다. 그는 『삼국유사』의 '처용랑과 망해사'의 언술은 헌강왕과 처용의 동일한 서사가 반복되는 양상으로 보았다. 즉 헌강왕과 처용은 놀이를 끝내고 돌아오다가 장애에 부딪친다는 것이다. 헌강왕은 길을 잃고, 처용은 네 개의 다리 때문에 일상의 잠자리에 돌아갈 수 없게 된다는 것이다. 이러한 문제를 풀어내는 방법으로 춤과 노래가 결합되는데 헌강왕은 동해용이 나타나 춤과 노래를 부르는 것으로 해결되고 처용의 춤과 노래는 역신의 말에 의해 덕으로 찬양된다는 것이다. 그래서 처용은 속에서 성으로 나아가는 종교적이고 초월적인 존재가 된다는 것이다.

39) 김열규, 『도깨비의 본색, 뿔난 한국인』, 사계절, 2010, 35쪽.

40) 이어령, 『이어령의 삼국유사 이야기』, 서정시학, 2006, 420-422쪽.

그러나 우리가 주목할 것은 비형이나 처용은 둘 다 신라 사회에 이방인이었다는 점이다. 이방인들은 자신이 속한 사회에서 쉽사리 융화되지 못하고 성과 속의 양가성의 그네 줄을 타야만 하는 것이다. 고대 그리스의 기이한 형상을 한 괴물들은 당시 페르시아 사람들의 야만성을 드러내기 위한 지호로 작용되었던 것이다. 그리스 신화에서는 성(聖)과 속(俗)의 경계만이 아니라 남녀의 성(性)의 경계까지 넘나들고 있다.[41] 이처럼 이방인은 다른 문화권에서는 비정상적으로 속된 형상으로 그려지기도 하고 아마존의 전사들처럼 초월적인 힘을 가진 신성한 존재들로 그려지기도 하였다. 『삼국유사』 속의 비형의 경우, 자신이 인간의 자식임에도 불구하고 그는 철저하게 인간과 귀신의 존재로 살아가야 하는 철저한 이방인이었던 것이다. 어떻게 죽은 임금이 살아있는 여자와 함께할 수 있었고 귀신의 자식까지 낳을 수 있었는지 그리고 태어난 아들이 왜 이방인으로 혹은 귀신으로 살아야 하는지는 역사의 사실성과 너무나 밀착되어 있는 이야기이다. 〈도화녀와 비형랑〉의 이야기는 〈화랑세기[42]〉를 중심으로 다시 재편한 〈색공지신 미실[43]〉이라는 역사 해설서를 통해 살펴볼 수 있다. 〈도화녀와 비형랑〉의 역사와 이야기 사이에 드러난 비형의 탄생의 성스러움을 잠깐 살펴보자.

> 임금은 이레 동안 그곳에 머물렀는데, 항상 오색구름이 지붕을 감싸고 방 안에 향기가 가득하였다. 그런데 이레 후 왕은 갑자기 종적을 감추었다.

---

41) 국립중앙박물관 〈그리스 신화전〉에서 시타로스와 스핑크스를 보면서 설명부분을 인용한다.

42) 김대문, 이종욱 옮김, 『화랑세기』, 소나무, 1999.

43) 이종욱, 『색공지신 미실』, 푸른역사, 2005.

도화녀가 이로 인해 임신하여 달이 차 곧 해산하려고 하자 천지가 진동하였다. 한 사내아이를 낳으니 이름을 비형(鼻荊)이라 하였다.

- 일연, 김원중 옮김, 『삼국유사』, 을유문화사, 2002, 〈도화녀와 비형랑〉

역사의 아이러니이지만 이렇게 비정상적으로 태어난 자식들은 하나같이 비범함을 가진다는 점이 신기하다. 『삼국유사』의 〈도화녀와 비형랑〉을 통해 역사의 이야기에서 단서가 될 만한 부분을 한 번 살펴보는 게 좋을 것이다. 진흥왕이 죽자 둘째 아들 금륜 태자가 진지왕이 된다. 진흥왕이 죽었을 때, 진흥왕의 부인인 사도황후와 황후의 조카인 미실과 미실의 동생 미생과 미실의 남편 세종은 왕의 죽음을 일체 발설하지 않았다고 한다. 그들은 둘째 아들 금륜 태자를 왕으로 추대하기 전에 미실과 먼저 정을 통하게 했으며 태자가 왕으로 즉위하면 미실을 왕후로 봉하기로 밀실계약을 해 놓기에 이른다. 그러나 전왕을 모신 미실이 황후가 될 수 없다는 신하들의 격렬한 반대 여론을 핑계로 진지왕은 미실을 황후로 맞아들이지 않는다. 그러나 미실은 화랑들의 존경을 받고 있는 국선 문노를 자기편으로 영입하면서 문란한 진지왕의 폐위에 앞장서게 된다. 문노는 진지왕의 폐위에 가담한 후 아찬이라는 큰 벼슬을 받는다. 4년간 통치를 했던 진지왕은 어머니 사도왕후와 색공 연인 미실에 의해서 쫓겨난 셈이다. 역사의 아이러니가 아닐 수 없다.

『삼국사기』에는 갑자기 폐위된 왕이 죽었다고 명기되어 있지만 〈화랑세기〉에 보면 3년간 굴에 갇혀 있다가 죽었다고 한다. 바로 〈도화녀와 비형랑〉 이야기의 비밀이 풀리는 지점이다. "이 해에 왕이 폐위되어 죽고, 그 후 2년 만에 도화녀의 남편 역시 죽었다. 열흘 남짓이 지난 어느 날 밤에 왕이 생시와 똑같은 모습으로 도화녀의 방에 와서 말하였다."에서 폐위된 후 2년이라고 했으니, 사실은 유궁에 갇혀 있었던 때인 것이다. 진지왕은 갇혀 있던 유궁에서 잠깐 나오게 된다. 그리고 도화녀의 집으로 가서 도화녀와 이레 동안 머무는 것으로 유추해야 맞을 것 같다. 그래서 태어난 자식이 바로 귀신의 자식인 비형랑이다.

『삼국유사』에는 "한 사내아이를 낳으니 이름을 비형(鼻荊)이라 하였다. 진평대왕(眞平大王)은 아이가 매우 특이하다는 말을 듣고는 거두어 궁중에서 길렀다."의 내용이 나온다. 그러니까 세간에서 죽었다고 생각했던 왕은 아직 살아있었고 그 왕이 몰래 유궁을 빠져나가 도화녀를 만났고 비형랑이라는 아이를 얻은 것이다. 그래서 이미 세상에 없는 것으로 되어 있는 진지왕의 자식인 비형랑은 귀신의 자식이라는 해괴한 별명을 가지고 기구한 운명을 살아야만 했을 것이다. 그는 밤마다 왕궁의 담을 넘어 귀신들과 어울렸다. 진평왕은 그를 불러 귀신친구 중 유능한 인물을 정계에 등용시키기까지 한다.

> 왕이 비형랑을 불러 물었다.
>
> "네가 귀신들을 거느리고 논다는 것이 사실이냐?"
>
> 비형랑은 대답하였다.
>
> "그렇습니다."
>
> 〈중략〉
>
> 왕이 또 물었다.
>
> "귀신들 중에서 인간 세상에 나와 정치를 도울만한 자가 있느냐?"
>
> 비형이 대답하였다.
>
> "길달(吉達)이란 자가 있는데 나라의 정사를 도울 만합니다."

왕이 말하였다.

"데려오너라."

이튿날 비형이 길달과 함께 나타나자, (왕은) 그에게 집사의 벼슬을 내렸다.

길달은 과연 충직하기가 세상에 둘도 없었다.

〈화랑세기〉에는 『삼국유사』에서 이야기하지 못한 역사적 사실을 기록하고 있다. 즉 죽은 진지왕의 자식들이 어떻게 살아가고 있는지 그 단서를 알 수 있는 부분이 나온다. 진지왕의 두 아들 중 첫째인 용수공은 진평왕의 딸 천명공주와 결혼을 한다. 아버지의 폐위로 성골에서 진골로 계급이 하락했고 그와 결혼한 천명공주 역시 지위가 진골로 하락하였다. 어려서 아버지 진지왕의 일을 잘 몰랐던 둘째 아들 용춘공은 다 자라자 그 사건을 개탄하고 문노의 제자가 되고 비형랑과 함께 낭도를 모았다고 한다. 화랑세기에는 비형랑을 용춘공의 서제라고 말하는 것으로 보아 그들이 같은 아버지의 다른 자식들임을 분명히 밝힌다.

금륜왕이 황란하였기 때문에 폐위되어 유궁(幽宮)에 3년간 살다가 죽었다. (용춘)공은 아직 어려 그 얼굴을 몰랐다. 지도태후가 태상태후의 명으로 다시 신왕(진평왕)을 섬기자 공은 신왕을 아버지라고 불렀다. 이 때문에 왕이 가엾게 여겨 총애하고 대우함이 매우 도타웠다. 자라자 곧 개탄하며 문노의 문하에 들어가, 비보랑을 형으로 섬기고 서제인 비형랑(鼻荊郎)과 함께 힘써 낭도를 모았다. 그러자 대중이 따랐고 3파가 모두 추대하고자 하였으므로, 서현랑이 위를 물려주었다고 한다.

- 김대문, 이종욱 옮김, 『화랑세기』, 소나무, 1999, 〈13세 용춘공〉

우리는 죽은 진지왕의 자식인 용수공과 용춘공이 뜻밖에 얻은 이복동생 비형랑과 함께 성장하였다는 것을 어렵지 않게 유추할 수 있다. 아버지의 폐위로 족강한 아들들은 사촌지간인 진평왕이 공식적으로 보살필 수 있었지만 아마도 비형랑은 드러내놓고 보살필 수는 없었을 것이다. 자신의 출생과 성장이 모두 그림자처럼 혹은 유령처럼 운명 지어져 있다는 것이 비형랑에게는 참기 어려운 일이었을 것이다. 그래서 그는 스스로 귀신들과 어울리는 이방인 같은 존재로 살고자 했다. 그렇다면 그가 밤에 나가서 함께 놀았던 사람들이 정말 귀신들이었을까. 아마도 당시 귀족 사회에서 이방인들로 살아야 하는 억울한 서자 출신들이었을 것이라고 추측된다.

조선의 불행아인 허균이 서자들과 함께 가까이하면서 그는 결국 역모를

장성 홍길동 테마파크

꾸민 서자들의 우두머리로 낙인찍혀서 능지처참 형을 받고 세상을 등지게 되었던 것을 환기하면 비형랑의 슬픔을 미루어 짐작할 수 있을 것이다. 비형랑이 자꾸 귀신들과 논다는 소문을 듣고 진평왕은 그를 불러 귀신 친구들과 함께 하룻밤 사이에 다리를 놓게 하는데, 아마도 매우 빨리 완성된 것을 하룻밤이라고 하지는 않았을까 싶다. 왕은 비형랑에게 친구 중 유능한 인재인 길달을 추천받아 정계에 등용시킨다. 그런데 비형랑이 친구 길달을 죽인다는 내용이 나와 또 호기심이 발동한다. "하루는 길달이 여우로 둔갑해 도망치자 비형은 귀신을 시켜 붙잡아 죽였다. 그래서 귀신들은 비형의 이름만 듣고도 무서워 도망쳤다."라고 하는 이야기가 나온다. 비형랑은 세상 사람들에게 무서운 이름으로 기억되기에 이른 것이다. 귀신들이 무서워하는 비형랑은 귀신을 쫓는 문구가 되었다고 한다. 아웃사이더 이방인이 속(俗)의 현실 세계에서 받아들여지지 못하고 결국 공포심을 불러일으키는 성(聖)의 세계로 나아가고 있는 것이다.

> 그래서 귀신들은 비형의 이름만 듣고도 무서워 도망쳤다.
> 그때 사람들이 노래를 지어 불렀다.
> 성스러운 임금의 넋이 아들을 낳았으니,
> 비형랑의 집이 여기로세.
> 날뛰는 온갖 귀신들이여,
> 이곳에는 함부로 머물지 말라.
> 민간에서는 이 가사를 써 붙여 귀신을 쫓곤 한다.[44]

44) 일연, 김원중 옮김, 『삼국유사』, 을유문화사, 2002.

김열규의 말대로 여기와 저기에도 속하지 못한 사이에 낀 비형은 이방인으로서 성과 속을 오가다가 궁극적으로는 이 두 가지 속성을 모두 가진 양가성을 가진 도깨비의 원형이 되고 있다. 그리고 현대의 문화에까지 비형은 도깨비의 원형으로 전해지는 것이다. 처용 역시 도깨비의 원형을 가지게 되는 이방인이다. 그 역시 비형처럼 문화의 이방인이었다. 우리는 『삼국유사』에 나오는 '처용랑과 망해사'를 살펴볼 수 있다. 왕이 당시 물가에서 쉬고 있는데 구름과 안개가 캄캄하게 덮쳐와 왕의 일행은 길을 잃었는데, 주위사람들에게 그 이유를 물었다. 당시 신하들이 왕에게 전한 이유는 다음과 같다.

"이는 동해에 있는 용의 변괴이니, 마땅히 좋은 일을 하여 풀어야 합니다."

그래서 왕은 동해용을 위해 근처에 망해사라는 절을 짓게 하고 구름이 거친 포구의 이름을 개운포라고 하였다. 동해의 용은 매우 기뻐하면서 자신의 일곱 아들을 데리고 나와서 왕의 수레 앞에서 덕을 찬양하며 춤을 추었다. 그 중 한 아들이 바로 처용이라고 한다. 왕은 그를 서울로 데려와 정사를 맡겼고 미녀를 주어 아내로 삼게 하였다. 그런데 아내가 매우 아름다워 역신이 밤이 되면 몰래 와서 그의 아내와 자고 가는 것이었다. 처용이 밖에서 일을 하고 돌아와 보니 두 사람이 자고 있었다고 한다. 그것을 본 처용은 화를 내기는커녕 노래를 부르고 춤을 추었는데 역신은 처용의 그런 태도를 보고 얼른 도망을 갔다는 것이다.

동경(東京) 밝은 달에 밤새도록 노닐다가
들어와 자리를 보니 다리가 넷이구나.

둘은 내 것이지만 둘은 누구의 것인가.
본래 내 것이지만 빼앗긴 것을 어찌하리.

이 노래를 듣자 역신은 "제가 공의 처를 탐내어 지금 범했는데도 공이 노여워하지 않으니 감탄스럽고 아름답게 생각됩니다. 맹세코 오늘 이후로는 공의 형상을 그린 그림만 보아도 그 문에는 절대로 들어가지 않겠습니다." 라고 말하고 줄행랑을 쳤다고 한다. 〈처용랑과 망해사〉이야기는 신화적인 환상성뿐만 아니라 사회문화적인 자료로도 매우 요긴하다는 평가를 받고 있다. 마치 신라 말기 사회의 한 단면을 보여주는 영상처럼 선명하게 그려져 있기 때문이다. 참고로 헌강왕 때는 신라가 망하기 일보직전의 상황이라는 것을 기억해보기로 하자. 우선, 서울의 정경을 살펴볼 수 있다. "제49대 헌강대왕(憲康大王)대에는 서울로부터 동해 어귀에 이르기까지 집들이 즐비하게 늘어서 있고 담장이 서로 맞닿았는데, 초가집은 한 채도 없었다."라고 묘사한다. 49대 헌강왕은 875년에서 886년에 통치한 왕으로서 당나라 희종에 의해서 책봉된 왕이다. 당시 사회에서는 처용무가 유행했으며, 서울의 민가들은 모두 기와로 덮이고 사치와 환락의 시대였다고 하며 신라의 쇠퇴기가 시작되었던 때라고 전한다. 용해용의 아들로 낯선 신라에 와서 적응하는 처용은 역신이라는 속(俗)의 세계와 대결한다. 그는 춤과 노래로 역신을 물리치면서 성(聖)스러운 의미를 부여받는다. 비형과 처용은 이방인으로서 살아가야하는 운명을 거친다. 비형은 길달이라는 친구를 죽이고 처용은 역신을 물리침으로써 성과 속의 양가적 의미를 마침내 획득하고 있는 것이다. 그러한 성과 속의 양가적 이미지는 도깨비의 원형 속에 그대로 남겨지고 있다. 도깨비는 이방인이 속과 성의 인식구조를 거치는 과정에서 만들어진 개념이라고 할 수 있다.

요괴 역시 인간과 다른 존재들을 이야기하는 과정에서 만들어진 이방인의 담론의 장이라고 할 수 있다. 고마쓰 가즈히코의 〈일본 요괴학 연구[45]〉에 따르면, 요괴 역시 공포에 결부된 초월적 현상과 관계를 가지는 존재라고 한다. 명명된 모든 존재 즉 인간, 동물, 식물, 인공물 등이 모두 '신'이 될 가능성이 있고, 동시에 '요괴'가 될 가능성을 가진다. 고마쓰가 이야기한 요괴의 이야기 중에서 〈헤이안 시대 교토의 공포 공간〉이라는 곳의 요괴는 이방인의 개념과 매우 밀접하다. 중국의 수도를 모방한 헤이안시대의 교토는 귀족 중심의 도시공간인 코스몰로지를 이루면서 살았다. 이때 교토 사람들이 가장 무서워했던 공포공간은 교토 안팎과 밤의 공간이었다. 교토시내의 요괴인 오니의 〈하세오조시〉이야기를 살펴보면 오니라고 부르는 요괴가 사실은 이방인의 속(俗)과 성(聖)의 개념이 결합되면서 공포를 자아내고 있음을 알게 된다.

> 어느 날 황혼 무렵이었다. 기노 하세오가 궁궐에 가려고 하는데, 한 남자가 찾아와서 주사위로 내기를 하고 싶다고 한다. 흥미를 느낀 하세오가 이 남자를 따라 나서니 주작문에 도착했다. 이 문 누상에서 주사위 내기를 하는데, 남자가 몰려서 지게 되자 모습이 오니 형상으로 변했다. 결국 하세오가 이기자, 이 남자 즉 오니는 약속대로 절세의 미녀를 건네주었다. 남자는 100일이 되기 전에는 절대로 미녀에게 손을 대거나 껴안으면 안된다고 하세오에게 약속을 하게 하였다. 〈중략〉 100일이 지나면 정말로 완전한 여자가 되었

45) 고마쓰 가즈히코, 박전열 옮김, 『일본의 요괴학 연구』, 민속원. 2009, 110-113쪽.

을 터인데, 약속을 어겼기 때문에 녹아 사라져버린 것이다.

위의 내용으로 볼 때 헤이안 시대의 교토에 등장하는 이방인은 요괴로 동일시 되었던 것이다. 오니는 교토의 경계를 이루는 주작문에 살고 있었던 이방인인 것이다. 고마쓰의 이야기에 따르면 주작문은 당시의 사람들에게 있어서 궁궐과 그 외부와의 평면적인 의미에서의 경계임과 동시에 수직적으로는 이계와의 경계라고 말한다. 교토의 남쪽 입구에 높이 세워진 나성문과 응천문도 모두 요괴가 출몰하는 공간으로 여겨졌다고 한다. 교토 주변의 문을 통과한 외부 사람은 일단 요괴로 오인되었을 것이고 요괴는 주로 경계의 공간인 문에 살고 있음을 볼 수 있다. 요괴는 교토에 들어가고자 한 이방인들을 지칭하는 의미라고 추측된다. 자신의 영역을 지키기 위해 외부의 공포를 만들어내는 과정에서 몬스터, 요괴, 도깨비가 등장했을 것이다. 영화 〈빌리지〉에서도 그러한 몬스터 만들기가 잘 드러난다. 마을의 내부 공간의 안보를 지키기 위해 혹은 외부로부터 자신들의 공간을 보호하기 위해 몬스터를 만들어내고 있다. 그 공포심을 이용해 마을은 더욱 단합하게 되는 아이러니가 펼쳐지고 있는 것이다.

공포심이 인간의 상상력을 동원해서 초월적 존재를 만들어내는 것이다. 인간의 내면의 어두운 것을 보여준다는 점에 있어서 서양의 몬스터와 같은 맥락으로서 도깨비와 요괴를 살펴볼 수 있다. 몬스터는 라틴어 '보여주다(Monstere)'에서 알 수 있듯이 인간의 내면의 어두운 것을 형상화해서 보여준다는 의미를 갖는다. 우리의 도깨비나 일본의 요괴나 서양의 몬스터들은 이질적인 요소들이 결합하고 있음을 알 수 있다. 특히 서양에서는 마녀, 이교도, 집시, 유대인, 흑인, 동성애자 등 문화의 이방인인 타자들에게 붙여졌던 문화적 표상이 몬스터였다. 대극적인 것과 상반된 것 그리고 공존 불가능한 것들을 포괄하는 상징체로서 양쪽에 입을 가진 뱀인 엠피스베나[46]는 도깨비와 요괴의 양가성을 설명해주는 상징체가 될 것이다.

3. 이방인은 왜 다양하게 읽혀지는가

현대 우리나라의 〈도깨비〉나 일본의 〈요괴〉는 모두 생산성에 있어서 다성적이라는 공통점이 있다. 그 다성성이란 현실에서 늘 새롭게 창조되는 성격을 가진다. 현재 한국의 축제 중 〈춘천 마임축제〉와 〈장안산 도깨비 축제〉에서는 도깨비 원형이미지에 대한 고민의 흔적을 볼 수 있는 작품들이

춘천 도깨비 마임축제

붉은 악마

46) 최정은, 『동물, 괴물지, 엠블럼 - 중세의 지식과 상징』, 휴머니스트. 2005, 116- 121쪽.

일본 요괴마을 요괴

많이 전시되어 있었다. 실제로 도깨비가 다양하게 이미지화된 것을 찾아 볼 수 있다. 붉은악마를 불러들인 도깨비는 치우천황이다. 도깨비와 치우천황이 만나 현대인들을 묶어내는 과정에서 기호생산과정과 의미의 미끄러짐이 일어나고 있다. 애초에 붉은 악마는 기의를 먼저 가지고 있었다. 한국인의 붉은 옷과 함성이 먼저 있었고 그 후에 그것을 담아낼 기표인 〈한단고기〉의 치우천황이 낙점되었다.[47] 기표에서 기의로 가는 길은 무척 자의적이다. 또한 어떤 자의적 기의에서 시작되어 그것을 채울 적당한 기표를 만들어내기도 한다. 특히, 도깨비의 의미화 과정과 기호화 과정은 포스트모던 시대의

47) 조규형, 『해체론』, 살림, 2008.

담론과 잘 어울린다. 리처드 커니[48]의 말대로 우리는 포스트모더니즘의 등장으로 자아와 타자의 대립에 대해서 새롭게 사고할 의무를 가지고 있다. 도깨비의 의미 형성 역시 가장 왕성하게 해석되어야 하는 문화적 환경을 가지고 있다.

도깨비의 두드림을 현대의 공연 〈난타〉와 연결시키는 강인해는 대장장이 신화를 도깨비의 상상력으로 풀어가고 있다. 그는 한국인에게 있어 두두리 도깨비는 대장장이 신이었다고 주장한다. 도깨비와 같은 다양한 변형적 존재들은 불을 다스리면서 새로운 형상을 만들어내는 야장체험과 연관되어 있다는 것이다. 한국의 석탈해 신화를 두두리 도깨비의 상상력과 연결하고 있다. 이미 잘 알려진 대로 석탈해는 숯과 숫돌을 미끼로 호공의 집을 빼앗고 왕위에 오른 자이다. 또한 가락국의 김수로왕의 김(金)이 쇠를 뜻하는 것임을 예로 들고 있다. 도깨비도 두드리고 대장장이도 두드리는 것에서 유추한 것이니 일견 타당성을 가진다.

도깨비는 외다리, 거인, 난쟁이, 동자 등 다양한 형태를 함의하는 문화적 개념이다. 즉 하나의 기표 아래서 수많은 기의들이 미끄러지는 것이다. 라캉은 소쉬르의 기표와 기의의 자의성에 대해서 미끄러짐(sliding)이라는 용어를 사용한다. 의미를 나타내는 기의들은 이미지를 나타내는 기표들 밑으로 끝없이 미끄러진다는 것이다. 기표는 이미지이니 환유라고 할 수 있겠고 기의는 의미이니 은유라고 할 수 있겠다. 기호학에서는 은유가 환유 밑에서 끊임없이 미끄러진다고 보고 있다. 결국 도깨비로 적용해 보자면 도깨비의 이미지들 아래로 도깨비의 의미는 수없이 미끄러지고 있다는 것

---

48) 리처드 커니, 이지영 옮김, 『이방인, 신, 괴물』, 개마고원. 2004, 24쪽

이다. 독자의 마음에서 어떤 은유가 하나의 의미 있는 기호가 되기 위해서 그 의미를 조달받은 근거는 환유이다. 김경용[49]은 의미작용의 궤도에 따라 기호작용이 은유에서 환유로 옮겨간다고 말한다. 궁극적으로 은유의 진의를 명시할 마지막 말을 환유에게 맡기는 절차가 진행된다는 것이다. 도깨비의 이미지는 여전히 많은 의미를 생산하고 있다고 볼 수 있다. 여전히 미끄러지고 있는 셈이다. 〈비보이〉 역시 현대 문화 속 도깨비의 기호화과정의 하나로 꼽을 수 있다. 도깨비 춤이라는 기표 아래에서 수많은 그로테스크한 몸동작들이 미끄러지면서 도깨비라는 의미를 채우고 있다. 서양의 프로테우스 신은 변형의 과정을 끝없이 만들어내는 도깨비와 같은 상상력을 가지는 신이다.

〈제주 도깨비공원〉에는 2400여개의 도깨비가 만들어져 있다. 여기에 전시된 도깨비는 살아있는 것에서부터 무생물에 이르기까지 다양하다. 소리, 바람, 여자, 돌, 방망이, 우주, 연못, 심지어 현대문명의 대표적인 포크레인까지도 모두 도깨비를 만드는 은유로 도깨비라는 환유를 채워간다. 그리고 심지어 인간의 소망을 담을 수 있는 종소리도 도깨비가 되고 있다. 이 공원에 나오는 도깨비는 인간이 살아가는 모든 곳에 도깨비는 존재할 수 있다는 것을 보여주고 있다. 도깨비들은 인간과 함께 호흡하고 만들어지는 인간의 또 다른 자아인 얼터 에고(Alter ego)라는 김열규의 말을 실증적으로 보여주고 있는 콘텐츠 공원이다. 도깨비 공원에는 큰 도깨비도 있지만 바위 위에 자그마한 도깨비들도 많이 놓여 있다. 우락부락한 도깨비도 있지만 아주 착하게 보이는 선한 도깨비도 많이 있다. 도깨비 공원에서 생성될 수 있는 도

---

49) 김경용, 『기호학의 즐거움』, 민음사, 2006, 174쪽.

제주 도깨비 공원

깨비는 끝이 없다.

〈춘천 마임축제〉에서 생산되는 도깨비는 물과 불의 상징성을 보여준다. 입구에 걸린 빨간 천과 소원을 비는 파란 천은 도깨비들을 상징하는 도깨비불이다. 낮도깨비, 밤도깨비, 아이 도깨비, 처녀 도깨비 등 다양한 도깨비들은 하나같이 마임이라는 춤과 함께 기호화된다. 〈장수 도깨비축제〉의 도깨비인 치우천황은 마을의 안녕을 지켜주는 터주신과 수신의 역할을 한다. 도깨비는 옛이야기 속에서만 사람들의 소원을 풀어주는 고착화된 고인돌 같은 것이 아니라 현재에도 살아 움직이는 유기체와 같은 의미인 것이다. 인간의 욕망이 가장 억압되었던 조선 시대가 도깨비들의 전성시대라고 한다. 생활의 구속이 많았던 시절에 인간은 일본 요괴 마을 도깨비를 통해서 욕망을 분출하고자 하였다. 즉 도깨비는 당대의 시대적 욕망을 담아내는 기표인 것이다. 그곳에서는 수많은 기의가 기표 속으로 미끄러져 내리고 있는 것이다.

현재 우리나라의 도깨비와 같은 상징성을 지닌 일본의 요괴 이미지는 다양한 문화 콘텐츠로 생산되고 있다. 예를 들어, 일본 돗토리현의 어촌도시 사카이미나토시는 역 주변에 '미즈키 시게루 로드'를 만들어 관광화 시키고 있다. 이 〈요괴마을〉은 만화작가 미즈키 시게루(水木しげる)의 요괴만화 『게게게의 귀타로(ゲゲゲの鬼太郎)』의 요괴 상상력들을 활용해 폐촌을 전 세계적으로 유명한 부촌으로 만들었다. 그곳은 수산업이 쇠퇴해가자 눈에 보이지 않는 가상의 요괴를 물고기 대신 관광 상품으로 개발하였다. 그 인근에는 애니메이션 〈명탐정코난〉이 테마화되고 있다. 모두 요괴와 요괴 설화를 대

일본 요괴마을-게게로의 귀타로 요괴

상으로 하고 있는 콘텐츠이다. 예를 들어 요괴 마을에는 전화기에서부터 모든 건물이 요괴 이미지를 담고 있는 기의들이다. 심지어 사람이 먹는 음식도 요괴처럼 만들어지고 있다. 요괴의 생성과정을 보면 무척 자의적이라는 것을 알게 된다. 예를 들면, 일찍 자고 일찍 일어나라는 의미의 요괴는 눈을 활용한다.

일본의 요괴를 활용한 애니메이션은 이루 헤아릴 수 없을 정도로 성황이다. 인기 애니메이션 〈이누야샤〉의 경우 요괴, 반요, 인간 등으로 세계를 삼등분한다. 이 반요는 요괴의 속성을 가지지만 인간에게 깊은 애정을 느낀다는 점이 흥미롭다. 요괴들의 성향 역시 선과 악으로 분명하게 갈리지 않는다는 점을 눈여겨 볼 수 있다. 특히 지브리 스튜디오의 대표작들은 모두 요괴를 대상으로 하고 있다는 점도 또한 주의깊게 보아야 한다. 미야자키 하야오가 만들어낸 〈이웃집 토토로〉의 토토로, 〈센과 치히로의 행방불명〉의

대만 지우펀의 〈센과 치히로의 행방불명〉 요괴 목욕탕

가오나시와 하쿠, 〈월령공주〉의 모로라는 멧돼지 신, 〈하울의 움직이는 성〉의 괴물 하울, 〈벼랑 위의 포뇨〉에서 강의 '요정인 포뇨 등은 모두 현대 문화가 만들어낸 요괴들이다. 그 요괴들은 하나같이 절대 선을 향해 움직이거나 절대 악을 위해 움직이지 않는다. 우리는 이러한 가치의 양가적 부분을 요괴의 양가성이라고 부를 수 있을 것이다. 일본인들에게 요괴는 우리에게 도깨비가 그러하듯이 사람들의 인식 체계나 지식 범위 안에서 도저히 납득할 수 없는 모든 것을 칭하는 광범위한 개념인 것이다.

루스 베네딕트라는 미국의 학자는 이러한 일본 문화의 독특함을 〈국화와 칼[50]〉에서 이야기하고 있다. 그는 일본 신들의 성향이 선과 악의 성향을 동시에 가진다고 보았다. 그 근거로 일본인들이 가장 좋아하는 신이 아마테라스의 남동생인 스사노오노미코토라는 것에 주목했다. 그는 누이인 태양의 여신 아마테라스 오오가미의 거실 지붕에 구멍을 내고 거꾸로 가죽을 벗긴 얼룩 망아지를 던져 암흑의 세계로 쫓겨난 악동 같은 신이다. 북유럽의 로키와 그리스 신화의 헤르메스를 연상시킨다. 그런데 아이러니하게도 이 신은 일본에서 가장 사랑받는 신이다. 일본인들은 인간의 본성이 태어날 때부터 선하며 신뢰할 수 있다고 본다. 설령, 더럽혀졌다고 해도 인간의 본성은 그 더러움을 제거하고 다시 선으로 빛난다는 것이다. 일본의 요괴가 가지는 의미의 양가성과 기표의 미끄러짐은 스사노오에 대한 신화적 상상력에서 그 힌트를 얻을 수 있을 것이다. 세상에서 발생하는 괴이한 모든 일들에 요괴라는 이름으로 기표화 되지만 그것은 반드시 선과 악으로 가려지지 않는다는 점이다.

---

50) 루스 베네딕트, 김윤식 외 옮김, 『국화와 칼』, 을유문화사, 2008, 254-255쪽.

4. 이방인에게 질병 이야기가 덧씌여지다

현대 문화에서 요괴와 도깨비를 자주 활용하는 이유는 인간성이 소외되는 사이버 문화의 특성 때문일 것이다. 하이브리드화가 가속화되는 문화와 국경이 사라지면서 발생하는 트랜스 컬쳐 현상은 요괴와 도깨비를 더욱 번성하게 한다. 요괴와 도깨비의 잡종성은 하이브리드를 추구하려는 인간의 전시된 욕망에 다름 아니다. 몬스터의 생성을 두고 엘리아데의 카오스와 코스모스로 이해하는 〈포켓몬 마스터 되기[51]〉는 논리적으로 참고할만해 보인다. 성스러운 것을 신의 세계로 이해하고 속된 것을 아직 형태를 획득하지 못하는 카오스의 세계로 파악한다. 이 시대의 요괴와 도깨비는 원본 없는 이미지를 활용해 현실을 대체하고 있는 시뮬라시옹의 작용을 보인다. 그것들은 더 이상 공포의 심리를 대변하지 못한다. 원본 없는 이미지들은 전시됨과 동시에 화석화되고 만다. 마치 메두사가 바라보는 것들이 모두 돌로 변하듯이 요괴와 도깨비로 명명되는 순간 공포와 두려움을 표상하는 기의를 벗어나게 된다. 기표와 기의는 당초에 정해진 대로 움직이지 않고 미끄러지게 마련이다. 도깨비와 요괴의 기표는 기의 아래에서 미끄러지면서 대부분 놀이화되고 있다. 그래서 놀이동산에 전시된 도깨비와 요괴가 아무런 공포의 대상이 되지 못한다.

더 이상 공포와 두려움의 대상이 되지 못하는 요괴나 도깨비는 과연 현대문화에서 어떤 역할을 하는가. 이 질문에 대한 의미 규명이 이루어져야 할 것이다. 고마쓰 가즈히코[52]는 새로운 요괴학을 이야기한다. 새로운 요괴

51) 김윤아, 『포켓몬 마스터 되기』, 살림, 2003, 24-35쪽.

52) 고마쓰 가즈히코, 박전열 옮김, 『일본의 요괴학 연구』, 민속원, 2009, 16쪽.

학이란 인간이 상상하는 혹은 창조하는 요괴 즉 문화현상으로서의 요괴를 연구하는 학문이다. 요괴라는 존재는 인간과의 관계를 생각하지 않고서는 그 형태나 속성을 관찰할 수 없으며 항상 인간과의 관계 안에서 즉 인간의 상상 안에서 존재한다는 것이다. 따라서 요괴는 인간이 자신을 객관화하면서 자신의 욕망을 전시하는 대상이 된다는 것이다. 도깨비 역시 그러하다. 〈비보이〉가 시작된 나라보다 우리나라의 비보이들이 더 세계적으로 유명한 이유와 난타의 흥행은 우리 도깨비의 상징성과 결부되어 현실의 욕구가 전시되는 항체 이미지 때문일 것이다.

도깨비의 다른 모습인 서양의 애니메이션 〈슈렉〉은 기표 아래에서 기의가 미끄러지는 것을 가장 잘 보여주는 포스트모던 문화이다. 여기에서 등장하는 슈렉은 오우거 괴물로 일종의 요괴이다. 그는 생김새부터 심상치 않아 보이지만 사람을 잡아먹는다거나 거친 성정을 가진 것은 아니다. 또 다른 캐릭터인 요정은 아름다울 것이라는 기존의 기표와 기의의 고정 관념을 미끄러지게 한다. 뚱뚱한 노파 요괴는 마음씨가 매우 사악하다. 요괴는 악의 개념을 넘어서고 있으며 요정은 선의 개념을 넘어서고 있는 것이다.

도깨비와 요괴는 하이브리드의 문화를 희화시키면서 중심과 주변을 해체하는 문화적 특성을 가진다. 즉 어느 것이 문화의 중심인지는 하이브리드화 되면서 희석되기 마련이고 그곳에서 중심과 주변은 해체될 수밖에 없는 것이다. 도깨비와 요괴의 다양한 등장에 있어서 하이브리드만큼 중요한 개념이 바로 트랜스컬처이다. 문화끼리 섞이면서 지금까지 경험하지 못한 문화의 교류가 일어나는 것이다. 이러한 트랜스컬처의 카오스를 가장 잘 보여주는 요괴를 창조한 사람이 바로 미야자키 하야오인 것이다. 그는 트랜스컬처의 상상력을 통해 다양한 요괴들을 창조해냈다. 〈센과 치히로의 행방불명〉의 '가오나시'는 얼굴이 없는 근대 문명의 자화상을 보여준다. 닥치는 대로 문명을 빨아들이면서도 자신이 누구인지 모르는 가오나시는 트랜스컬쳐화 되어가는 문화 간 흐름에서 자기의 정체성을 찾지 못하는 현대인들을 드러내는 표상인 것이다. 〈이웃집 토토로〉의 '토토로' 역시 요괴이다. 너구리와 곰을 닮은 이 요괴는 마음속에 간직한 고향을 떠올리게 하는 향수를 자아내는 요괴이다. 가족이라는 것이 해체되어 가고 있는 현실을 되돌아보게 하는 표상인 것이다. 최근 〈벼랑 위의 포뇨〉의 물의 요괴인 물고기 포뇨는 인간과 자연의 관계를 보여주는 중간 존재의 기표이다. 트랜스컬쳐의 시대에 예측할 수 없는 것들을 도깨비와 요괴로 표현하는 것이다. 현대는 미증유의 자연재해가 일어나고 있고 문명의 발달도 예측하기 힘들다. 따라서 카오스의 상상력은 더더욱 현대인에게 공포감을 줄 수 있다.

그렇다면 요괴와 도깨비의 문화적 역할은 단순히 알 수 없는 것에 대한 공포를 가시화하는 차원에만 머무는 것일까. 더 심층적으로 들어가 보자. 즉 규정될 수 없는 현대 문화의 공포를 도깨비나 요괴로 가시화함으로써 전시된 공포를 놀이화하고자 하는 기제가 깔려 있다. 질베르 뒤랑[53]은 항체 이미지라는 개념을 이야기하면서 이미지가 하나의 징후를 보여주는 단순한 역할로부터 치료를 담당하는 동인으로 작용한다는 것이다. 이 시대의 도깨비와 요괴는 항체 이미지이다. 그런데 도깨비와 요괴가 저절로 항체 이미지가 되지는 못한다. 도깨비와 요괴가 놀이화됨으로써 항체 이미지를 획득하는 것이다. 예를 들어, 도깨비의 대표적인 기표인 치우천황은 붉은 악마라는 응원의 대리자가 되어 놀이화됨으로써 항체 이미지를 획득하는 것이다. 많

53) 질베르 뒤랑, 진형준 옮김, 『상상력의 과학과 철학』, 살림, 2000, 48쪽.

은 응원객들은 붉은 악마의 로고에서 또는 붉은 악마의 함성에서 일종의 공동체의식을 가지게 된다. 그것은 현대의 고립된 사회를 이어주는 항체 이미지의 다른 이름이라 할 수 있다. 도깨비 이미지는 새롭게 기호화되면서 치우천황을 불러들이고 그 기호는 현대의 고립화된 사람들을 공동체로 이어주는 치유의 항체 역할을 하는 것이다. 역시 〈춘천 마임 축제〉와 〈처용문화제〉처럼 도깨비를 표방하는 축제들이 가지는 항체 이미지는 도깨비의 춤을 통해서이다. 다국화 되어가는 현대에서 마임과 도깨비춤은 하나의 고리로 이어지고 그것은 다문화를 이해하기 위한 소통의 장으로 나아간다. 〈비보이〉들의 현란한 도깨비춤은 문화의 아웃사이더인 젊은이들을 문화의 중심부로 불러들이는 항체 이미지인 것이다. 젊은이들의 저항의식이 사회의 주변문화가 아니라 사회를 나아가게 한다는 건설적인 의미가 담겨있다. 또한 〈난타〉와 같은 두드림은 억압된 현대인의 마음을 확 트이게 해주는 항체 이미지인 것이다.

〈기이편: 처용랑과 망해사〉 에서 처용은 항체이미지이면서 동시에 이방인에게 덧씌워진 질병 이미지라고도 볼 수 있다. 주지하다시피 처용은 신라의 이방인으로 자기 몰래 아내를 범한 역신을 퇴치한다. 『삼국사기』에는 제 49대 헌강왕 때의 기록을 자세히 적고 있지는 않다. 오히려 『삼국사기』에 나오는 자료를 통해서만 보면 처용이 무찔러야 하는 역신이 좀 어색해 보일 정도이다. 제 49대 헌강왕은 이름이 정이고 경문왕의 아들이고, 총명하고, 영민했다고 한다.[54] 또한 자연재해와 생활사 부분에서도 다른 왕 때와는 비교도 되지 않을 만큼 그다지 큰 피해가 기록되어 있지 않다. 기껏 기록하는

54) 김부식 위의 책, 362쪽.

상서로운 변은 왕 11년 2월에 호랑이가 궁궐에 들어왔다는 것과 10월에 태백성이 낮에 나타난 것 정도이다.[55] 그렇다면 어느 정도 평안한 시대를 누리고 있었다는 것으로 유추되는데, 『삼국유사』속에 등장하는 〈처용랑과 망해사〉를 황병익의 논의처럼 질병으로 지칭되는 역신 퇴치의 과정이기보다는 이미 〈처용가〉가 민중 사이에서 퍼질 만큼 질병이 어느 정도 진정된 양상을 보이고 있는 결과적 노래로 효과를 보고 있었던 것으로 추측해 볼 수 있다.

〈처용가〉의 내용을 살펴보면, "동경(東京) 밝은 달에 밤새도록 노닐다가/들어와 자리를 보니 다리가 넷이구나./둘은 내 것이지만 둘은 누구의 것인가./본래 내 것이지만 빼앗긴 것을 어찌하리."로 나온다. 이 노래를 듣자 역신은 "제가 공의 처를 탐내어 지금 범했는데도 공이 노여워하지 않으니 감탄스럽고 아름답게 생각됩니다. 맹세코 오늘 이후로는 공의 형상을 그린 그림만 보아도 그 문에는 절대로 들어가지 않겠습니다."라고 말하고 줄행랑을 쳤다고 한다. 이는 당시 자연재해가 극심하지 않아서 상대적으로 전염병과 같은 질병이 그다지 만연하지 않았을 가능성을 보여준다고 추측해 볼 수 있다. 그렇다면 실제 역신은 어떤 질병이었을까. 기존 연구들을 통해 볼 때 〈처용가〉의 역신은 두창으로 볼 수 있다. 대표적으로 황병익은 두창이 천연두나 마마로 인식되는 치명적인 질병이었다는 것을 피력하면서 〈처용가〉의 7-8구의 해석을 체념이 아니라 위협적인 발언이라고 말하고 있다. 또한 처용부인을 범한 역신은 급성발진성 피부질환 두창이며 부인을 범하는 모습은 두창이 옮겨지는 것을 묘사한 것이라고 말한다.[56] 이와 같은 논의는 어느

55) 김부식 위의 책, 414쪽.

56) 황병익, 「역신의 정체와 신라-〈처용가〉의 의미 고찰」, 『정신문화연구』 34, 한국 학중

정도 논리적으로 합리성을 가진다고 볼 수 있다. 신라시대부터 처용은 대문이나 기와의 문양으로 그려져서 액운을 쫓는 상징체로 사용한 것을 감안하면 질병이 걸리지 않았으면 하는 희망이고 어느 정도 긍정적인 효과가 있었던 상징체임에는 동의하게 된다.

그렇다면 다른 시대와는 다르게 〈처용가〉가 지어지던 시절에는 전염병의 폐해가 줄어들었을까 하는 의문점이 생긴다. 『삼국유사』에서 묘사된 헌강왕 시절의 서울의 풍경을 살펴보면, "제49대 헌강대왕(憲康大王)대에는 서울로부터 동해 어귀에 이르기까지 집들이 즐비하게 늘어서 있고 담장이 서로 맞닿았는데, 초가집은 한 채도 없었다."라고 묘사된다. 따라서 〈처용가〉는 상대적으로 자연재해에 따른 질병이 적었던 사회에서 향유되었을 가능성이 높다. 왜냐하면 〈처용가〉의 주술적인 힘이 이미 발휘되었기 때문에 현실에서는 전염병이 그만큼 줄었다고 믿었을 것이다. 따라서 민중에 퍼진 〈처용가〉는 전염병과 같은 질병 발병률이 낮기 때문에 오히려 전염병 치료에 영험함의 주술성을 더 가질 수 있었을 것으로 추측하게 된다.

도깨비처럼 요괴 역시 놀이동산에서 혹은 테마공원에서 놀이화되면서 항체 이미지를 획득한다. 예를 들어, 〈벼랑 위의 포뇨〉는 쓰나미 같은 자연재해에 대한 공포심를 가시화한다. 그리고 쓰나미의 살인적인 공포를 내면화하는 것이다. 〈하울의 움직이는 성〉의 하울은 현대인의 나약한 마음을 대변하는 요괴인 것이다. 선과 악이 늘 공존하는 현대인들의 문화적 양가성을

앙연구원, 2011, 135쪽.

황병익은 처용이 두창을 옮기는 귀신을 볼 수 있는 능력을 가진 것으로 본다. 즉 "헌강왕(憲康王)이 포석정으로 행차하니 남산(南山)의 신이 어전에서 춤을 추었는데, 옆에 있는 신하들에게 보이지 않고 왕에게만 보였다. 그래서 왕이 몸소 춤을 추어 형상을 보였다"에서 왕의 눈에만 남산 신이 보인 것과 같은 맥락의 신통력(神通力)이라고 설명한다.

보여주는 기표로서 하울은 의미가 있다. 도깨비와 요괴는 당대 문화 양식을 고스란히 담는다. 토테미즘의 야생적 사고가 인간 역사 전체에 걸쳐 다양하게 변주되면서 각 시대의 담론에 뚜렷한 흔적을 남겼으며 각 시대의 문화 양식에 잔영을 드리우고 있다[57]는 말이 도깨비와 요괴의 사유에도 그대로 적용된다. 각 시대마다 만들어지는 도깨비와 요괴는 다르다. 그것들은 우리 시대의 문화적 담론을 그대로 담게 되는 것이다. 마치 토테미즘이 문화의 잔영에 남긴 그림자처럼 도깨비와 요괴들도 인간의 역사전체에 걸쳐 다양하게 변주되면서 각 시대의 담론을 담아내는 잔영을 드리울 것이다. 조선 후기 〈전우치〉, 〈홍길동〉과 같은 도술 소설이 발달한 데에는 필연적인 이유가 있을 것이다.

문화의 충돌에서 이방인은 성과 속의 뒤섞인 복합적 개념으로 존재한다. 〈비형〉과 〈처용〉의 이방인의 지위가 속(俗)의 세계를 거쳐 성(聖)의 세계로 진입하였음을 보았다. 그들은 그러한 과정에서 도깨비의 원형적 상상력으로 작용하고 있음을 앞에서 살펴보았다. 그 과정에서 이방인은 성과 속을 동시에 가지기도 하고, 선과 악을 동시에 가지기도 하는 양가적 속성을 보여주고 있음을 살펴보았다. 현대의 하이브리드 문화와 트랜스컬쳐의 문화 흐름은 더 많은 문화 이방인들을 양산하고 있으며 예측할 수 없는 문화 충돌과 아노미를 불러온다. 문화의 잡종화인 하이브리드는 각국의 신화 이미지를 자유롭게 혼합시키는 동력으로 작용하고 있고, 우리는 알 수 없는 미지의 것을 표현하기 위해서는 도깨비와 요괴의 기호과정을 거치게 되었다. 또한 포스트모더니즘의 문화적 흐름인 중심과 주변의 해체와 의미의 전복 현상이 도

57) 김현주, 『토테미즘의 흔적을 찾아서』, 서강대학교출판부. 2009, 24쪽.

깨비와 요괴를 만들어내는 데 유용하게 작용하고 있다. 공포와 불확실한 것에 대한 불안으로 만들어지던 도깨비와 요괴는 이제 더 이상 공포의 대상이 되지 않고 문화의 표층에서 유희의 대상이 되고 있다. 이렇게 전시된 인간의 공포와 욕망의 기호화된 이미지인 도깨비와 요괴는 항체 이미지로 나아가고 있음도 알아보았다. 문화의 공간인 축제, 놀이동산, 애니메이션, 공연 등 다양한 현태로 현대인의 공포는 전시되고 있다. 전시된 이미지들은 더 이상 공포와 불안을 자극하지 않고 치유하는 역할을 담당하고 있는 것이다.

| 제3부 |

예술과 역사의
융합 이야기

제 5 장

신화 망원경으로 바다 건너 지리와 역사를 보다

1. 근대 일본 유학생, 지리 역사를 전공하다

20세기 초 한국의 식민지 시기에 한국은 일본에 대해 정치적인 투쟁뿐만이 아니라 문화적인 투쟁도 매우 적극적으로 펼쳤다. 특히, 일본은 지리적 지식을 내세워 한반도의 반도 문화론을 주장하였다. 즉 반도국은 삼면이 바다로 싸여 있는 지리적 특징을 가진 열등한 민족이라는 관념과 일치시키는 식민지 담론이었다. 또한 일본의 시라토리 구라키치(白鳥 庫吉)는 우리나라의 대표적인 신화서인 『삼국유사』를 부정하는 담론을 펼치기 시작하면서, 승려가 썼기 때문에 더욱 믿을 수 없는 이야기라고 주장하였다. 더 나아가 이마니시 류(今西龍)는 『삼국유사』의 가장 중요한 근본이 되는 한국인의 뿌리인 단군을 부정하기 시작했다. 이에 맞서 한국의 근대 지식인 육당 최남선은 매우 적극적인 대응을 시작했다. 최남선은 1906년 두 번째 일본 유학길에 오른 뒤 와세다 대학 고등 사범부 지리 역사과에 입학하였다. 그는 경험적으로 근대의 바다를 두 번이나 건넌 식민지 조선 사람이었다. 당시 식민지 시대 바다를 건넌다는 것은 근대 지식인에게 민족과 국토를 인식시키는 중요한 경험이었다. 식민지 나라의 국민이 어떤 것인지 최남선은 객관적으로 알게 되었다. 최남선은 식민지 나라의 근원적 문제를 지리와 문화적 자각에서 풀어가고자 하였다. 따라서 일본이 주장하는 반도 국가론의 부정적인 특성을 극복하는 것이 먼저 우선적인 과제로 여겨졌었다. 그 다음은 『삼국유사』의 신화부정론의 주축인 단군부정론을 반박하는 것이었다.

최남선은 일본의 식민지 지리 담론에 맞서기 위해 반도 문화의 중요한 긍정적 특성을 적극적으로 살피기 시작했다. 반도는 대륙의 끝이 아니라 해양문화의 전수자이고 해양문화가 성장하는 장소이며 해양문화가 융합하여 집대성을 이루는 문화의 기원지이면서 개척지라고 역으로 주장하였다. 바다는 완벽하고 진실한 공간이며 새로운 세계로 열려있는 가슴 시원한 공간이며 개화된 문명의 바람이 불어오는 곳이며 힘과 의욕이 넘치는 곳이며 끝없는 가능성의 공간이다.[1] 최남선의 신화에 대한 끈질긴 관심의 영역으로써 바다를 살펴볼 수 있다. 그의 바다에 대한 관심은 표1에서도 살펴볼 수 있듯이 1908년 〈해에게서 소년에게〉를 시작으로 1954년 〈바다와 조선민족〉에 이를 때까지 쉬지 않고 진행되었다. 특히, 최남선은 『삼국유사』 속 단군 부정론과 승도망담설을 반박하기 위해 『삼국유사』 속 '바다'에 대한 기억을 재구성함으로써 한국의 자주적인 신화성 구축을 시도하였다. 여기에서는 근대

1) 김지녀, 「최남선 시가의 근대성: '철도'와 '바다'에 나타난 계몽적 근대 인식」, 『비교한국학』, 국제비교한국학회, 2006, 97쪽.

한국의 최남선이 일본의 식민지 문화 담론에 맞서기 위해 한국의 신화서인 『삼국유사』를 어떻게 활용하고 있는지 살피고, 특히 그 중에서 반도 문화론을 극복하기 위해 『삼국유사』 속 바다 상상력을 어떻게 읽어내고 있는지 살펴볼 것이다.

2. 근대 지리인식과 『삼국유사』가 결합되다

일본과 한국의 국토인식론의 갈등은 토끼 모양론과 호랑이 모양론의 강등으로부터 시작되었다. 일본의 고토 분지로(小藤 文次郎)는 한반도를 겁에 질린 토끼 형태론으로 규정함으로써 한반도인 스스로 한국을 업신여기게 하는 식민 담론 전략을 내세우고 있었지만, 이에 반대해서 최남선은 1908년 「봉길이 지리공부」라는 글을 통해 용감한 한반도의 호랑이 형태론을 내세워 정면에서 반격하였다. 이는 최남선이 시각적인 지리 형태에 민족적 정신이 들어갈 수 있다는 것을 적극적으로 대응한 결과라 할 수 있다. 따라서, 최남선은 〈그림 1〉과 〈그림 2〉에서 볼 수 있듯이 그가 참여한 잡지 〈소년〉과 잡지 〈개벽〉의

〈그림 1〉
청춘 창간호(1914)

〈그림 2〉
개벽 창간호(1920)

표지에 의도적으로 호랑이를 활용했고, 호랑이로 대변되는 국토를 직접 기행하기 시작했다. 따라서 근대 지식인 최남선의 국토 여행은 단순한 개인적 취향의 여행의 의미를 넘어서는 민족적 저항의 포괄적 개념이다.

최남선은 1908년 잡지〈소년〉 창간호에서부터 여행의 적극적인 의미를 부여하였는데, 여행이 진정한 지식의 대근원이면서 근대적 지식인의 덕목이라고까지 의미를 격상시킨다. 그의 국토 여행은 수직적으로는 조선의 산들을 직접 찾아가는 것이었고, 수평적으로는 바다를 적극적으로 그의 작품 안에서 언급하는 것이었다. 최남선은 언어가 민족의 정신을 반영한다는 문화적인 사상을 일찍부터 가지고 있었고 그러한 과정에서 밝과 단군의 어휘를 추적하는 〈불함문화론〉(1925)을 탄생시켰다. 최남선은 1925년 〈불함문화론〉을 쓰면서 〈계고차존〉(1918)에서 주장하기 시작한 단군에 대한 생각을 보다 구체화되기 시작했고 단군에 대한 이야기를 적고 있는 『삼국유사』에 관심을 가진다. 따라서 1927년 최남선은 「삼국유사해제」와 함께 계명구락부에서 발간하는 잡지 〈계명〉에 『삼국유사』 전문을 해제와 함께 싣게 된다.[2)]

13세기 일연에 의해 창작되었던 『삼국유사』는 불교를 억압하고 유교를 숭상하는 조선이라는 나라에서는 그다지 주목을 받지 못하였다. 그러던 책이 임진왜란(1592-1597)으로 인해 일본으로 건너가서 400년의 유랑세월을 겪어야 하는 운명을 가졌다. 최남선에 의해 우리나라에 1900년 초반에 알려진 『삼국유사』는 그동안 마치 『삼국유사』 속의 마술피리인 만파식적 피리처럼 신화적 의미의 소리를 다양하게 내고 있다. 만파식적의 피리소리는 불교와 인도 신화 속에 등장하는 가릉빈가를 상징한다고 볼 수 있다. 가릉빈

2) 최남선, 『신정 삼국유사』, 경인문화사, 2013.

2018년 평창 동계올림픽 가릉빈가

가는 우리나라 사찰에서 흔히 발견되는 그림이며, 동아시아에서도 널리 향유되고 있는 새이다. 이 새는 히말라야 설산에서 탄생한 불사조인데, 천년을 살다 불 속에서 춤을 추며 죽어간다. 그러나 그 재 속에서 다시 알로 부활한다. 그리고는 아름다운 노래 소리를 내는데, 불교에서는 이를 부처의 말씀이라고 여긴다. 2018년 평창 동계 올림픽이 한국에서 열렸다. 이때 등장한 가릉빈가 즉 인면조는 다시 부활해서 민족의 아름다움을 노래하고 싶은 열망의 상징일 것이다.

『삼국유사』의 저자 일연은 신분상 혹은 출생상 불교 중심일 수밖에 없고 경주 중심일 수밖에 없고 신라 중심일 수밖에 없다. 일연은 1206-1289년에 살다간 사람이다. 이 시기는 중국의 몽고가 고려를 통치하던 30년 동안의 시기를 포함한다. 일연 스님은 젊은 시절 20대에 나라가 몽고의 지배를 받는 것을 뼈아프게 경험한다. 정확히 말하면 26세 때부터 30여 년간 몽고의 야만적 침략을 경험하였다. 이때 일연에게 문화는 민족의 존재성을 알리는 스토리였다. 1280년대에 일연이 쓴 『삼국유사』는 김부식이 1145년 저술한 정사인 『삼국사기』에서 누락되어 민중에게 남겨진 우리 고유의 이야기를 직접 싣고자 하였다. 유교적 합리주의와 인본주의를 앞세운 『삼국사기』에 반해서, 『삼국유사』는 불교적 초월주의와 신화적이고 종교적인 세계관과 신성함을 강조하였다. 따라서 『삼국유사』의 편찬 의도는 몽고의 침입으로 도탄에 빠져 나라의 근본도 모르고 나라의 자긍심도 느끼지 못하는 민중에게 이야기로써 민족애를 느끼게 하기 위함이었다고 할 수 있다.

일본 유학 중에 최남선은 일본의 황실 서재에서 『삼국유사』를 발견해서 다시 한국에 소개하는 형태로 『삼국유사』를 한국에 들여왔다. 그는 1908년 잡지 〈소년〉과 1914년 잡지 〈청춘〉을 간행하면서 최남선은 시, 산문, 기행문 등 다양한 장르에서 '해', '소년', '바다', '산', '어머니'와 같은 매우 신화적인 상상력을 가지는 상징적인 표제어들을 전면에 내세우고 있다. 최남선은 한국 근대 문화사에서 판도라의 상자로 지칭될 만큼 많은 근대 해석의 열쇠코드를 가지고 있는 지식인의 뱃사공이자 전수자이이다.[3)]

최남선에게 민족의 형성은 지극히 개별적인 것으로서 사회주의나 허무주의나 코스모폴리탄의 대립적인 개념이라고 할 수 있다. 즉, 상대가 되는 민족적 대립대상이 있어야만 민족의식은 저절로 생긴다는 것이다. 최남선은 〈삼국유사해제〉를 통해 『삼국유사』가 삼국에서 남겨진 이야기를 적고 있는 것에 주목한다. 그리고 그것이 현재의 신문의 잡보나 사건을 생생하게 기록

---

3) 류시현, 『최남선평전』, 한겨레출판, 2011.

한 것과 같다고 이야기한다. 즉, 최남선은 일연이 의도한 대로『삼국유사』가 왕과 귀족 중심의 정사가 아니라 민중이 살아간 실제 이야기임에 주목하였다. 최남선은『삼국유사』가 한 인간인 일연 스님에게는 하나의 사건일 줄 모르지만 세상에서 제일 큰일을 이룬 것이라고 높이 평가하였다. 최남선은 만약에 한국인에게『삼국유사』가 없어졌더라면 어쩔 뻔했냐고 안도하는 진술을 보임으로써『삼국유사』에 대해서 중요한 역사적 의미를 부여하고 있다. 이러한 생각은 그가 〈삼국유사해제〉를 발표한 1927년 당시 동아일보의 〈독서계〉 라는 쪽에서 밝힌 내용으로도 확인할 수 있다. 최남선은 〈조선 사학의 출발점〉이라는 글을 1927년 3월29일 동아일보에 발표하면서 대한민국에『삼국유사』의 원본은 천금을 주어도 구할 수 없는 비밀 자료가 된다고 말한다. 비록 불완전한 복간본도 귀하기 짝이 없다는 것이다. 대한민국이 조선학을 세우고 조선을 살리려면 반드시『삼국유사』를 널리 보급해야 함을 강조하였다. 또한 조선인이라면 집집마다 교훈으로 삼고 사람마다 외워야 하는 중요한 책이라고 강조하고 있다.[4)]

근대 초 일제와의 관계에서 최남선은 민족의 대결의식 고취의 수단으로『삼국유사』의 문화적 주체성에 주목하였다. 이야기를 통해 민족은 하나의 고리로 엮어지는 국민성을 얻는다. 즉, 최남선은 민족마다 공통의 심리적 현상이 있음을 주장하면서 이것이 민족성이 되고, 민족성이 발로된 것을 국민성이라고 명명하였다. 최남선에게 있어 중요한 신화적 진실은 단순한 사실이 아니라 의도된 신념이었다.[5)] 최남선은 기억이 정체성을 구성하는 핵심요

4) 최남선 허용호 옮김,『민속문화론』, 경인문화사, 2013, 111-114쪽.

5) 서영채,「기원의 신화를 향해 가는 길」,『한국근대문학연구』 8, 한국근대문학회, 2005, 101쪽.

소라고 말하며 우리 자신을 알기 위해서는 과거와 고대사를 돌아보라고 여러 저서에서 이야기한다. 근대 지식인 최남선은 조선 문화의 본질을 세계성, 동북아의 샤먼적 특성, 반도성 등 세 가지 특징으로 정리하였다.

최남선의 〈단군론〉에서 가장 주목할 만한 내용은 정치적 군장으로서 단군에서 한발 더 나아가 정치적, 종교적, 문화적 군장이었음을 주목하였다. 최남선의 단군에 대한 다른 글인 「단군께의 표성(表誠)— 조선심을 구현하라」에서는 단군이 우리국토의 개척자이면서 생활의 건설자이고, 조선 문화의 창조자이고, 조선국토의 개척자이고, 혈연 상으로는 조선의 모든 조상이며, 조선 권속으로는 대종조이며, 조선 문호의 입구와 같은 역할을 담당한다고 말한다. 또한 단군은 조선 신앙의 정신이며 인격화의 총체이며 조선 이상의 총괄점과 같은 존재이다. 즉, 조선은 단군이라는 표현이 무색하지 않을 만큼 그에게 단군은 문화의 총체적 존재이자 관념이자 신앙이었다. 최남선은 "민족은 작고 문화는 크다. 역사는 짧고 문화는 길다"라는 진술을 여러 곳에서 하면서 문화의 중요성을 강조한다. 그는 〈조선의 신화〉(1930)에서 "신화는 곧 원시 종교요 철학이요 과학이요 예술이요 역사이다"라고 이야기하면서 이러한 것들이 따로따로 분리되지 않고 인류 지식 전체의 최고 표현임을 강조한다.

3. 『삼국유사』 속에서 이문화의 적응기를 읽다

최남선은 일제 식민지 시대 한국 민족이 근대화를 향해 나아가기 위해서는 일본으로부터 정신적인 독립과 주체적 대립 의식이 형성되어야 하고 그러한 수단으로 『삼국유사』의 신화성을 정치적으로 적극 활용하고자 했다. 최남선은 일본학자들의 승도망담설을 일축하면서 문화적 자긍심의 대상으로 가치를 확립해야 하는 임무를 가진 것이다. 〈표 1〉에서 제시하는 것처럼, 최남선은 다양한 바다 소재 작품을 발표하였다. 〈해에게서 소년에게〉

〈표 1〉 최남선의 바다와 해양 관련 글

발표년도	작품발표잡지 및 출판사	발표작품	작품분류
1908	소년(잡지)	해에게서 소년에게	창작시
1908	소년(잡지)	천만리 깊은 바다	창작시
1908	소년(잡지)	해상대한사	산문
1909	소년(잡지)	바다 위의 용소년	창가
1909	소년(잡지)	삼면환해국	창작시
1909	소년(잡지)	거인국표류기	번역
1909	소년(잡지)	관해시	창작시
1909	소년(잡지)	걸리버 여행기	번역
1909	소년(잡지)	로빈슨 무인절도 표류기	번역
1918	청춘(잡지)	압에는 바다	창가
1926	동명사(출판사)	백팔번뇌	시조집
1929	괴기(잡지)	1100년 전에 동방 해상왕 신라 청해진 대사 장보고	산문
1939	매일신보(신문)	〈조선의 신화〉-해신과의 혼인관계	산문
1953	월간 해양한국(잡지)	바다와 조선민족	산문
1953	지방행정(잡지)	해양과 국민생활	산문
1953	서울신문(신문)	울릉도와 독도	산문
1954	서울신문(신문)	독도문제와 나	산문

(1908)를 위시로 〈바다 위의 용소년〉(1909), 〈천만리 깊은 바다〉(1908), 〈삼면환해국〉(1909), 〈해상대한사〉(1908), 〈거인국표류기〉(1909), 〈관해시〉(1909), 〈해적가〉(1910). 〈걸리버 여행기〉(1909), 〈로빈슨 무인철도 표류기〉(1909), 〈압에는 바다〉(1918), 〈1천 년 전에 동방해왕 신라 청해진 대사 장보고〉 (1929) 등에서부터 1953년대 〈바다와 조선민족〉에 이르기까지 바다에 대한 논의를 오랫동안 집중적으로 펼쳐왔다.

최남선에게 『삼국유사』의 바다 인식은 크게 두 가지 방향에서 이루어지고 있다. 즉 바다는 다른 사람들이 들어오는 유입의 공간이면서 그들의 문화를 받아들이는 포용성의 공간이다. 『삼국유사』 속 바다관련 설화는 표2에서 정리된 바와 같이 다른 문화의 유입 장소이자 다른 나라를 향한 도전의 시작점이기도 하다. 최남선은 초기 작품에서부터 후기 작품까지 '바다'를 중요한 문화적 원동력으로 바라보는 근원적 배경은 지리와 역사에 대한 관심 때문이었다. 서양의 호머 〈오디세이아〉, 바이런 〈해양시〉, 코울리지 〈고수봉〉, 예이츠 〈비잔티움 항해〉, 헤밍웨이 〈노인과 바다〉, 멜빌 〈백경〉, 제임스 조이스 〈율리시스〉 등은 모두 바다를 인간이 도전할 마지막 자연의 질서로 상정하고 있다.[6]

최남선은 망각을 깨우는 의지와 도전의 문화사로써 미래기획을 바다를 통해 이룩하고자 한다. 그는 〈바다와 조선민족〉에서 바다를 잃어버린 민족, 세계 각국의 바다 쟁탈전, 바다와 조선 근고사, 조선의 수군약사 등의 소제목으로 진행되고 있다. 지리적 역사관에서 주목하는 것은 우리나라가 반도국이며 연해국이라는 사실이다. 즉, 조선은 삼면이 바다인 반도국이라는 것

6) 조규익, 최영호 엮음, 『해양문학을 찾아서』, 집문당, 1994, 366쪽.

이다. 대한민국은 삼면이 바다인 민족이지만 '바다를 잊어버린 민족'이라고 질책한다. 각 나라마다 특성이 있기 마련이어서 대륙국은 대륙국의 특성을 살려야 하고, 해양국은 해양국의 특성을 살려야 하며, 산악국은 산악국의 특성을 살려야 하고, 반도국은 반도국의 특성을 살려야만 진정한 문화국가를 창출해 낸다고 주장한다.[7)]

『삼국유사』에는 〈가락국기〉, 〈탈해왕〉, 〈고주몽〉, 〈문무왕〉, 〈수로부인〉, 〈망해사와 처용랑〉 등 수많은 신라의 설화가 바다와 깊은 연관을 가지고 있다. 최남선은 대한민국 역사는 바다를 활용한 건국담을 가지고 있는 문화 민족의 나라라고 주장한다. 그는 단순히 지리적 역사관에만 치우쳐 바다에 대한 논의만을 펼치지 않고 역사적, 문화적, 신화적 바다를 포괄적으로 찾고자 하였다. 최남선이 〈바다와 조선민족〉에서 바다를 활용한 역사적이고 신화적인 사건으로 주목한 것은 단군, 석탈해, 가야의 허황옥 등이다. 먼저 단군의 논의에서 주목한 것은 하나님의 아들인 단군이 비서갑 하백의 딸에게 장가를 든 것에 주목한다. 이때 비서갑은 대동강이 바다로 들어가는 목장이에 있는 곳임을 주목하고 단군의 아들들을 강화섬에 보내 삼랑성(三郞城)과 제천단(祭天檀)을 세우게 한 것에도 주목하였다. 우리 문화에서 강화도는 서해의 모든 것을 주름잡는 곳이기 때문에 주목한 것이기도 하다. 다음으로 주목한 석탈해는 용성국 사람으로 김알지에서 시작한 김씨와 박혁거세에서 시작한 박씨와는 다르게 해양 문명을 가진 이가 동북해외에서 들어왔다고 말한다. 이는 해양문화가 신라에 유입된 것임을 주목한 것이다. 마지막으로 주목한 해양문명과의 연관성을 가진 왕조는 가야의 김수로왕의

---

7) 최남선, 「바다와 조선민족」, 『월간-해양한국』, 한국해양문제연구소, 1993, 56~72쪽.

부인인 허황옥의 유입이다. 인도의 아유타국 출신인 허황후는 아버지와 어머니의 현몽만을 믿고 머나먼 가야로 이주해온 해양문명의 후계자이다. 그녀는 바람을 잠재우기 위해 파사석탑과 많은 금은보화와 불교를 함께 들여왔던 것으로 알려져 있다.

기원전 인도에서 해양을 가로질러 가야로 직접 불교가 들어왔다는 사실 확인은 중국으로부터 전래되었다는 문화 사대적 사관을 극복하는 자주적인 사건이기 때문에 일연은 가야의 불교 전파에 대해서 유추할 수 있는 설화들을 곳곳에 기술하였다고 할 수 있다. 최남선 역시 조선의 신화 찾기에 불교를 매우 중요한 상상적 기반으로 삼고 있음을 확인해 볼 수 있다. 일연이 가야에 특히 주목한 것을 주목해 볼 필요가 있다. 일본이 가야를 지배했었다고 주장하는 임나일본부설의 가야 지배설에 대한 정면 대응의 근거로 활용할 수 있기 때문이다. 따라서 최남선이 『삼국유사』의 해양 설화로써 허황옥 이야기에 주목한 것은 중국의 사대주의 극복과 일본의 임나일본부설의 허위성을 증명하는 학문적 성취라고 볼 수 있다. 더 나아가 최남선은 허황옥이 가져온 불교문화가 한국의 문화를 세련되어 갈 수 있도록 세 가지 측면에서 기여했다고 말하고 있다. 첫째, 조선인은 불교를 받아들이면서 비로소 철학을 알았고, 둘째, 불교로 말미암아 예술이라는 것이 총체적으로 발전하는 계기가 되었고, 셋째, 불교는 완고하게 굳어진 신분사회에서 평등성과 보편성을 추구하게 함으로써 용기와 재능을 가지게 했다는 것이다. 이러한 용기로 인해 대한민국 국민은 중국과 서역 등으로 이동하는 자유를 가지게 되었고 대륙과 바다를 자유롭게 넘나들게 되었다고 주장한다.[8)]

8) 최남선, 『조선상식문답』, 에크리, 2011, 254-255쪽.

4. 『삼국유사』 속에서 근대 바다의 도전성을 읽다

최남선은 바다 이야기를 통해 초지일관 민족의 각성을 유도하고 미래를 설계하고자 시도하였다. 최남선은 바다를 잊어버린 조선의 면모를 세 가지로 진단하고 있다. 조선 민족이 웅대한 기상이 없어지고, 좁은 바닥에서 많지 않은 일자리를 두고, 갈등과 마찰을 벌이고 있다고 진단한다. 다음으로 조선에 사는 사람들이 가난하게 되었다고 말한다. 조선은 세 면이 바다를 향해 있는 반도 국가이지만 반도국으로의 우수한 특징을 잘 살리지 못하고 있다고 말한다. 그리스와 로마를 비롯해서 포르투칼, 스페인, 네덜란드 등은 바다를 잘 활용해 나라가 부강해진 것이라고 지적한다. 마지막으로 조선이 바다를 잊어버린 특징은 중국 대륙인 지나에 빠져버렸다는 것이다. 이는 조선의 문화가 사대적인 특징을 가지게 된 이유라고 비판하고 있다. 『삼국유사』 속에는 아래 〈표 2〉와 같이 두 가지 속성의 바다가 등장한다. 하나는 새로운 문명의 유입과 관련된 수용적인 바다 이야기인데, 〈가락국기〉, 〈탈해왕〉, 〈혁거세왕〉, 〈처용랑과 망해사〉 등의 문화 유입 설화이다. 다른 하나는 새로운 세계로 도전하는 확산적인 바다 이야기인데, 〈수로부인〉, 〈연오랑 세오녀〉, 〈문무왕 법민〉, 〈진성여왕과 거타지〉, 〈고구려〉 등의 이야기가 확산 설화이다.

최남선은 일단 역사 시간에 거론되는 4대 문명의 발상지인 이집트, 인도, 중국, 그리스 등의 문화를 고립된 문화들이라고 말한다. 최남선이 주목한 문명은 바로 페니키아인의 독특한 배가 이루어낸 것이다. 최남선은 "세계적의 역사는 페니키아인(人)이 독특한 배를 만들어 가지고, 지중해를 떠나와서 통상(通商)으로 식민(植民)으로 연해(沿海) 각지에 활동하던 때로부터

〈표 2〉 〈삼국유사〉 속 바다의 두 가지 속성

	삼국유사 속 이야기	바다 관련 주인공	간략한 내용
새로운 문명의 유입과 바다	가락국기	허황옥	여자 주인공 인도 허황옥 공주가 바다를 항해해서 가야 김수로의 나라에 와서 황후가 된다.
	탈해왕	석탈해	동해의 용성국 나라의 석탈해는 바다를 건너 신라에 들어와 왕이 된다.
	신라시조 혁거세왕	선도산 성모	중국의 선도산 성모는 북방대륙에서 동해를 건너와 신라의 시조 박혁거세를 낳았다
	처용랑과 망해사	처용	동해 용왕의 아들 처용은 신라의 신하가 되고 미인 아내와 결혼하지만 역신이 아내를 범한다.
새로운 세계의 도전과 바다	수로부인	수로부인	순정공의 아름다운 부인 수로부인은 동해 용에게 납치되어 바다 속의 세계를 경험한다.
	연오랑과 세오녀	연오랑, 세오녀	연오랑과 세오녀는 동해 바다에서 움직이는 바위를 타고 일본으로 건너가 왕과 왕비가 된다. 그 후 신라에는 해와 달이 사라진다.
	문무왕 법민	문무왕	당나라의 침입에 맞서 싸우던 문무왕은 죽어서 동해의 용이 되어 나라를 지키고자 한다.
	진성여왕과 거타지	거타지	거타지는 늙은 여우가 괴롭히는 섬사람들을 구하고 아름다운 용의 딸인 여자를 아내로 맞이한다.
	고구려	고주몽	부여의 주몽은 이복형제들에게 쫓겨 바다를 건너 고구려를 세운다.
	신무대왕, 염장, 궁파	장보고	신라의 장보고는 당나라에서 큰 성공을 거두고 신라의 바다를 지배한다.

시작하였다. 그리스, 페르시아, 로마, 카르타고 등 여러 민족이 지중해를 무대로 하여 활동하고 세력을 다투고, 패업(霸業)을 이룩하는 것이 곧 세계 역사의 진행이었다."라고 말한다. 그 이전에 그리스가 헬레니즘 세계를 실현하

고 로마가 인류 최초로 로마 대제국을 건설한 것도 모두 지중해를 잘 이용했기 때문이라고 주장한다. 그 후에 살라미스 전투, 펠로폰네소스 전쟁, 포에니 전쟁 등 모두가 바다를 사이에 둔 전투였음도 눈여겨 볼 일이라고 주장한다.

최남선이 주장하는 한국의 바다를 통한 신화성 구축의 대상은 신라시대 장보고와 조선시대 이순신이라고 할 수 있다. 또한 조선 후기시대 연암 박지원이 쓴 〈허생전〉의 세계를 통해 남방 세계에 대한 바다의 신화적 상상력을 자극하고 있으며, "남조선"이라는 용어의 신화적 의미를 중요하게 바라보고 있다. 최남선은 이들 중에서도 특히 『삼국유사』 속 해양 인물인 장보고에 대해서 매우 긍정적인 입장을 보인다. 최남선은 1929년 창간된 잡지 ≪괴기≫에 "1천백 년 전에 동방 해왕 신라 청해진 대사 장보고"를 발표하였다. 그는 『삼국유사』 속 장보고에 주목하면서 김부식의 『삼국사기』의 부정적 기록에 문제를 제기한다. 중국과 일본의 문헌들에 나오는 장보고 사후의 기록들을 보면서 장보고 상업 세력의 영향력이 매우 지대했다는 것을 당시 기록으로 입증하고 있다. 심지어 장보고 사후에도 일본의 대우와 보호가 매우 친절하고 극진했음에 주목하고 장보고의 국제적 특성과 무역 세력이 매우 영향력 있었음을 확인한다. 특히 장보고는 사업과 신앙을 결속시킨 해양문화의 대표주자이다. 그는 신라인의 결속을 다지기 위해 산둥반도에 법화원을 설립하고 정신적인 유대를 강화시켰다. 이는 서역의 상인들이 이슬람 공동체를 활용한 것과 대적해 볼 만한 문화 활동이라고 볼 수 있다.[9] 따라서 장보고의 죽음은 당시 해상 무역권의 지대한 지각변동이 되었

9) 윤명철, 『해양역사와 미래의 만남』, 학연문화사, 2012, 83쪽.

음을 주시하고 있다.

최남선은 〈바다와 조선민족〉(1953)에서 『삼국유사』 속 장보고를 이상적인 남방 세계의 문화적 원형의 근원으로 제시한다. 동서양의 신화에서 이상국의 위치는 먼 바다에 두곤 했다. 따라서 중국은 삼신산(三神山) 또 연래도(蓮萊島)를 동방의 해상에 있다고 생각했고 그리스의 철학자 플라톤이 아틀란틱이라는 선경(仙境)을 대서양 위에 그렸던 것에 주목한다. 조선민족 역시 이상세계를 남방해상(南方海上)에 만들어 가졌는데 이 역시 인류 이상경향(理想傾向)의 유형이라고 할 수 있다고 한다. 조선민족(朝鮮民族)의 '남조선(南朝鮮)'이란 것을 단순히 관념적 산물이 아니며 일찍이 남방해상(南方海上)에서 많은 문화의 빛과 행복의 씨를 얻어 들여 온 확실한 기억을 가지고 있다고 주장한다. 그러한 기억 속에 『삼국유사』 속 장보고라는 인물이 있음을 살핀다. 최남선은 신라(新羅) 하대(下代)에 장보고라는 해상(海上) 위인(偉人)이 전라도 완도(莞島)를 중심으로 해서 지나(支那)의 산동반도(山東半島) 항주만(杭州灣)과 일본(日本)의 북구주해안(北九州海岸)과 내지 남양(南洋)의 여러 항구(港口)를 교통망으로 교두보를 치고, 동방해상(東方海上)에 큰 이상을 가지고 해상왕(海上王)으로서 문화 무역을 통한 대활동을 한 것에 주목하였다. 위의 허황옥이 다른 나라의 문화가 해양을 타고 건너왔던 것이라면, 장보고는 바다를 타고 나라 밖으로 도전적으로 나아가는 인물임을 알 수 있다.

최남선의 말대로 신화는 곧 원시 인민의 종교요, 철학이요, 과학이요, 예술이요, 역사라고 볼 수 있다. 1908년 〈해에게서 소년에게〉를 발표하면서부터 최남선은 바다를 통한 민족의 문화적 역사적 각성을 촉구하고자 하였다. 최남선에게 바다는 민족의 망각을 깨우는 공간이었고 미래를 기획하고 도전하는 시험의 장이다. 우리민족에게 바다는 더 이상 공포의 대상이 되어서는 안 된다고 말한다. 최남선이 보기에 한국이 부흥하기 위해서는 조선민족의 새로운 전기가 반드시 필요하다는 것이다. 그것의 시작점이 바다여야 함을 명백히 한다. 더불어 바다를 두려워하는 국민의 기풍이 고쳐져야 함을 강조하고 있으며 새로운 국민경제의 길이 열려야 한다고 주장한다.

제6장

신화, 근대 예술사 기술의 도구가 되다

1. 교양인이라면 〈조선상식문답〉을 읽자

최남선의 문화적 계몽운동의 시작점이 되었던 〈소년〉지는 일본의 '신문지법'으로 폐간되었고, 다시 1914년 잡지 〈청춘〉을 만들어서 활동하였으나, 1918년 이 역시도 동일하게 폐간되고 만다. 1919년 최남선은 〈기미독립선언서〉를 작성하고 낭독하여 교도소에 투옥되었다. 석방되고 나서, 1922년 그는 다시 잡지 〈동명〉을 발행하였다. 일제의 탄압 정치가 1919년 3.1운동을 계기로 문화를 최소한 인정하는 쪽으로 급선회하면서 최남선은 〈동아일보〉와 〈조선일보〉의 논설위원으로 활동하였다. 근대 초기부터 최남선의 문화적 관심은 전 방위적으로 이루어졌다고 할 수 있다. 1920년대 시작한 〈단군〉에 대한 일련의 논의에서부터 〈삼국유사해제〉 작성, 조선의 신화, 조선

국토와 역사, 조선의 문화, 조선의 설화 등 문화 전반에 걸쳐 다양한 관심을 가지고 있었다. 또한 1920년 중반부터 시작한 의도된 국토 기행은 일종의 신화구축이라는 방향성을 가지고 매우 의도적으로 진행되었다. 전라도 일대를 50여일 여행한 『심춘순례』에는 종교적인 '순례'라는 언어를 사용하여 의미를 부여했고, 『백두산근참기』 역시 '근참'이라는 용어로 '삼가 아뢴다'는 뜻을 담고 있는 종교성을 보였다. 지리산, 백두산, 금강산 등 나라의 정신을 담고 있는 산천을 여행하면서 민족의 주체성을 찾으려고 노력하였다. 1920년대 후반까지 최남선의 일련의 학문적 탐구와 언론인으로서의 활동은 민족의 선도자로서 그다지 손색이 없어 보인다. 그러나 1930년대 말부터 1940년 광복 직전까지의 행보에는 친일파라는 수식어를 부인할 수 없게 만드는 요소가 많다는 것을 여러 자료들을 통해 인정할 수밖에 없고 그에 대한 역사적 평가 역시 준엄하게 내려져야 마땅하다고 보인다. 하지만, 그가 노력한 다양한 학문적 시도에 대해서는 어느 정도 객관적 평가가 이루어질 필요가 있다.

이 글은 광복 후 1947년 최남선이 보여준 다양한 학문적 연구에 초점을 맞춘 것이다. 1945년 광복이 된 후 최남선은 1946년부터 1948년 사이에 민족의 역사와 학문과 문화에 대한 연구를 치열하다고 할 만큼 다양하게 진행하고 있었다.[10] 역사와 문화에 특히 강한 열정이 드러나고 있음을 알 수 있

10) 최남선, 『총 목차 색인』, 경인문화사, 2015. 〈참고〉
- 1946년 『조선상식문답』, 『신정 삼국유사』, 『쉽고 빠른 조선 역사』, 『신판조선역사』, 『조선 독립운동사』, 『조선독립운동소사』
- 1947년 『조선상식문답속편』, 『조선의 상식』, 『성인교육 국사독본』, 『국민조선역사』, 『중등역사』, 『조선유람가』, 『역사일람 상』, 『육당 최남선 강연집 1-조선의 산수』
- 1948년 『조선상식-지리편』, 『조선상식-제도편』, 『조선상식-풍속편』, 『육당 최남선 강

다. 이 당시의 연구는 친일파라는 낙인이 찍힌 후의 활동이기 때문에 그가 의도한 만큼의 학문적 성과를 인정받는 분위기는 되지 못하고 있다. 그는 1949년에 쓴 〈자열서〉에서 나름의 변절의 변명을 적고 있다. 즉 조선 대중이 자기에게 바라는 것은 지조와 강렬한 기백이었을 것이라고 인정한다. 그러나 자신은 대중이 요구한 지조 대신 학업 즉 학문을 붙잡았노라고 말하고 있다. 대중의 분노가 여기에서 나오는 것이라고 최남선 스스로는 판단하고 있었다.[11] 광복 이후, 최남선의 연구는 주로 문화나 역사에 치중해서 진행되고 있음을 알 수 있다. 여기에서는 당시 시대적으로 학문적 접근의 여력이 없었던 예술사 분야에 대해서 인문학자가 정리한 소략하지만 나름의 인문적 예술사에 드러난 신화적 상상력을 살펴보고자 한다.

『조선상식문답속편, 1947[12]』에서 적고 있는 한국 음악사, 연극사, 서예사, 회화사 등에 대한 최남선의 예술 문화에 나타난 신화적 관점을 집중적으로 들여다보고자 한다. 최남선은 이 책에서 한국 과학사, 한국 문학사, 한국 문헌학사, 한국 음악사, 한국 연극사, 한국 서예사, 한국 회화사 등의 주체성을 강조하면서 전문적이고 학술적인 관점으로 매우 심도 있게 기술하였다. 최남선은 박람강기(博覽强記)의 자세를 견지하면서 학문의 연원과 발달 과정과 영향 과정을 주체성을 가진 문화민족의 일정한 논리로 기록하고 있다는 평가를 받고 있다. 그 일정한 논리 중 하나가 민족의 자긍심과 신화적 상상력에 의거한 글쓰기 기술(記述)방법이라고 할 수 있다.

현대의 정교화되고 심화된 예술사 정리에 비하면 조야(粗野)하다고 할

연집2-조선의 고적』, 『조선의 문화』, 『천만인의 상식』, 『역사일람 하』

11) 최남선, 「自列書, 1949」, 『全集』 10, 533쪽.

12) 최남선, 이영화 옮김, 『조선상식문답속편-최남선 총서 23』, 경인문화사, 2013.

수 있는 정도의 소략한 내용이지만, 민족의 주체성과 신화성 회복이라는 관점에서 예술사를 기획하고 있었던 것을 주목해 본다면 문화사적으로 의미 있는 시도라고 평가할 수 있다. 최남선은 예술사에 대한 논의를 전개함에 있어서 문화적 주체성과 독창성을 강조하였으며, 우리의 예술이 가지는 종교성과 신화성에도 관심을 두었다. 또한 우리의 예술이 매우 문학적 사유에서 등장하고 있음을 보여주기 위해 각 시대의 대표적인 인문서적들과의 연관성이 두드러지게 강조되고 있음을 알 수 있다. 이는 과학과 의학사의 진술에서도 가감 없이 그대로 드러나고 있었다. 과학사라는 첫 번째 장에서도 이러한 글쓰기 기법이 보이는데, 여기에서의 과학사는 주로 의학사에 대한 진술임을 알 수 있다. 그가 의학 담론을 이끌어 가는 기술(記述) 방법은 신화적 상상력의 발현과 민족적 자긍심의 발견과 인문적 정신의 융합으로 파악하고 있음을 알 수 있다. 즉, 신화적 신념에 의해 의학을 독창적이면서 통시적 고찰을 시도하였고, 창의적 의학 전파의 성공담을 다룸으로써 자주적 민족의식을 고취하고자 하는 점을 엿볼 수 있게 하며, 더 나아가 조선의 의학을 인문학적 사유 속에서 융합적인 고찰을 시도했다.[13]

음악사, 연극사, 서예사, 회화사 등의 예술사 부분의 논의는 몇 가지의 아쉬움을 가지게 한다. 최남선의 예술사 연구에는 당대 예술 활동에 대한 시대적 흐름의 횡적인 검토가 빠져있고, 오직 역사적, 신화적, 문헌적 방법만으로 종적 재구성만 보이고 있는 듯하다. 즉 최남선의 예술사는 목적을 가진 의도적인 인문적 예술사 정리라는 인상을 지우기 어렵다. 그러나 다양한 예술의 범주와 시대적 상황을 포괄적으로 담지 못하고 있더라도 당시 예

13) 표정옥, 「최남선 〈朝鮮常識問答續編〉의 신화적 의학 담론에 드러난 융합적 인문 정신 함양 기술(記述)방법 연구」, 『비교한국학』, 국제비교한국학회, 2016, 206-207쪽.

술 부분에 대한 문화적 연구가 희박한 광복 후의 척박한 상황이었기 때문에 얼마간의 본 연구의 당위성은 존재하다고 보이며. 일종의 의도가 담긴 문화사이기 때문에 더욱 연구로서의 가치와 필연성을 가질 수 있다고 본다. 지금까지 『조선상식문답속편』의 예술 논의는 연구자들의 관심을 그다지 끌지 못했다. 아마도 후반부 최남선의 친일 행적이 그의 말년의 연구를 깊이 들여다보지 않게 하는 가장 큰 학문적 장애 요인이 되는 것처럼 보인다. 그러한 중에도 음악사에 대한 연구와 예술사에 대한 논의가 각각 한 개 정도씩 다행히 진행되었다. 최재목과 안선희는 최남선의 "『조선상식문답속편』을 통해 본 국악론"을 전개하면서 최남선이 분류하는 국악론의 범주를 4가지 영역으로 나누어서 살피고 있다. 최남선은 국악을 발생 근원에 따라서 분류하고 있고, 상호 영향과 교류의 관점에서 음악을 분류하고 있으며, 한, 중, 일의 음악을 동등하게 다루고 있으며, 음악 발전에 대한 대안을 제시하고 있다고 정리하고 있다.[14] 예술사 정리를 진행한 이선이는 최남선이 1917년 발표한 미술사 관련 예술 논의를 당시 이광수와 김동인 등 문인들과 예술가들의 연관성 속에서 근대 최남선의 예술 인식의 논리화 방식을 읽고자 하였다.[15]

신화적 글쓰기 자료로 최남선의 『조선상식문답속편』이 좋은 사례가 될 수 있다고 보고 있다. 최남선은 초기 신화와 역사와 문화에 대한 논의에서부터 말년의 연구 저서에 이르기까지 문화를 총체적이고 종합적으로 보고자 하였다. 역사와 신화와 종교와 문화가 따로 구분되기보다는 늘 서로 상호

14) 최재목, 안선희, 「최남선의 『朝鮮常識問答續編』을 통해 본 국악론」, 『유학연구』 28, 충남대학교 유학연구소, 2013, 197-219쪽.

15) 이선이, 「근대적 예술인식의 논리화 방식과 그 의미」, 『우리문학연구』, 우리문학회, 2015, 339-372쪽.

작용하면서 어우러져 있는 종합적 정신 작용의 산물임을 볼 수 있다. 기행문 하나를 통해서도 역사와 신화와 종교와 예술이 함께 서술되어 등장한다. 이는 현대 융합적 사고의 중요성이 강조되고 있는 시점에서 눈여겨볼 만 하다. 이 부분에서는 『조선상식문답속편』의 예술사에 대한 논의를 세 가지 지점에서 집중 점검하고자 한다. 첫째, 한국의 역사를 관통해서 예술사를 기술하는 과정 속에서 한국 예술의 창의성과 독창성이 존재하고 있다는 민족 주체적 신화관을 초지일관 견지하고 있는 것에 주목한다. 둘째, 한국의 예술은 종교와 밀접한 관련을 가지면서 신성성이 발현되는 과정 속에서 일종의 신화성을 가진다는 점을 중요하게 보고자 한다. 셋째, 한국의 예술사를 기술함에 있어서 문학성을 가미한 인문정신을 살피고 있는 점에 주목하고자 한다. 본 연구를 통해 신화적 상상력이 어떻게 융합적으로 예술 문화사 글쓰기에 활용되는지 살펴보기로 할 것이다.

2. 창의성과 세계성으로 한국의 예술을 읽다

최남선은 1917년 「예술과 근면(勤勉)」이라는 글을 통해 예술적 자각과 신념을 얻어 민족의 정신적 부활을 이루자는 계몽적인 글을 발표한 바 있다. 식민지 조선의 예술적 후진성을 극복하자는 계몽적인 문명론의 일환으로 볼 수 있다. 최남선에 의하면 예술가는 비상한 재주와 근면성과 고상한 품격을 가진 사람으로 정신적 수양을 가장 중요하게 힘쓰는 사람들이다. 따라서 예술적 정신 함양이 나라의 문화적 내공을 강화시킬 수 있으며. 식민지 상황을 극복하는 문화운동의 첩경이 될 수 있음을 예술론을 통해 논의한 것이라고 할 수 있다.[16] 당시 예술에 대한 이론적 점검은 근대 지식인들에게는 공통된 새로운 관심사 중 하나였다. 동시대 활동가인 문학인 중 예술론에 관심을 보인 대표적인 작가인 김동인과 이광수의 논의를 살펴보면, 소설가나 문학을 예술의 하부 영역에 두고 있었다. 1919년 김동인은 『학지광』에 〈소설가에 대한 조선 사람들의 상상을〉이라는 글을 통해 문학을 예술의 하위 범주에 두었고, 소설가 역시 예술가와 같은 위상에 두고 있음을 볼 수 있다.[17] 조금 지난 후 1922년 춘원 이광수는 『개벽』에 〈예술과 인생〉이라는 글을 통해 문학을 미적 영역인 예술의 영역에 배치하고 있음을 알 수 있다.[18]

최남선은 1946년 『조선상식문답』의 성공에 이어 1947년에는 보다 한층 학술적인 『조선상식문답속편』을 선보이면서 각 학문 영역의 전문성을 강화하였고, 1948년에는 『천만인의 상식』을 통해 보다 실천적이고 실용적인 상식을 강조하였다. 특히, 상식 논의에서 중간 부분을 차지하는 『조선상식문답속편』에서는 앞의 책과 뒤의 책에는 없는 예술분야에 대한 전문적 논의가 절반에 이른다는 외적인 특이성이 보인다. 이는 초기부터 최남선이 예술성 연구를 통해 문화의 후진성을 극복하자는 노력의 일환으로 읽어볼 수 있는 지점이라고 할 수 있다. 최남선이 논의하는 예술론에는 음악, 연극, 서예, 회화 등만이 들어간 한정적인 담론이라고 할 수 있다. 최남선은 「조선 문화의 본질」이라는 글에서 세 가지의 조선 문화의 특징을 강조한 바 있다. 첫 번째의 특징이 바로 조선 문화가 가지는 세계성이다. 두 번째는 조선 문화

16) 최남선, 「예술과 근면」, 『청춘』 제11호, 1917, 27-48쪽.

17) 김동인, 「소설에 대한 조선 사람들의 상상을」, 『학지광』 제18호, 1919, 46쪽.

18) 이광수, 「예술과 인생」, 『개벽』 제19호, 1922, 5쪽.

의 본질은 동북아적인 특성을 가지고 있다는 것이다. 이때 동북아의 가장 공통된 특징이 바로 무속 중심의 샤먼적 신앙 체계라고 말한다. 세 번째 조선 문화의 본질은 조선 문화의 반도성이다. 여기에서 반도성이란 한편으로는 대륙을 향하고 다른 한편으로는 해양을 향하는 융합적 특성을 가지고 있다는 것이다.[19] 이 각각의 요소는 본 논문에서 예술론을 읽어가는 중요한 이정표 같은 역할을 한다고 볼 수 있다.

조선 문화 본질의 첫 번째 특징이라고 언급했던 세계성은 예술을 바라보는 최남선의 시각에도 그대로 투영되어 나타나고 있음을 확인할 수 있다. 최남선은 우리나라의 예술을 통시적으로 바라봄에 있어서 창의적 수용과 자기화 과정을 거쳐 해외로 수출하는 온고지신적인 세계성을 가진 우수성이 있음을 중요하게 살펴보고 있다. 음악의 경우, 당나라의 위대한 문화가 신라에 축소판으로 들어와 음악과 가무가 전대에 비해 세계성을 획득하였고, 고려에서는 송의 고악(古樂)을 정리하여 신악(新樂)과 대성악(大晟樂)이 예전과 비교할 수 없을 만큼 정리되었고, 조선 성종 때에는 『악학궤범(樂學軌範)』을 만들어서 동방의 고악(古樂)을 이루었으며, 한말에는 레코드와 라디오의 역할로 음악이 항상 세계적인 내용을 가지고 있었음을 강조하고 있다.[20] 즉, 우리나라의 음악은 늘 밖에서 들어 왔지만 쉽게 우리에게 체득되어 다시 세계로 재소개되는 독창성과 개방성을 가지고 있음을 살펴보고 있다. 또한 고구려와 백제와 신라의 악기는 모두 일본으로 전래되어 우리민족이 창조적 전수자가 되었다는 것을 통해 세계성이 존재하고 있음을 살피고 있다. 따라

---

19) 최남선, 『근대문명문화론』, 경인문화사, 2013, 264-279쪽.

20) 최남선, 『조선상식문답속편』, 경인문화사, 2013, 141-143쪽. 본인용 도서는 페이지만 기록한다.

서 일본의 원시 음악은 질박하고 간소했지만, 반도로부터 대륙의 음악을 창조적으로 전수받게 되어 차차 추태를 벗어났다고 평가한다.[21] 연극에 있어서도 백제 무왕 시대 악사 미마지가 일본으로 건너가서 놀이하는 기악을 처음으로 전했다고 말하고, 일본에는 백제악으로 부르는 반도 계통의 무악이 희와 극의 일면을 가진 것이 있었다고 말한다. 『삼국사기』의 '도미전'과 『삼국유사』의 '서동이야기'도 일종의 극으로 볼 수 있다고 말한다.[22] 연극에서 세계성을 가장 잘 보여주는 것으로 최남선이 들고 있는 것 중 하나는 '사자춤'에 대한 소개라고 할 수 있다. 인도 서쪽에 사는 맹수 사자는 인도 고래의 관습으로 사자의 탈을 무와 희로 써왔다고 소개한다. 사자무는 고래의 무희 가운데 가장 오래되고 보편적으로 유행했었다고 한다.[23] 즉 최남선은 연극에서 '희'와 '극'의 특징이 개방성과 보편성과 세계성을 가지고 있음을 보여주고자 하였다.

최남선은 예술로서 서학 즉 서예에서의 세계성을 가장 잘 보여주는 것으로 신라말 구양순체의 확장을 들고 있다. 최남선은 글씨도 회화와 동일한 정열과 자신으로서 길러지는 존귀한 예술이라고 말한다. 고려의 김생이라는 인물은 붓을 쓰는 것이 마치 신과 같다고 평가하였고 그의 서체가 초서도 아니고 행서도 아닌 독특한 창의적 서체가 나왔다는 이인로의 평가를 재인용한다. 특히, 조선의 글씨에서 가장 세계적인 인물로 김정희의 서예적 능력을 높이 사고 있다. 회화에 있어서 세계적인 사람으로 일본 호류사에 벽화를 남긴 고구려 담징의 세계성에 주목하였다. 또한 일본 아스카 문명의 대

---

21) 최남선, 위의 책, 163쪽.

22) 최남선, 위의 책, 189-190쪽.

23) 최남선, 위의 책, 217쪽.

부분이 반도계라는 것을 역설함으로써 우리나라 예술의 세계성과 창조성을 강조해서 보여주고자 하였다.[24] 음악과 연극에서처럼 서예와 미술에서도 우리나라의 예술은 늘 주변과 소통하면서 개방성과 독창성을 가진 세계성을 보여주었다고 기술하고 있다.

최남선은 예술의 계몽성을 통해 문화 민족으로의 진입을 주창했는데, 이러한 문화관은 많은 기행문과 신화와 역사 연구들을 통해 계속적으로 추구해 왔다. 그러한 문화관과 예술관은 『조선상식문답속편』으로 계속 이어지고 있는 것을 확인할 수 있다. 최남선의 예술론 역시 그의 신화론처럼 다분히 역사적이고 실증적이고 의도적임을 알 수 있다. 즉, 우리의 예술이 주변국에 비해 우수성을 가지면서 세계성을 잃지 않고 문화적 전도사의 역할을 성공적으로 하고 있다는 논지를 놓치지 않고 있다. 이는 초창기부터 신화론에서 견지하고 있는 의지적이고 신념에 의거한 연구와 맥을 같이 하는 흐름이라 할 수 있다. 최남선은 1954년 『새벽』 창간호의 〈진실정신〉이라는 글에서 "민족이나 국민의 기본 가치는 시대에 따른 흥망으로 판단될 수 없다"고 말한다. 즉 민족의 역량적 가치 표준은 한 번 쇠망한 뒤에도 다시 일어나는 힘을 준비하느냐 못하느냐에 따른 것이고, 재건의 기백이 있는지 없는지에 따른 것이라고 강조한다. 즉 학문이 바로 서 있으면 그 국가와 사회는 역사상 빛이 날 것이고 그렇지 못한 나라는 존재 의의를 잃어버린다고 주장하고 있다.[25] 이러한 학문적 논리를 따르면, 우리의 문화에서 예술이 가지는 독창성과 세계성의 힘은 바로 문화 재건의 무한한 잠재적 힘이 될 것이라는 유추가 가능하다.

---

24) 최남선, 위의 책, 263-272쪽.

25) 최남선, 「진실정신」, 『새벽』 창간호, 1954,9.

3. 종교적 상상력으로 한국의 예술을 읽다

최남선의 문화사 연구에서 신화만큼 의지적인 연구 영역이 있다면 바로 종교적인 부분일 것이다. 일제의 '단군부정론'과 『삼국유사』에 대한 '승도망담설'에 학문적으로 맞서기 위해 단군연구가 본격화되면서 최남선의 연구는 자연스럽게 종교적 원류에 관심을 가지게 된다. 특히, 불교에 대한 연구가 다양하게 진행되었다. 금강산, 백두산, 남도일대 산 등에서 사찰을 탐방하면서 불교와 함께 신화적 상상력을 펼치고 있다. 나카 마치요(那珂 通世なかみちよ)가 효시가 된 '승도망담설'에서는 일연이라는 승려의 망설로 역사상의 사실을 왜곡했다고 주장하고 있었고, 최남선은 이것에 맞서기 위해서 불교와 우리의 신화서를 동시에 연구해야만 했다.[26] 단군에 대한 연구와 『삼국유사』에 대한 연구가 시작된 필연적인 지점이었다. 특히 부루와 불함과 밝에 대한 연구는 단군의 실체 규명에 대한 연구로 이어지면서 자연스럽게 단군을 종교의 원류로 여기는 대종교에 대한 지대한 관심으로 이어진다. 최남선은 1946년 『조선상식문답』과 1948년 『천만인의 상식』에서 다른 종교들보다 대종교의 기본적인 흐름을 자세히 반복 설명해주고 있음을 알 수 있다. 최남선에 의하면 대종교는 불교, 유교, 도교 등을 두루 받아들여서 부루의 도를 이루었고, 실행 위주의 종교로 민중 생활에 가르침을 주고 있다고 말한다. 이는 우리 민족에서 유구한 역사를 자랑하는데 일 년에 한 번씩 광명을 기념하는 가무의식이 역사적으로 끊이지 않고 지속되어 왔었다고 말한다. 고구려의 동명, 신라의 불구내, 고려의 팔관회, 조선의 부군굿 등이 단군

---

26) 최남선, 『단군론』, 경인문화사, 2013, 17-27쪽.

즉 대종교의 뿌리 깊은 전통이라고 설명한다. 현재 이는 여전히 10월 3일 개천절로 전해져오는 현재형인 종교적 현상이라고 평가한다.

단군에 대한 관심과 대응이 대종교로 이어졌다면, 『삼국유사』에 대한 '승도망담설'을 반박하기 위해 불교에 대한 연구가 전문화되기 시작했고, 전국토의 사찰에 대한 답사를 광범위하게 진행하고 있음을 알 수 있다. 일련의 국토기행은 불교와 무척 깊은 관련성을 가지는 것으로 보인다. 전라남도 지방의 산과 사찰을 중심으로 이어지는 『심춘순례』와 금강산을 기행하던 『풍악기유』와 『금강예찬』과 백두산의 종교성을 노래한 『백두산근참기』 등 다수의 기행문들에서 불교적인 성찰을 찾아볼 수 있다. 『금강예찬』의 〈천제의 석가신〉이라는 부분에서 "조선인에게 금강산은 산수풍경의 의미 외에 가장 신비롭고 깊고 아득한 심적 지주"라고 말한다. 심지어 금강산 곳곳은 단순히 산이 아니라 불교에서 말하는 저승의 명부를 관리하는 "영원동"으로 묘사하기도 한다. 더 나아가 불교의 미륵이 바로 "붉"의 번역어가 된다고 주장하기도 한다.[27] 『백두산근참기』에서는 백두산이 단순히 산이 아니라 동방원리라고 표현하기도 한다. 즉, "백두산은 동방문화의 가장 긴요한 핵심이고, 동방 의식의 높은 근원"이라고 강조한다. 따라서 "백두산은 동방에 있어서 일체의 중추가 되는 기관이며 일체의 생명이 되는 기관으로 만방을 윤택하고 왕성하고 새롭게 하는 것"이라고 말하고 있다.[28]

최남선은 불교뿐만 아니라 민족의 다양한 종교에 많은 관심을 가지고 연구를 진행하였다. 각각의 종교는 한국문화에 중요한 영향을 끼치고 있다고 주장하면서, 1946년 『조선상식문답』에서는 종교적 논의를 일목요연하게 정

27) 최남선, 『금강예찬』, 경인문화사, 2013, 18쪽, 29-30쪽, 43쪽.

28) 최남선, 『백두산근참기』, 경인문화사, 2013, 〈책머리에〉.

최남선이 밝사상을 발견했던 백양사

리하고 있다. 유교는 우리 문화에서 도덕이라는 것의 명분을 가지게 했고, 인생의 생활규범과 생활양식을 공동체 정신으로 만들었으며, 마지막으로 유학의 발달은 문학의 발달을 가져왔다고 보았다. 김동인과 이광수의 논리대로라면 유교가 문학을 융성하게 했고, 그 문학 안에 소설가와 문학작품은 예술의 영역이기 때문에 유교가 가지는 예술의 영향도 무시할 수 없다. 한편 불교는 초월성과 보편성을 가지기 때문에 위대한 감화력을 가지고 널리 받아들여져 왔다고 주장한다. 최남선이 바라보는 문화에 대한 불교의 영향은 불교로 인해 우리민족이 비로소 철학을 알게 되고, 불교로 인해 회화, 조각, 음악, 무용, 건축 등 다양한 온갖 예술을 활성화시킬 수 있었고, 마지막으로 불교는 인간에게 웅대한 이상과 포부를 가지게 해준다는 진취적 특성이 있다고 말한다. 후에 오는 기독교는 미신을 타파시켜주고, 국문을 발달시키고, 근대문명의 혜택을 빠르게 누리게 하고, 여성 해방에 적극적이고, 의례를 간소화시킨다는 특징이 있다. 국문을 활성화시킨다는 의미에서 문학과 문화 창달에 더욱 박차를 가해주는 종교가 기독교라는 것을 알 수 있다.[29)]

종교에 대한 기본적이고 전반적인 논의도 예술 연구에 무척 도움이 되지

29) 최남선, 『조선상식문답』, 경인문화사, 2013, 134쪽, 159쪽, 163쪽, 196쪽.

만, 그중 특히 불교는 직접적으로 우리 문화에 예술을 융성하게 도움을 주는 정신적 산물이라고 최남선은 강조해서 논의하고 있다. 그가 「조선 문화의 본질」의 두 번째 특성이라고 논의한 동북아시아의 무속 중심의 신앙체계는 아마도 대종교의 흔적들과 단군의 흔적들이 만나는 지점일 것이다. 조선에서 단군의 흔적을 기리는 부군 굿은 현재 당산 굿이라는 샤먼적 요소의 흔적이기 때문이다. 이러한 종교적 관심은 예술론을 기록하는 데에서도 잘 드러나고 있는데, 각 분야에서 문화적 유산과 연계되어 기술되고 있음을 확인할 수 있다.

음악에서는 삼한에서 삼국시대 전까지 방울, 붑, 고, 피리 등 네 가지가 종교적 용도로 쓰였다는 것을 알 수 있다고 기술한다. 후에 불교가 들어와서는 인도 기원인 악기인 징, 해금, 바라, 꽹과리 등 불교 색체의 악기가 등장해서 국민악을 이루고 있다고 말한다. 통일신라 이후에는 국선 풍류도의 영향으로 가무음곡이 많아졌다고 강조한다. 또한 음악의 향토화가 진행되면서 상원사 동종 비천상에서 보이는 것과 같은 하늘을 나는 선녀와 금이라는 악기가 도교적인 색체를 드러내고 있음을 알 수 있다. 고려와 조선에서도 음악의 발달이 종교와 깊은 연관을 가지고 있음을 알 수 있다. 즉, 고려악은 불교를 바탕으로 일본에 전수되는 우수성을 보였고, 조선에 와서는 비로소 유교의 흐름이 음악을 집대성하고 있다고 평가한다. 조선의 7대 왕인 세조는 아버지 세종의 위업을 이어 음악에도 심혈을 기우려서 적절한 악보 표시를 더해 『세조실록』에 실리게 되었다고 매우 높게 평가한다. 급기야 성종 때에는 조선 음악을 집대성해서 『악학궤범』을 완성하기에 이르렀다. 최남선은 유교적 이념이 잘 반영된 『악학궤범』이 조선 최고의 악전을 넘어 동양 고악의 연구에서 가장 잘 된 작품이며 학계의 보물이라고까지 평가한다.[30]

즉, 각 나라의 음악의 발달은 그 시대가 국교로 삼았던 종교에 많은 영향을 받고 있다는 지적인 것으로 보인다. 시대별 음악의 발달과 향유는 각 나라의 종교적인 성향과 매우 깊은 관련이 있음을 알 수 있다.

연극에 있어서도 종교의 영향은 음악만큼이나 매우 크다고 할 수 있는데, 최남선은 초기 연극이 종교적인 것과 매우 깊은 관련이 있음을 보여주고자 하였다. 즉, 연극은 신도를 섬기는 사람이 신령을 즐겁게 하기 위해 그 앞에 가무를 아뢰고 갖가지 재주를 부리는 신성한 의식이라고 말한다. 예를 들어, 최남선은 무당이 굿에서 '거리'마다 복색을 달리하는 것 역시 연극의 장면이 바뀌는 것을 시사한다고 보았다. 우리의 연극 역사에서 오락성을 둔 연극은 매우 투철하게 형성되지 못했지만, 종교에 기초를 두어 그나마 역사적 근거를 찾아갈 수 있다고 말한다. 최남선은 "극문학이 마치 종교행사의 '세간살이' 형국이었다"고 표현하였다.[31] 특히, 미술의 발달에 불교가 가지는 영향력은 지대했다고 평가한다. 불교의 특징으로 일찍이 최남선이 강조했던 예술의 발달이 바로 미술에 가장 강력하게 영향을 주었다고 볼 수 있다. 글씨의 경우에서는 전각이나 누각의 현판 서체인 액체의 경우만 보더라도 예술성의 발현으로 볼 수 있다는 것이다. 최치원의 〈쌍계사 진감선사비〉의 불교 도량에 쓴 현판 글씨체에서부터 서울의 유명한 4대문의 현판과 궁의 현판들 중 〈숭례문〉을 쓴 명종 때 유진동, 〈홍인지문〉을 쓴 명종 때 이황, 〈창덕궁〉을 쓴 성종 때 서거정, 〈경복궁〉을 쓴 고종 때 정학교, 〈덕수궁〉을 쓴 고종 때 이종태 등 유학자들의 글씨에 나타난 예술성도 유학이라는 범주에서 바라볼 수 있음을 기술하고 있다. 연극과 글씨

30) 최남선, 위의 책, 141-179쪽.

31) 최남선, 위의 책, 185쪽.

쌍계사 최치원의 진감선사비

에서도 유교와 불교의 종교적 영향이 매우 지대하다는 것에 최남선은 역시 주목하였다.

종교는 시대마다 다소 다르게 나타나지만 예술에 끼치는 영향은 매우 지대하다고 할 수 있다. 최남선은 종교란 언제 어느 곳에서든지 그 사회의 내부 생활이자 그 사람들의 근본정신이라고 말한다. 따라서 문명의 가장 근본적 동기는 대부분 거의 종교로부터 나온다고 말해도 과언이 아니라고 말하고 있다.[32] 특히, 불교에 대한 초지일관된 최남선의 관심들은 종교와 예술을 연결시키는 큰 고리로 작용하고 있음을 알 수 있다. 즉, 조선 불교가 최

32) 최남선, 『사론 종교론』, 경인문화사, 2013, 38쪽.

남선의 조선 신화 연구에 매우 결정적인 영향을 주었던 것처럼 예술적 비판에도 많은 영향을 주었던 것으로 보인다. 불교는 불교 석상과 불상과 불탑과 탱화 등 일련의 종교적 세계를 외부로 발현하는 대상에 상당히 많이 의존하는 종교이기 때문이다. 최남선은 『백두산근참기』의 〈세계적으로 위대한 광경인 삼지의 아름다움〉에서 "엷붉은 구름의 그림자와 금 비늘 돋친 찬란한 물결이 한데 어우러져서 "반짝반짝'으로부터 '숨얼숨얼'에까지의 큰 '새움'의 찬송은 높은 소리로 합창한다."라고 진술하면서 국토의 아름다움을 종교화하는 것을 보여주고 있으며, 한 발 더 나아가 예술로의 감성을 일으키는 것을 구체적으로 보여주고 있다.[33] 최남선에게 역사와 신화 인식은 실제적으로 국토 여기저기를 답사하게 하며, 그 답사의 현장들은 신화와 종교를 깊이 있게 이해하도록 유도하면서, 궁극적으로 예술적 감동으로 이어지고 있음을 볼 수 있다. 최남선은 예술을 바라보는 관점에 있어서 종교에 기반을 둔 신화적 상상력에 기반을 두고 주로 통시적인 접근을 시도하고 있음을 알 수 있다. 따라서 학문으로서 예술이라는 글쓰기의 양상을 보여주고 있다.

4. 한국 예술에는 문학성이 들어있다

최남선의 「조선 문화의 본질」에서 세 번째로 주장하는 문화의 본질적 특징은 조선 문화가 가지는 반도성이다. 이는 근대 초기 일본이 반도 문화

33) 최남선, 『백두산근참기』, 경인문화사, 2013, 108-117쪽.

론을 중국의 사대 관계를 두드러지게 강조하는 문화적 종속이론으로 활용하려는 것에 대한 문화적 저항의식이라고 볼 수 있다. 최남선에 의하면, 이 반도성은 기본적으로 대륙에도 속하고 해양에도 속하는 중간자의 특징을 가지면서 이 둘의 문화를 융합하는 종합적인 징검다리의 긍정적인 성격을 가진다고 주장하고 있다. 반도는 이중성의 성격을 사진다. 즉, 반도는 생각하기에 따라서 대륙의 끝자락이지만, 해양의 첫 관문이거나 입구일 수 있다는 아이러니를 가진다. 이에 대해 최남선은 일본과의 논쟁을 강력하게 펼친 적이 있었다. 바로 '토끼 모양론'과 '호랑이 모양론'의 대결이 그것이다. 일본의 고토 분지로(小藤 文次郎 ことう ぶんじろう)는 한반도를 토끼 형태론으로 규정함으로써 한반도인 스스로 한국을 업신여기게 하는 식민전략을 내세우고 있었지만, 이에 반해 최남선은 1908년 「봉길이 지리공부」라는 글을 통해 한반도의 호랑이 형태론을 내세워 정면에서 고토 분지로의 주장을 반격하였다.[34] 우리는 토끼 형태론과 호랑이 형태론의 논쟁이 시각적인 지리 형태에 민족적 정신이 들어갈 수 있다는 것에 적극적으로 대응한 결과라고 볼 수 있다.[35] 최남선은 반도 문화에 대해서 역발상의 정신을 도입시키고 있다. 따라서 최남선에게 호랑이로 대변되는 국토를 직접 여행한다는 것은 단순히 여행의 의미를 가지는 것을 넘어서는 실천적 민족 찾기의 개념이다. 최남선은 『소년』 창간호에서부터 여행의 적극적인 의미를 피력하였는데, 여행이 진정한 지식의 대근원이면서 근대적 지식인의 덕목이라고까지 의미를 격상

34) 최남선, 「봉길이 지리공부」, 『소년』 제1년 제1권, 신문관, 1908, 11, 67쪽.

35) 정민, 「한반도 호랑이 지도론」, 『한국학, 그림을 그리다』, 태학사, 2013, 339-350쪽. 여기에는 근대 한반도의 지리 형태가 잘 드러나고 있는데, 시각적인 형태에 민족의 의식이 들어가고 있음을 확인할 수 있다.

시킨다.[36]

최남선은 반도 문화라는 특징이 문화적 융합이 가능하다는 역발상으로 반도의 장점이 있다고 생각했고, 그의 예술론 역시 문학과 인문정신을 가미한 융합적 관점에서 살피고 있음을 알 수 있다. 최남선의 경우, 실존 예술가들의 경험적인 이력보다는 통시적 역사관을 기본으로 인문적 예술과 학문적 예술에 관심을 더 집중시키는 것을 볼 수 있다. 한국의 예술형성에 있어서 문학과의 융합적 성격이 두드러지고 있다고 보고 있다. 반도 문화가 대륙문화와 해양문화를 융합한 것처럼, 최남선은 한국의 예술이 문학과의 융합적 관련성을 가지고 발전해 왔음에 주목하였다. 중요한 예술적 특징이 문학작품과의 관련성 속에서 그려지고 있는 것에 특히 주목하고 있음을 알 수 있다. 먼저, 음악의 경우, '공후'라는 오래된 악기의 유래가 문학작품과의 관계 속에서 등장하고 있는 융합적 상상력의 산물이라는 것이다. 한나라의 곽리자고의 처 여옥이 불렀다는 민요인 『공후인』이 공후라는 악기의 유래와 깊은 관련이 있음을 살핀다. 최남선은 조선 후기에 음률과 풍류는 국어로 음악을 이르고, 줄풍류는 현악을 가리킨다고 지적하면서 『열하일기』를 인용해서 줄풍류의 기원을 영조 이후로 보며 청나라의 속악과의 연관성를 논의하였다.[37] 즉, 최남선은 다른 예술사와는 다르게 문학과의 관계를 중요한 축으로 보고 있음을 알 수 있다. 따라서 예술사 중 음악사의 정리에서 음악 자체만이 아니라 문학과의 관련성이 부각되면서 정리하고 있다.

음악의 영역에서 뿐만 아니라 연극에서도 문학작품과의 융합적 상상력이 매우 두드러지고 있음을 살필 수 있는데, 가장 대표적인 인문학 저서가

36) 최남선, 「쾌소년 세계주유시보」, 『소년』 제1년 제1권, 신문관, 1908,11, 77쪽.

37) 최남선, 위의 책, 158-160, 175쪽, 179쪽.

바로 『삼국유사』와 『삼국사기』임을 확인할 수 있다. 최남선은 『삼국유사』의 〈가락국기〉에서 뜻하지 않게 신비하고 웅장한 고대극의 한 장면을 발견하게 된다고 말한다. 그리고 『삼국유사』의 저자가 솔직 담백한 저술 태도로 고대극을 그대로 보여준 것에 대해 감사해야 한다고까지 치켜세우고 있다. 『삼국유사』와 『삼국사기』에는 용장(勇將), 은사(隱士)의 로맨스에도 천생의 극으로 생긴 것이 한 둘이 아니라고 말한다. 그 대표적인 예로 『삼국유사』의 '처용무'의 벽사진경의 춤을 그 예로 들고 있다. 『삼국사기』의 「악지」를 인용하면서 "최치원의 시에 향악 잡영시 5수가 있으므로 여기에 기록한다."를 인용하는 것으로 문학과 음악의 관계가 활용되고 있음을 확인할 수 있다. 이규보의 『통사』의 글을 인용하는 글에서는 희극을 즐기고 숭상하던 창우의 사회적 지위를 유추하였고, 임진왜란 후 사회적 피폐함 속에서 사신 영접의 폐해를 논의한 유형원의 『반계수록』, 이익의 『설호사설』, 유득공의 『경도잡지』를 인용하면서 연극의 두 가지인 산희(山戲)와 야희(野戲)를 설명하고 있다. 산희는 채봉을 엮고 포장을 치고 승무와 같은 춤을 추는 것을 말하고, 야희는 당녀와 소매로 분장하고 춤을 추는 것을 말한다. 성현의 「관극」이라는 시에서 "줄타기는 나는 제비처럼 가볍다."와 "백척간두 위에서 잔 잡고 춤춘다."등의 시를 통해 당시 나례의 기본적인 줄거리를 읽어내고 있다.[38] 최남선이 예술을 읽어내는 방식은 『삼국유사』, 『삼국사기』, 『통사』, 『반계수록』, 『설호사설』, 『경도잡지』 등 인문고전의 독서체험을 통한 문학의 간접적 연구의 결과들임을 알 수 있다.

서예의 경우에도 고전을 통해 널리 확산되었음을 알 수 있는데, 대표적

38) 최남선, 위의 책, 186-213쪽.

으로 조선 초기의 조맹부 서법을 『중도가』, 『천자문』, 『적벽부』들을 조맹부체로 판각하여 일반에게 예술로써 혹은 학문으로써 전파시켰다고 말한다. 그림의 경우, 임진왜란 이후의 사회적 풍경 기술에 주목해 볼 수 있다. 임진왜란과 병자호란을 겪고 나서 문화의 양상이 매우 달라지는 계기가 되는데, 미술에서는 그 현상이 더욱 두드러진다고 강조한다. 특히, 조속이라는 선비의 약진을 가장 주목하였다. 최남선은 조속이 학문만 하는 선비로서 천품이 고상하고 도타워서 매죽, 영모, 산수 등 여러 화법에 특이한 경지를 보이고 있다고 보았다. 본래 그림과 관련이 없는 선비가 스스로 그림의 경지를 개척함으로써 중국으로부터 벗어난 독창적이고 창의적인 화법에 이르게 되었다고 긍정적으로 평가하고 있다.

최남선이 바라보는 예술의 주요한 특징인 문학과 연계된 상상력은 당시 문학을 예술로 바라보던 이광수와 김동인의 사유와 일맥상통하는 예술론이다. 최남선이 조선 문화의 본질로 바라본 반도 국가는 융합적 가능성을 잉태한다. 조선은 음식, 의복, 주거, 생활풍습 등 다양한 활동과 문화에서 중국과 일본과는 다른 융합된 문화적 특성을 보인다는 것이다. 예술론에 있어서 본고가 바라보는 융합적인 성향은 문학작품 속에서 예술을 읽어내는 문학과 예술의 융합적 상상력의 가능성을 근대 최남선이 보여주고 있다는 점에서 주목할 필요가 있을 것이다. 최남선은 예술을 기술하는 데 있어서도 나름대로의 일정한 논리를 펴고 있는 셈이다. 최남선이 논의한 예술사 논의는 진행되고 있는 현장의 예술이라기보다는 역사적으로 지나간 것에 대한 통시적인 학문적 고찰의 형태로 진행되었다. 이는 다분히 예술 자체 내의 예술사라기보다는 인문적 예술사 기술임에 분명하다. 일제 강점기 한국의 역사를 제대로 알지 못한 채 광복을 맞이했고, 지식인으로서 상식의 깊이를 어느 정도 분류해서 논의를 시도한 것이 상식론 시리즈들이다. 1946년『조선상식문답』의 대상 독자는 일정 정도 학식이 있는 일반 대중들이라고 볼 수 있다. 한편, 예술사 논의가 절반 정도나 분량을 차지해 진행했던 1947년『조선상식문답속편』은 보다 전문화된 고급된 독자를 겨냥한 글이라고 할 수 있다. 과학사와 의학사와 예술사를 논의하는 과정에서 동일하게 보이는 사상적 원류는 인문고전과의 융합적 사유라는 점을 주목해 볼 수 있다. 고전 속에서 과학, 의학, 예술 등을 읽어내는 역동적 독서의 결과를 보여주고 있다. 특히 민족의 정신적 근간인『삼국유사』를 모든 각 분야의 정신적 토대로 삼고 진술을 펼쳐가고 있는 것은 그가 강조한『삼국유사』의 중요성을 상기시키는 대목이다. 그는『삼국유사』는 천금을 주어도 구할 수 없을 만큼 귀중한 자료이기 때문에 조선인들은 집집마다 구비해서 외우기라도 해야 한다고 강조하였다.[39] 최남선이 가장 마지막에 작성된 1948년『천만인의 상식』은 그야말로 천만 민중이 읽을 수 있을 만한 소략한 혹은 최소한의 상식적 측면을 다루고 있다.

근대 지식이 정립되기도 전 문화의 아노미 공간에서 가장 한국다운 문화라는 실체와 고갱이를 찾기 위해 분투한 사람 중 하나가 육당 최남선이라고 해도 과언이 아니다. 역사, 신화, 종교, 민담, 설화 등 민속과 문화 전반에 걸쳐서 한국학의 범주를 다양화한 것에도 상당한 업적이 인정된다. 또한 지식 연구로서 문화의 힘을 기르고, 민족을 각성하고, 더 나아가 자주적 정신을 가지고자 분투한 것도 인정해야 하는 사실이다. 하지만, 그가 성취한 것에 비해 그만큼 많은 연구가 활성화되지는 못하고 있는 것이 현실이다. 최

39) 최남선, 〈동아일보〉, 1927, 3,29, 〈독서계〉코너.

남선은 일본의 식민담론으로 시작된 단군 부정론을 맞서기 위해 수많은 단군 연구를 진행했다. 또한 일본에 400여 년 전 건너간 『삼국유사』를 국내로 다시 소개해서 그 중요성을 알리고자 한 것은 주목할 만한 일이다. 최남선은 문화 전반에 대한 연구를 집중하면서 특히 신화와 종교에 많은 관심을 두었고 민족의 정신 확립에 대한 연구를 진행했다. 최남선에게 신화는 종교이자 역사이자 예술임을 확인할 수 있다. 본 논의는 최남선이 조선 문화의 본질을 세계성, 동북아시아 종교성, 반도 문화성으로 정의한 것을 더욱 깊이 들어가서 조선 예술의 창의성과 세계성, 예술의 종교성, 예술의 문학적 융합성으로 재구성해 『조선상식문답속편』에 대한 예술 논의를 진척시켰다. 물론 당대 진행되던 예술의 현장을 담지 못한 예술사 기술의 한계를 가진다. 그러나 최근 현대의 학문적 화두의 하나가 된 융합적 글쓰기의 사례로 신화, 종교, 역사, 문화, 예술이 함께 재구성되는 최남선의 글쓰기는 시사하는 점이 많을 것으로 보인다.

| 제 4 부 |

자연과 동물과 인간의 융합 이야기

제 7 장

말의 신화적 상상력과 어린이 창의 체험을 연계하다

1. 신화 속에서 말이 걸어나오다

어린이들의 문화에서 테디베어, 장화신은 고양이, 미키마우스, 곰돌이 푸, 디지몬 몬스터, 도라에몽 등의 인기 있는 동물 캐릭터들은 또 하나의 어린이를 상징하고 있다. 아니면 동물들이 바로 어린이라고 해도 무방할 것이다. 김열규는 어린이 문학에서 동물들에게 말할 수 있는 능력을 빼앗고 사람처럼 생각과 행동을 못하게 하면 동화는 사라져버릴 것이라고 말한다.[1] 피아제가 아이들의 꿈을 관찰한 결과 상당수의 어린이는 꿈속에서 실제로 본 경험이 없는 동물들을 그리고 있다는 사실을 발견했다. 그렇다면 우리는

1) 김열규, 『엄마와 아이가 함께하는 동화교실』, 소금창고, 2005, 99-100쪽.

천마를 타고 크라켄을 무찌르는 페르세우스

지그문트 융이 말하는 집단무의식의 심층에는 동물에 대한 인간의 근원적인 향수가 존재한다고 유추해 볼 수 있다. 파브르 곤충기가 어린이들에게 변하지 않는 고전으로 남을 수 있는 이유 역시 과학적 호기심을 넘어서 동물 세계와 인간세계의 공통점을 발견하기 때문이다.[2] 실제 현대를 살아가는 아이들에게도 동물 이미지는 영상매체의 발달에 의해 더욱 더 그 상상적 외연의 폭이 넓어지고 있다. 어린이들이 좋아하는 애니메이션과 영화에는 반드시 중심 캐릭터를 수호하는 정령으로 동물 상상력이 활용된다. 청룡, 백호, 주작, 현무의 동양 사방신의 신화적 상상력은 어린이 문화 캐릭터의 단골 상징체가 되고 있다. 고대의 아이들이 벽화의 그림을 보면서 동물 이미지를 인격화시켰다면 현대를 살아가는 어린이의 마음속에 동물 이미지는 영상이 만들어놓은 이미지의 그림자에 어느새 익숙해진 셈이다. 일본의 신화학자 나카자와 신이치는 이러한 영상 즉 스크린에 투영된 환영을 보는 현대의 신화적 인간상들을 "포스트모던의 동굴인[3]"이라는 표현을 쓰고

2) 질베르 뒤랑, 진형준 옮김, 『상상계의 인류학적 구조들』, 문학동네, 2007, 89-91쪽. 제1장 〈동물의 모습을 한 상징들〉에서 피아제와 파브르의 동물 상상력을 언급하고 있다. 여기에서 그는 오스트레일리아의 쿠르나이 족이 상상계의 원형과 사냥술의 대상이 되는 동물들을 구분하고 있다고 지적한다. 사냥의 대상이 되는 동물들은 '지아크'라 부르고 이야기와 전설들 속에 등장하는 "특별한 동물들"은 '무크 지아크'라는 이름으로 부른다고 설명한다.

있다. 이 개념은 플라톤이 신화적 인간의 사고를 두고 동굴의 철학을 떠올린 것에 착안한 발상인데, 영상세대의 어린이를 설명하는 적절한 용어 풀이라고 할 수 있다. 그런데, 어린이 동물 상상력을 보면서 우리는 여전히 풀리지 않는 문제에 봉착하게 된다. 대표적으로 곰과 말에 대한 상상력을 살펴볼 수 있는데, 곰과 말은 인간들과는 참으로 오랜 시간 동안 가까운 동물 캐릭터이지만 의외로 우리나라 어린이 전래동화에서는 그다지 많은 이야기가 전해지고 있지 않다는 의문점을 낳고 있다.[4)]

먼저 곰 이미지의 차용에 대한 관심의 근본적인 이유는 우리 민족이 곰의 후손들이라는 데 있다. 『삼국유사』의 '고조선'편에 의하면 곰과 호랑이가 함께 동굴에서 마늘과 쑥으로 시련을 견디다가 결국 호랑이는 뛰쳐나오고 만다. 이어령은 이러한 단군신화를 해석하면서 곰이 한국인의 마음의 기호라는 말을 하고 있다.[5)] 호랑이는 현실적이고 외적인 힘의 상징이며, 곰은 이상적이고 내적인 힘의 원천을 상징한다는 것이다. 따라서 곰은 안으로 힘을 간직한 자라고 치켜올려진다. 곰은 한국인의 마음의 기호라고 이야기되고 있는데 왜 그 많은 세월동안 수많은 전승 이야기 속에서 곰에 관한 동화 이야기는 손으로 꼽을 정도로 적을까 하는 궁금증이 남는다.[6)] 고조선부터

---

3) 나카자와 신이치, 『곰에서 왕으로』, 동아시아, 2005, 97쪽.

4) 현대 문화에서 곰 이미지 차용은 다양하게 전개되고 있다. 테디베어, 티니위니, 곰돌이 푸, 폴라베어, 곰탱이, 팬돌이, 코카콜라 북극곰 광고, G마켓 곰 광고, 등 셀 수 없을 정도로 곰은 영상매체에 차용되고 있다. 말은 유명한 의류 잡화인 에르메스와 에트로 등에서 차용되고 있다.

5) 이어령, 『이어령의 삼국유사 이야기』, 서정시학, 2006, 49-51쪽.

6) 지금까지 전래되는 곰에 관한 신화나 전설 혹은 민담은 대략 다음과 같이 전해진다. 이정재, 『동북아의 곰문화와 곰신화』, 민속원, 1997, 249-299쪽. 내용을 정리한다.
① 곰나루 전설〈충청남도〉 ② 곰나루 전설〈경기도 의정부시〉 ③ 구례 곰소에 관한 곰나

시조로 삼았던 곰 신화에 대한 이야기가 고작 10여 편에 지나지 않는다는 것은 뭔가 석연치 않은 구석이 많다. 이러한 문제에 대한 질문을 〈동북아 곰 문화〉를 논의했던 이정재 또한 제기하고 있지만 그 역시 확실한 명제를 내놓지 못하고 단지 만주의 호랑이 문화의 우세를 우리의 기층문화와 연관시키고 있는 정도이다.[7] 김헌선은 이정재의 논의가 곰 문화, 곰 제의, 곰 신화의 광범위한 해석으로 오히려 동북아의 곰 신화의 특성을 제대로 파악하지 못했다는 비판적 문제의식을 제기했다. 그는 한국, 만주, 아이누의 곰 신화를 비교하면서 우리의 곰 신화가 동북아의 보편적인 신화소의 차용이라는 점을 강조한다.[8]

곰과 더불어 말에 대한 신화 상상력과 이야기 역시 매우 빈약하다는 것을 발견하게 된다. 역사적으로 우리 민족의 구성원들과 가장 오랫동안 함께 해온 동물임에도 불구하고 전승되는 이야기가 매우 적다는 것에 의문점을 가지게 된다. 말에 대한 연구는 곰 연구에 비해서 훨씬 더 부족한 편이다. 박환영[9]과 정호완[10] 정도의 논의를 살펴볼 수 있는데, 박환영은 몽골의 나

루 형 전설〈전북 완주군〉
④ 사람과 곰의 아들인 이여송〈충북 영동군〉 ⑤ 고마나루의 유래〈전북 군산시〉 ⑥ 곰이 나은 자식〈경북 성주군〉
⑦ 암곰과 살았던 백령도 도사〈전남 신안군〉 ⑧ 곰과 혼인한 노인〈경북 대구시〉

7) 이정재, 『동북아의 곰문화와 곰신화』, 민속원, 1997, 181-184쪽.
〈곰 우위 문화에서 호랑이 우위의 변이 과정〉이라는 장에서 곰 이야기가 쇠퇴한 이유를 설명하기 위해 장백산 지역의 설화를 예로 들고 있다. 배고픈 호랑이는 배가 고프면 다른 곳으로 가서 먹이를 구하는 반면, 곰은 그 행동이 소극적이어서 호랑이가 곰과의 싸움에서 승리하였다는 이야기들이다.

8) 김헌선, 「동북아시아 곰 신화 비교 연구-한국, 만주, 아이누의 곰 신화를 중심으로」, 『아시아문화14권』, 한림대학교 아시아 문화 연구소, 1999.

9) 박환영, 「몽골의 나담 축제와 유래담 고찰」, 『구비문학연구』, 한국구비문학회, 2007,

담 축제에서 말과 관련된 스토리텔링을 소개하면서 우리나라의 말 문화를 유추할 수 있는 단서를 제공했고 정호완은 말에 대한 언어문화 교육이라는 측면에서 말과 관련된 신화, 고사, 전설, 속담 등을 언어교육에 활용하고자 하였다. 본 논고는 정호완의 논의와 신화적 상상력이라는 부분에서 일정부분 상호 연관성을 갖는다. 말은 예로부터 우리의 일상생활에서 매우 긴밀한 연관성을 가진 동물이다. 말은 천마도와 천마총의 상징처럼 죽은 자의 영혼을 이승에서 저승으로 데려다주는 사신의 신화적 상상력을 고대부터 가지고 있었다. 『삼국유사』는 우리나라의 신화, 문화, 지리, 예술 등 총체적인 인문과학서라고 부를 수 있는데, 우리는 여기에서 말의 기능이 신성성을 부여하는 신이한 능력과 강력한 권력을 상징화시키는 소재로 다양하게 활용되고 있다는 것을 알 수 있다.

동물과 신화의 상상적 교감을 통한 어린이 창의교육의 가능성을 살피고 창의적인 교육 효과의 가능성에 대해서 살펴보고자 한다. 이 논의가 가능해지도록 기존의 동물과 어린이 창의교육과의 연관성을 논의한 연구들을 먼저 살피고 난 후에 세 가지 연구단계를 밟을 것이다. 현재 동물을 활용한 체험의 창의교육에 대한 연구는 그다지 많지 않은 형국이다.[11] 애완곤충을 비롯

241-268쪽.

10) 정호완, 「말 토템과 언어문화 연구」, 『교육연구』, 대구대 사범대학 부설연구소, 2008.

11) 김소윤, 「애완학습곤충 소비자의 행동 모니터링」, 『한국응용곤충학회지』 52권, 한국응용곤충학회, 2013.
박명옥, 「모둠별 애완동물 기르기 체험학습 프로그램이 초등학생의 사회성 및 또래 관계의 질에 미치는 영향」, 『한국실과교육학회지』 24권, 한국실과교육학회, 2011.
정혜윤, 윤나리, 윤성혜, 이정민, 「초등학생의 학업적 자기효능감과 학습실재감이 사회과 성취도에 미치는 영향」, 『사회과교육연구』, 18권 1호, 2011.
이윤정, 「창의적 체험활동을 위한 의생활 영역의 창의, 인성 교육 프로그램 개발」, 『한

한 애완동물 기르기가 어린이의 자기효능감을 높이고 정신적 · 심리적 건강성에 긍정적인 영향을 끼친다는 결과이다. 말과 관련해서 세 가지에 초점을 맞추어 살펴볼 것이다. 첫째, 현재 어린이 창의성을 향상시키기 위해 동물의 신화적 상상력이 인류문화에서 어떻게 이루어지고 있는지 신화적 의미화와 기호화 과정을 고찰한다. 둘째, 현재 진행되는 동물 매개 체험활동 프로그램이 가지는 의미와 그것이 어린이 문화에 어떻게 투영되어 창의성을 발현시킬 수 있는지 살펴볼 것이다. 세 번째, 말 관련 활동에서 놀이적 상상력을 읽어보고자 한다.

2. 동물의 신화적 상상력과 어린이 창의성이 연계되다

동서양의 신화에서 동물의 신화적 상상력은 매우 보편적인 문화현상이다. 들뢰즈와 가타리는 바깥으로의 이행을 되기 즉 생성으로 부르고 있다. 신화의 동물 이야기는 그런 의미에서 동물-되기라고 할 수 있다. 들뢰즈와 가타리는 동물-되기를 이야기하면서 윌라드의 쥐-되기, 한스의 말-되기, 에이허브 선장의 고래-되기, 카프카의 쥐-되기, 로렌스의 거북이-되기, 그리고 한 문인 화가의 물고기-되기 등을 예로 들고 있다.[12] 인간의 동물-되기에는 다양한 사유의 장이 펼쳐진다. 한국 전래동화에도 복수를 갚기 위한 여인의

국실과교육학회지』v27, 한국실과교육학회, 2013.
이소윤, 원희윤, 「동물체험활동이 유아의 정서지능 및 심리적 건강성에 미치는 영향」, 『한국보육지원학회지』, 10권, 한국보육지원학회지, 2014.

12) 질 들뢰즈, 팰릭스 가타리, 김재인 옮김, 『천개의 고원』, 새물결, 2001.

함평 나비축제

뱀-되기, 은혜를 갚기 위한 까치-되기, 사랑을 지키기 위한 처녀의 호랑이-되기 등 다양한 동물-되기 과정이 보인다. 즉 수많은 동물-되기는 단순한 상태에서부터 고차원적인 자연과의 합일까지 다양한 가치를 드러낸다. 동물-되기를 통해 우리는 인간과 자연의 상호소통적 다양한 스펙트럼을 경험할 수 있다.

현대 동물을 어린이 치유와 창의적 상상력에 활용하는 것은 다양한 동물-되기의 응용적 상상력이 된다. 여러 가지 동물-되기의 예를 살펴보기 위해 어린이 문화에 깊숙하게 들어가 어린이와 교감하면서 창의력 향상에 도움이 되는 동물의 신화적 상상력을 먼저 고찰하기로 하겠다. 여기에서 어린이 동물 상상력과 창의력의 관계를 살펴보기 위해 각종 문화매체와 콘텐츠 속에서 동물의 신화적 상상력이 어떤 기호작용을 거쳐 어린이와 상상적 교감을 이루어내는지 논의해볼 것이다. 따라서 동, 서양의 신화와 문화에 등장하는 대표적인 동물 상상력을 살펴보기로 하겠다. 동물 상상력은 다양한 기호작용을 거쳐 어린이에게 수용되고 있다. 임의적으로 네 가지로 나누어 동물의 기호작용을 알아본다. 첫째, 공간의 이동에 대한 욕구를 기호화하는 동물-되기의 예로 코끼리와 개를 들 수 있다. 둘째, 인간의 성장과 동일시한 동물-되기의 기호작용으로 기린에 대한 기호화 과정을 살펴볼 것이다. 셋째, 뱀-되기를 통해 삶과 죽음에 대한 인식을 보여주는 기호화 과정을 살펴볼 수 있다. 넷째, 사랑과 좌절 등의 과정을 알아보기 위해 나비와 거미 등이 신화에서 기호화되는 의미를 살필 것이다.

첫째, 공간에 대한 이동의 상상력은 어린이의 창의적 상상력을 넓힌다. 대표적으로 코끼리와 개를 들 수 있다. 먼저, 코끼리는 인간을 한 곳에서 다른 곳으로 이동시켜주는 기능을 한다. 코끼리는 인도 신화에 등장하는 길조이다. 인도에서 석가모니의 탄생과 연결되는 신성한 동물이 바로 코끼리임을 상기해볼 수 있다. 〈호튼〉이라는 애니메이션의 원작을 쓴 닥터 수스는 1950년대 동화 작품 "호튼이 누군가를 들었다.(Horton Hears A Who)"를 집필했다. 그리고 이 동화를 바탕으로 애니메이션 〈호튼〉 영화는 2008년도에 만들어졌다. 닥터 수스는 코끼리 호튼이 꽃 위에 걸린 작은 티끌 안의 세계에서 들려오는 어떤 작은 소리를 듣는다고 썼다. 그런데 그 티끌 안의 세계는 우리의 세계만큼이나 정교하고 잘 갖추어진 또 다른 세계인 것이다. 아무도 이 사실을 믿지 않지만 호튼은 티끌 안의 사람들이 안전한 곳에 살 수 있도록 무사히 그들의 세계를 산꼭대기로 이동시킨다. 코끼리는 현실세계와 티끌세계를 연결시켜주는 징검다리인 것이다. 동양고전 〈장자〉의 잡편 〈칙양현〉에는 〈와각지쟁蝸角之爭〉이라는 말이 있다. 즉 달팽이 뿔 위의 전쟁이라는 뜻으로 쓸모없는 것의 무용함을 빗대어 하는 말이다. 위왕과 제왕이 전쟁 준비에 한창일 때 대진인 노인은 위왕에게 그 전쟁이 달팽이의 뿔 위에서 벌어지는 것임을 일깨워준다. 자기가 준비하는 전쟁이 기껏해야 뿔 위의 사건임을 깨닫고 위왕은 전쟁을 접는다. 즉 〈호튼〉과 〈와각지쟁〉의 이야기는 우리에게 또 다른 세계가 존재할 수 있다는 것을 보여주는 것이기도 하다.[13]

〈호튼〉은 우리가 사는 곳이 절대적인 장소가 아니라 상대적인 곳임을 알리는 이야기이기도 하다. 따라서 코끼리 호튼이 주는 의미는 상대적 진리에 대한 존중이라고 해석될 수 있을 것이다. 네팔 왕비의 꿈속에서 은은하게 빛나는 푸른 달빛 사이로 하얀 코끼리 한마리가 활짝 핀 연꽃을 가져오는 이야기를 살펴볼 수 있다. 그때 감미로운 음악소리가 들렸고 나무들마다 꽃이 활짝 피었다고 한다. 그것은 중생의 고통을 구원하기 위해 고행을 자처했던 석가모니의 탄생을 알리는 태몽이었던 것이다. 따라서 코끼리는 불교문화에서 중생을 구원하는 매우 소중한 상징물이며 행운을 주는 의미를 가진다고 한다.

코끼리에 이어 공간의 이동을 상징화로 살펴보는 다른 대상은 개다. 이집트 신화에 등장하는 아누비스는 개를 상징화시킨 것으로 이승과 저승의 영역을 오간다는 점에서 공간의 이동과 삶과 죽음의 기호화 과정에도 활용되는 상징물임을 알 수 있다. 개는 인간이 가장 친숙하게 가까이에서 접하는 동물이기 때문에 아마도 신화에서 자주 나온다고 볼 수 있다. 개머리의 인간인 아누비스는 지하의 신 오시리스 옆에서 죽은 사람들을 이승에서 저승으로 데려오는 역할을 담당한다. 우리 문화의 의미로 치자면 저승사자인 셈인데, 그는 개머리를 한 하이브리드 인간이다. 코끼리가 현실과 티끌의 세계를 이어주고 있다면 아누비스의 상징인 개는 저승과 이승을 연결해주는

13) 장자, 김학주 옮김, 『장자』, 연암서가, 2010.

매개체로서 삶과 죽음의 징검다리인 셈이다.

둘째, 신화적으로 인간의 성장과 동일시되는 것은 기린이라고 볼 수 있다. 신화 속에 등장하는 〈기린〉은 동양에서 신성한 동물이자 상상속의 동물이다. 『삼국유사』가 집필된 '인각사' 절의 의미는 바로 기린의 뿔이라는 뜻이다. 신화 속에 나오는 기린은 태평성대에만 나오는 신령한 동물이었다. 용, 거북, 기린, 봉황은 영험한 네 가지 동물이라고 해서 사령이라고 불렀다. 성인이 세상에 났을 때만 모습을 드러낸다고 하는 이 신성한 동물은 기라는 수컷과 린이라는 암컷이 자웅동체인 동물로 외뿔을 가지고 있다. 이러한 모습은 서양의 유니콘과 비슷하다. 고구려 벽화에는 이 기린이 매우 자주 등장한다. 그런데 현무가 등장하면서 사신에서 기린이 빠지게 되었다고 하는데 아마도 별자리가 없어서일 것이라고도 하고 방위와 연결되지 않았기 때문이라고 하기도 한다. 봉황과 기린이 모두 수컷과 암컷이 합쳐졌다는 것은 어쩌면 인간의 서로 다른 이원화된 속성을 하나로 통합하려는 이야기가 아닐까 하는 생각이 든다. 양성적인 인간이 문화의 역동성을 발휘할 수 있는 것과 같은 이치이다. 성장한 자식을 이르는 말로 '기린'이라는 용어를 사용하기도 한다.

셋째, 삶과 죽음의 기호화를 가능하게 해 주는 〈뱀〉의 기호화 과정을 살펴볼 수 있다. 뱀은 자연 생태계적 속성으로 볼 때 탈피를 거듭하기 때문에 불멸의 의미와 연관되거나 변신의 의미와 연관된다. 특히, 수메르 신화에 등장하는 뱀은 불멸의 상징이다. 세계에서 가장 유명한 뱀 이야기인 수메르 신화의 뱀은 길가메쉬의 불로초를 삼켜버린 것으로 유명하다. 길가메쉬는 늙은이가 젊은이가 된다는 뜻이다. 즉 인간의 영원불사의 욕망을 담은 이름이라고 하겠다. 길가메쉬의 영웅성은 신들이 부러워할 만했고 그의 용맹함은 인간들에게 자랑이었다. 그에게는 자신의 분신 같은 친구 엔키두가 있었다. 길가메쉬와 엔키두가 힘을 합하면 신들도 골탕을 먹기가 일쑤였다. 그래서 신들은 길가메쉬에게 엔키두를 빼앗아가면서 그의 신적인 영웅성을 꺽으려고 했다. 자신의 분신 같은 친구 엔키두가 죽어버리자 길가메쉬는 삶에 대한 심한 회의를 느낀다. 죽는다는 것이 무엇인지 회의하면서 영원히 살 수 있는 방법을 찾아 길을 떠난다. 그는 이미 인생의 심연을 본 우트나피쉬틈에게 가서 불로장생의 비밀을 얻는다. 그리고 바다의 끝 심연에 가서 어렵게 불로장생의 약초를 가져오게 된다. 왕국으로 돌아오는 그는 더위를 참지 못하고 강에서 약초를 두고 목욕을 하러 간다. 그러나 길가메쉬는 자신의 약초를 뱀이 먹어버린 것을 확인한다. 물속에서 나와보니 이미 뱀은 그 약초를 먹고 허물을 벗어던지고 어디론가 사라져버린 후였다. 허무한 생각에 자포자기를 할 것 같은데, 역설적이게도 그는 허무한 인생에 대한 답을 얻게 된다. 길가메쉬는 이미 심연을 본 사람이 된 것이다. 그는 인생의 진리에 통달한 사람이 된 것이다. 즉 영혼이 불로장생을 얻은 것이다. 이는 길가메쉬가 긴 여행을 통해 얻은 진리이다. 결국 불로장생이란 자기의 한계를 자신이 온전히 알아가는 깨달음이라고 말할 수 있다.[14)]

영웅 길가메쉬의 이야기 이외에도 뱀은 신화에서 가장 중요한 대상 중 하나이다. 아담과 이브의 뱀에서부터 의학의 신인 아스클레피오스의 지팡이의 뱀과 헤르메스의 지팡이 카뒤세의 뱀 문양을 떠올릴 수 있다. 아스클레피오스는 아폴론 신의 아들이었다. 인간 코로니스라는 여자와 아폴론 사이를 이간질시키는 까마귀의 거짓말을 믿고 아폴론 신은 코로니스를 죽인다. 그러나 그것이 거짓된 말임을 알고 아폴론은 그녀의 뱃속의 아들을 꺼내 살

14) 김산해, 『최초의 신화 길가메쉬 서사시』, 휴머니스트, 2005.

려내는데 그가 바로 아스클레피오스이다.[15] 이러한 아스클레피오스는 의술의 신이 되고 그의 휘장에는 뱀의 문양이 세겨진다. 따라서 뱀은 죽은 자를 다시 살려낸다거나 변태를 한 몸에서 다시 새롭게 탄생한다는 상징적 의미를 가진다. 다시 뱀의 상징성을 논의할 때 메두사의 머리는 논의의 고려 대상이 될 수 있다. 메두사의 머리를 장식하는 징그러운 뱀은 수메르신화와 아스클레피오스의 뱀과는 다소 다른 상징성을 가지기 때문에 빼놓을 수는 없다. 가장 아름다운 머릿결의 소유자인 메두사는 머리카락이 모두 뱀으로 변해버리는 형벌을 받는다. 그 뱀은 머리를 가르면 하나씩 더 늘어나는 이상한 괴력도 가진다. 치명적인 아름다움에 대한 경고가 들어있다고 볼 수도 있고 인간을 매혹시키는 팜므파탈의 양면성을 보여주는 것일 수도 있다. 또한 뱀은 우리의 『삼국유사』에서도 자주 등장하는 영물인데 '임금님 귀는 당나귀 귀'를 연상시키는 경문왕의 이야기에도 등장한다. 경문왕은 신라에서 유일하게 화랑출신의 왕인데 그는 늘 주변에 뱀을 두고 잠을 잤다고 한다. 이때 뱀은 경문왕의 취약한 왕권을 상징하는 간신을 상징화할 수 있다.

넷째, 나비와 거미는 인간의 사랑과 교만을 상징적으로 이야기해주는 기호작용을 보여주기도 한다. 이는 주로 생태적인 속성과 연관시켜 의미화되고 있다. 이를테면 나비의 성장과정을 통해 인간의 성숙을 이야기한다거나 거미의 거미줄 만드는 것을 보면서 일상의 직물 문화와 재능에 대한 교만함 같은 신화적 상상력을 결합시키는 기호화 과정을 가진다.

신화에서 〈나비〉는 프쉬케를 상징한다. 프쉬케는 마음이라는 뜻으로 나비의 영혼을 의미한다. 아프로디테는 인간들이 어느 날부터 자신보다 프쉬

---

15) 토마스 불핀치, 이윤기, 『불핀치의 그리스 로마 신화』, 창해, 2000.

케를 더 찬미하자 질투가 생긴다. 아들 에로스에게 가서 프쉬케를 괴물과 사랑하도록 명령하지만 정작 에로스는 그녀를 사랑하고 만다. 그래서 그는 자신의 정체를 괴물로 숨기고 프쉬케를 산꼭대기로 제물로 데려와서 그녀와 사랑을 나눈다. 그는 그녀에게 자신을 보려 하지 말라고 단속하지만 결국 언니들의 꼬드김에 넘어가 몰래 촛불을 켜서 에로스를 확인하고 만다.[16] 신화에서 금기가 파기되는 것은 신화의 세계에 긴장감이 돌게 하고 역동적인 이야기를 유도하는 역할을 담당한다. 그래서 사랑은 마음이 그만큼 중요한 것이라는 기호작용을 보여주고 있다.

신화에서 〈거미〉는 아라크네를 상징한다. 거미는 그 생김새도 이상하지만 하는 일도 매우 신기해서 옛날 사람들의 상상력을 자극했던 신화적 동물이다. 엉덩이에서 끝도 없이 실을 잡아당겨 집을 짓고 있다. 그래서 신화 속에서도 거미는 흥미로운 이야기 거리를 제공한다. 아라크네와 아테나의 이야기를 통해 거미 상상력의 원천적 의미를 살펴보기로 한다. 아테나는 인간인 아라크네가 베를 잘 짠다고 교만을 부리자 그녀와 시합을 하기로 한다. 당연히 인간인 아라크네는 아테나 여신에게 지고 만다. 아테나에게 진 아라크네는 그녀의 오만함으로 인해 거미로 변하게 되는데 거미가 되어버린 그녀는 쉬지 않고 실을 뽑아야 하는 고된 운명을 가지고 평생 동물 상태로 살아가야 한다.[17] 결국 인간에 대한 신뢰의 중요성으로써 나비의 상징성과 인간의 겸손함의 미덕을 상징화시킨 거미의 의미이다. 중국 신화를 연구하는 신화학자인 김선자는 중국 소수민족의 신화에 등장하는 샤티엔바라는 태양 여신이 거미의 상징이라고 말한다.[18] 거미는 동서양 모든 사람들에게 무에

---

16) 토마스 불핀치, 이윤기, 같은 책.

17) 토마스 불핀치, 이윤기, 같은 책.

서 유를 창조한다는 상상력을 던져 주고 있다. 거미의 상상력은 베를 짜는 여신의 상상력으로 이어지는데 중국 태양의 여신이 베를 짠다는 상상력은 그대로 우리나라의 〈연오랑과 세오녀〉를 기억하게 한다. 세오녀가 옷을 짜서 보내주었고 그 옷으로 다시 태양을 찾는다. 태양과 여신과 거미와 직물은 동서양 공통된 신화 상상력의 산물이다.

동물의 신화적 상상력은 어린이들에게 삶을 간접적으로 체험하게 해주는 상징적 기호작용을 한다. 이러한 동물 이야기가 더욱 설득력을 얻으면서 신화적 상상력으로 이해될 수 있는 것은 동물의 모습과 생태적 환경을 신화의 이야기가 잘 반영해 주고 있기 때문이다. 동물원 같은 곳에 등장하는 코끼리 차는 이동의 상징성을 가지기 때문에 그 신화적 상상력은 더욱 설득력을 발휘하며 뱀의 변태과정은 역시 삶과 죽음을 상징화시키기에 적절하다. 거미가 내뿜는 거미줄의 이야기가 자연스럽게 인간의 교만과 결합한 형벌이라는 의미를 획득하는 것이다. 따라서 동물의 신화적 상상력이 다양한 어린이 문화매체에 활용되어 어린이의 사고력과 창의성을 향상시키는데 기여할 수 있을 것이다.

3. 동물 매개 체험교육이 창의성을 주다

현재 우리사회에서 고령화와 저출산으로 반려동물이라는 신개념이 그 어느 때보다 문화적 중심 영역에서 관심을 받게 되었다. 가장 보편적인 반

---

18) 김선자, 『중국소수민족 신화 기행』, 안티쿠스, 2009.

려동물은 개와 고양이 정도인데, 점점 그 종류는 다양해지고 있는 추세이다. 이러한 시대적 상황과 연계되어 과거와 다르게 우리문화는 동물을 축제의 전면에 활용하는 빈도가 많아지고 있다. 특히, 초등학교의 동물 체험학습은 주로 이러한 동물 축제를 활용하면서 이루어지고 있는 경우가 많다. 가장 많이 활용되는 동물체험축제는 〈함평 나비축제〉와 〈무주반딧불이 축제〉를 들 수 있는데, 이들 축제는 지역과 동물체험을 전면적으로 내세운 가장 대표적인 체험축제이다. 〈장수풍뎅이〉와 〈승마체험〉은 여기저기 축제에서 다양하게 활용하는 동물체험 상상력이다. 이러한 동물체험 프로그램은 어린이들에게 창의적 상상력과 생명에 대한 경외감을 동시에 체험하게 해주며 신화

곤충으로 보는 오디세이(제주 프시케월드)

와 같은 이야기에서 상상하거나 유추할 수 있는 의미를 투영하는 상징적 기능을 담당한다.

어린이 동물체험이라는 개념은 어린이 심리와 정서에 관한 연구로 자연스럽게 이어지고 있는 것을 발견할 수 있는데, 3, 4세의 아이들에게 12회 동물체험을 시켰더니 자기 정서의 이용, 타인 정서의 인식 및 배려, 자기 정서의 인식 및 표현, 감정 조절 및 충동 억제에서 동물체험활동을 경험한 집단의 정서지능이 통제집단보다 높은 것으로 나타났다고 한다.[19] 즉 동물체험활동은 어린이들에게 자기표현을 향상시키는 긍정적인 효과가 있다는 것이다. 애완동물이나 애완곤충체험활동이 또래관계의 사회성에 긍정적인 영향을 끼친다는 연구가 진행되기도 하였다. 즉 초등학생들의 동물체험활동이 개인의 심리적 안정과 치유에 관한 것에서 나아가 사회적 소통을 원활하게 해준다는 논의이다. 모둠별로 애완동물을 기르는 체험을 통해 초등학교 학생들의 사회성과 또래 문화를 원활하게 형성한다는 논의는 동물체험학습의 긍정성을 보여주는 예라고 할 수 있다.[20]

어린이 창의성을 위한 프로그램은 크게 두 가지 영역으로 나누어 분석될 수 있다. 하나는 무생물의 체험으로 박물관 체험, 과학관 체험, 농촌체험, 다문화체험, 의생활 체험 등이 이루어지고 있으며, 다른 하나는 동물과의 정서 공감을 중요하게 생각하는 직접적인 동물체험활동으로 나비, 장수풍뎅이, 반딧불이 등의 곤충체험과 말과 같은 교감 동물체험으로 분류해 볼 수

19) 이소윤, 원희윤, 「동물체험활동이 유아의 정서지능 및 심리적 건강성에 미치는 영향」, 『한국보육지원학회지』, 10권, 한국보육지원학회지, 2014.

20) 박명옥, 「모둠별 애완동물 기르기 체험학습 프로그램이 초등학생의 사회성 및 또래 관계의 질에 미치는 영향」, 『한국실과교육학회지』, 24권, 한국실과교육학회, 2011.

있다. 이렇게 나눈 동물체험의 유형을 크게 두 가지로 다시 세분화시켜 나누어볼 수 있다. 즉 보고 느끼는 소극적인 체험과 직접 공감을 끌어내어 교감하는 체험으로 나누어볼 수 있다. 박물관과 과학관과 같은 체험교육의 창의성은 지식을 직접 체험한다는 학교 교과 확대의 의미를 가지지만 동물을 체험하는 체험교육적 효과는 삶의 질서와 인간의 사회상을 간접적으로 체득하여 내재화한다는 적극적인 의미가 있다. 인생의 삶과 죽음을 비롯한 자연의 질서를 체득하게 되는 동물체험이 어린이 문화에 어떤 투영성을 가지고 있는지 살피고 특별히 말과 같이 교감하는 동물체험이 어떻게 융합적이고 창의적인 인격형성에 도움을 주어 학습 향상과 창의력 향상으로 나아가는지 알아볼 수 있다. 이 장에서는 대표적인 동물체험 콘텐츠로 〈함평 나비축제〉와 〈무주 반딧불이 축제〉의 의미생성을 살피고 축제들에서 양념처럼 활용되는 〈장수풍뎅이 체험〉과 〈말 체험〉이 어린이 창의성 향상과 어떤 연계 가능성을 가지는지 살피고자 한다.

보고 듣는 체험인 〈함평 나비축제〉와 〈무주반딧불이 축제〉 혹은 다양한 〈장수풍뎅이 축제〉는 전시된 것을 관찰한다는 점에서 소극적인 체험의 형태를 가진다. 즉 이들 체험의 주 핵심은 삶과 죽음의 순환을 이야기하는 생태학적 측면을 중요하게 부각시켜 인간의 생명에 대한 경외감을 향상시킨다. 여기에서 다시 들뢰즈의 동물-되기의 관점이 활용될 수 있는데, 동물-되기는 결국 타자-되기의 과정을 보여주고, 타자-되기는 인간의 상호소통으로 이어지는 과정을 보인다. 디즈니 애니메이션 〈꿀벌대소동〉을 보면 꿀벌의 세계에서 인간의 세계로 나들이 나온 사회 초년병 벌은 인간들이 자기들의 꿀을 훔쳐 간다는 사실을 알게 되고, 그러한 인간들에게 저항하기로 한다. 꿀벌들이 더 이상 화분을 하지 않자 세상에 꽃이 사라지게 되는 역공이 시작되는 이야기이다. 인간 중심의 세계에서 타자로 인식된 자연의 대상물이 주인공이 되는 상황을 그리고 있다.

나비체험은 어린이의 친환경적인 행동과 태도에 영향을 미칠 수 있다는 연구결과가 있다.[21] 그러나 〈함평 나비축제〉의 나비체험활동은 비단 생태적인 것에만 머무르지 않는다. 자연의 순환 안에서 인간이 가지는 위치를 느끼게 해주는데, 나비 세계에 이방인인 인간이 초대되어 들어간 느낌을 준다. 이는 〈장자〉의 〈제물론〉에 장주가 나비가 된 이야기를 떠오르게 한다. 장주는 꿈에 나비를 보았는데 나비가 장주인지 장주가 나비인지 알 수 없었다는 이야기이다. 삶의 본질이 왜곡되고 자신이 부품처럼 취급되고 있는 현실을 인식하지 못하는 인간에 대한 비판적 이야기이다.[22] 〈함평 나비축제〉 속에 드러난 나비체험은 인간세계의 변화를 나비의 탄생과 변화와 소멸로 보여주는 투영성을 가진다. 또한 나비는 위에서 언급한 대로 서양 신화의 프쉬케를 상징하기 때문에 삶의 본질에서 중요한 정신을 상징한다. 본질을 깨닫는다는 점에서 장자의 나비나 서양신화 프쉬케의 나비나 일맥상통하는 상징성을 가진다. 나비와 관련해서 중국에는 〈축영대와 양산백〉이라는 이야기도 전한다. 축영대 집안의 반대로 양산백은 결혼을 하지 못하자 실의에 빠져 죽게 된다고 한다. 축영대는 다른 곳으로 시집가던 날 양산백 무덤으로 들어가 버린다. 조금 후에 무덤에서는 두 마리의 나비가 날아올랐다고 한다.[23] 동서양 모두 나비는 그 아름다운 자태 때문에 사랑과 연결된다. 혹

---

21) 김명자, 「나비 기르기 체험활동이 초등학생의 친환경 행동 및 태도에 미치는 영향」, 『한국실과교육학회지』, 24권, 한국실과교육학회, 2011.

22) 장자, 김학주 옮김, 『장자』, 연암서가, 2010, 〈제물론〉.

23) 표정옥, 『창의력과 상상력을 키우는 신화여행』, 대교출판, 2010.

은 그 매혹적인 아름다움 때문에 가상세계와 현실세계를 넘나드는 문지방적 상징체로도 인식된다.

동물체험활동으로 나비축제만큼이나 유명한 곳은 〈형설지공(螢雪之功)〉을 상징하는 반딧불이 축제이다. 〈무주 반딧불이 축제〉가 그 대상이라고 할 수 있는데, 자연의 오염도를 측정할 수 있는 반딧불이 동물 축제는 우리의 세계를 객관화시켜 반성하게 해주는 동물체험활동이다. 반딧불이는 18도의 서늘한 온도와 청정한 1급수에서만 성장하기 때문에 환경복원의 척도라 할 수 있다. 반딧불이와 흰 눈을 이용해 글을 읽었다는 옛 선인들의 글귀인 형설지공이 체득되는 체험활동이다. 이러한 체험은 인간의 근원적 생명에 대한 경외심을 키우면서 인간만이 이 세상의 주인이 아니라 잠시 우리가 그들의 세계에서 타자가 될 수 있음을 보여준다. 나비축제와 반딧불이 축제 모두 장수풍뎅이와 같은 동물을 함께 체험할 수 있게 한다. 장수풍뎅이는 어느 축제에서나 활용도가 크다. 하지만 인위적으로 부화시켜서 체험하게 하는 이런 곤충 축제들이 모두 긍정적인 결과만을 가져오지는 않을 것이다. 생명을 마음대로 대량 조작할 수 있다는 불경한 생각은 생명을 다루는 동물체험 활동의 우려감 중 하나이지만 생명을 다루는 경외감을 잃지 않는다면 크게 우려될 일은 아니다. 생명 경시에 대한 연구도 학계에서는 동시에 진행되고 있는데, 애완학습 곤충 소비자들의 행동을 연구한 예에 주목해 볼 수 있다.[24)]

〈장수풍뎅이〉처럼 독자적인 체험활동 축제의 장으로 활성화되기 보다는 다른 축제와 체육적 활동에 주로 연관되어 있는 승마 체험활동은 대형동

24) 김소윤, 「애완학습곤충 소비자의 행동 모니터링」, 『한국응용곤충학회지』52권, 한국응용곤충학회, 2013.

물과의 직접 교감이라는 독특한 측면에서 다루어질 수 있다.[25] 말에 대한 체험 역시 기존의 곤충과 동물 체험과 마찬가지로 역사적이고 신화적인 맥락에서 의미화가 가능하다. 특히, 우리나라의 『삼국유사』에서 말이 등장하는 이야기들은 직접적인 것과 간접적인 것으로 분류해서 체계적으로 생각해 볼 수 있다. 〈신라시조 혁거세왕〉에서는 신라의 시조 혁거세가 태어날 알을 알려주는 영험한 백마가 등장하고 〈동부여〉에서는 금와가 발견되는 장소를 알려준 영물로 역시 말이 신성하게 등장한다. 〈동부여〉편에 등장하는 말은 금와를 깔고 있던 돌을 보고 눈물을 흘렸다고 한다. 이는 왕의 탄생을 알려주는 신성함의 상징으로 말의 신화적 상상력이 활용된 예이다. 또 하나의 말의 직접적인 등장은 〈고구려〉부분에 등장하는 주몽의 준마에 대한 이야기이다. 주몽은 자신이 발견한 준마의 영웅성을 감추기 위해 말의 혀에 못을 박아서 보잘것없는 말로 만들어 아버지에게 보임으로써 급기야 그 말을 얻게 된다. 그리고 그 말은 고구려를 창건하는 주몽의 준마로 거듭나게 되는 것이다. 또한 말은 영웅의 분신으로 활용되기도 하고 의지의 표현으로 상징화되기도 한다. 『삼국유사』에서 말의 등장은 신라의 태대각간인 김유신과 다시 연결된다. 〈미추왕과 죽엽군〉에서는 준마를 무덤에서 끌고 나와 후손의 안녕을 위해 죽엽군을 이끄는 말을 탄 김유신의 모습을 그려볼 수 있다. 우리는 이러한 내용들로부터 영웅의 분신이 된 말을 만나게 된다. 반면에 김유신과 함께 등장하는 또 다른 말 이야기가 있는데, 술에 취한 김유신을 자신의 집이 아닌 술집으로 이끄는 영민한 말이 등장한다. 김유신은

---

25) 한국마사회, 『알고 즐기는 승마』, 한국마사회, 2012.
승마 체험은 살아있는 대형 승용마에 독립적으로 기승하여 말과의 교감을 통해 추진되는 활동으로 정의된다.

말의 목을 베어버린다. 이때 김유신의 죽은 말은 민족을 지킨 영웅의 강한 의지의 표현이기도 하다. 즉 우리의 『삼국유사』에서는 말의 상상력이 크게 두 가지로 분류될 수 있다. 하나는 왕권의 신성성을 부각시키는 성스러움의 기능을 수반하고 다른 하나는 의지와 절개의 수호신으로 기능을 한다.[26)]

중국의 산문문학 〈삼국지〉와 〈서유기〉등에 나타난 말의 상상력과 중국의 〈산해경〉에 나타난 말의 신화적 상상력 역시 신성성이라는 측면에서 논의될 수 있다. 특히, 잠신 (누에의 신)의 근원설화가 말과 연관되는 것을 단초로 중국의 신화와 말의 관계를 집중적으로 살펴볼 수 있다. 중국신화 〈산해경〉에는 누에가 되어버린 소녀가 등장한다. 잠신(蠶神) 즉 누에신이라고 할 수 있다. 한 소녀가 멀리 외출나간 아버지가 보고 싶어 집 안의 "말"에게 아버지를 데려오면 그와 결혼을 하겠다는 엄청난 거짓말을 해버린다. 그런데 약속을 들은 "말"은 한 걸음에 달려가 아버지를 모셔왔다. 소녀는 동물에게 한 약속을 하찮게 생각하고 따르지 않았는데, 그 말은 수상한 행동을 했다. 아버지는 사건의 전말을 듣고 나서 말을 죽여 가죽을 벗겨버리고 만다. 아버지도 말한테 사랑하는 딸을 줄 수는 없었을 것이다. 그런데 마당에 널어놓은 말가죽은 놀고 있는 딸을 둘둘 말아서 사라져버리고 만다. 아버지가 그녀를 찾았을 때 그녀는 말가죽에 돌돌 말아져서 실을 토하고 있더라는 것이다. 말과 연관된 누에의 유래를 전하는 이야기이다. 이 이야기를 통해 동물에게도 함부로 거짓을 말해서는 안 된다는 것을 보여준다.[27)]

나비와 반딧불이와 장수풍뎅이 같은 동물의 체험 프로그램이 보고 느끼는 체험이라면 상대적으로 대형동물인 말과 같은 동물은 직접적인 감정 공

---

26) 일연, 김원중 옮김, 『삼국유사』, 을유문화사, 2010, 〈기이편〉.

27) 정재서, 『이야기 동양신화』, 황금부엉이, 2005.

감을 가져오는 체험활동이다. 어린이 체험활동 프로그램은 체험의 종류에 따라서 다양하게 어린이들의 문화에 영향을 미치고 있는 것을 발견할 수 있었다. 나비를 키우면서 어린이들의 친환경적 생활태도의 변화라든가 애완동물을 키우면서 또래 집단과 사회성을 키울 수 있다거나 동물체험을 통해서 심리적 안정과 정서발달에 도움을 받기도 한다. 최근 초등학교에 도입된 승마 체험활동의 경우에도 말과 어린이 사이에 감정적 교류를 가능하게 하는 상호소통성의 체험활동 중 하나로 평가되며 어린이 창의성과 학습 성취능력에도 일정 부분 긍정적인 영향을 끼치는 것으로 보인다.

인문학적 사유 프레임에 근거하여 볼 때 동물을 활용하여 이루어지는 체험활동은 어린이의 창의적 상상력에 긍정적인 영향을 주는 새로운 패러다임으로 보인다. 최근 국내에서 말을 활용하여 진행되는 승마 체험활동은 어린이 승마 체험교육 프로그램 지원 사업으로서 최근에 전국 여기저기에서 시행되었다. 말관련 활동이 가지는 놀이 상상력과 창의적 상상력에 대해서는 다음 장에서 살펴볼 것이다.

4. 말 관련 활동에서 놀이적 상상력을 찾다

1900년 초 한국의 놀이문화에는 주술성이 존재한다고 평가한 스튜어트 컬린은 놀이의 근원이 인간의 불안 심리를 해소시키는 의식이라고 정의하고 있다. 이러한 주술적 성격은 우주의 근본에 닿아 있는 것으로 세계 여러 나라에서 보편적으로 나타난다.[28] 스튜어트 컬린은 90여 가지 한국의 놀이를 중국과 일본의 문화와 비교하면서 살피고 있는데, 그 중 말과 관련된 놀이는

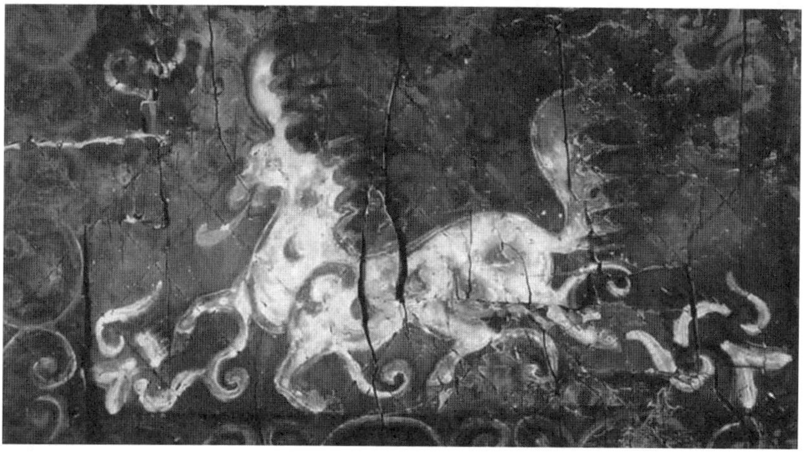

천마도

〈죽마놀이〉와 〈말타기〉를 다루고 있다. 〈죽마놀이〉는 죽마고우(竹馬故友)라는 말과 밀접한 관련이 있는 기원을 가진다. 죽마놀이란 대(竹)로 만든 말(馬)을 타고 논다고 해서 '대말타기'라고도 하고, 또 대로 만든 발이라는 뜻에서 '죽족(竹足)이라고도 한다. 이 놀이는 참대나 회초리 · 수숫대 · 빗자루 같은 것을 두 다리 사이에 끼우고 달리거나, 긴 나무나 대나무로 만든 긴 다리 위에 올라서서 걸어 다니는 아이들의 놀이를 말한다. 일연이 쓴 『삼국유사』 권 3권 〈홍법편〉에는 "대말 타고 대잎 피리 불며 놀던 아이가 그만 하루아침에 어여쁜 두 눈 잃을 줄이야"라고 하는 구절이 등장하고 있는데, 이는 죽마놀이의 흔적을 보여주는 것이다.[29] 한국의 문화에서 오랜 시간 동

28) 스튜어트 컬린, 윤광봉 옮김, 『한국의 놀이–유사한 중국, 일본의 놀이와 비교하여』, 열화당, 2003. 11-16쪽.

29) 일연, 김원중 옮김, 『삼국유사』, 민음사, 2008. 〈홍법편〉

안 말은 매우 중요한 역할을 담당했다고 볼 수 있다. 가장 주된 기능은 운송 수단, 전쟁 수단, 경제 수단, 놀이 수단 등의 생활과 밀접한 영역에서 활용되었다.

이어령은 한, 중, 일 문화에서 말의 상징성과 종교성과 신화성을 다각적이고 메타적으로 논의하면서 중국의 한족이 말을 탄 유목민들에게 느낀 콤플렉스의 표상체가 만리장성의 탄생이고, 일본의 신사에서 흔하게 보이는 에마(繪馬)는 희망과 기원의 표상체라고 말한다.[30] 한국에서도 말은 하늘과 교통하는 신성한 동물의 표상이면서 동시에 주몽이 승천할 때 조천석(朝天石)으로 나아갈 때 매개체가 되기도 했다. 부귀와 행운의 상징이기도 한 말은 동시에 죽음으로 가는 중간 전달자이기도 했다.[31] 현대에서는 말의 신성성이나 제의성 보다는 놀이성과 더 많은 상관성을 가지면서 성스러움과 속됨의 양가적인 속성에서 축제화 되기도 한다. 대표적인 말테마 놀이 〈말뛰기 놀이〉는 제주도 문화에서 '영등제'라고 불리기도 한다. 조선 정조 시대의 학자 홍석모가 한국의 열두 달 행사와 그 풍속을 설명한 책인 〈동국세시기 東國歲時記〉에는 이 놀이를 이월 초하루 밤 열두 개의 장대 나무를 세우고 신을 맞아서 제신을 즐겁게 한다고 기록하고 있다. 나무 장대 끝에 색깔 있는 비단으로 말머리같이 꾸며서 말뛰기 놀이를 한다. 밤에는 등불을 켜서 이 제를 올리기 때문에 영등제라고 한다는 것이다. 이월 초하루에 시작한 놀이는 보름이 되어서야 마친다.[32]

한국 문화에서 말의 놀이성은 신성성과 함께 거론될 수 있는 속담으로도

30) 이어령, 『문화로 읽는 십이지신 이야기 말』, 열린원, 2011, 9-36쪽.

31) 윤열수, 『신화 속 상상동물 열전』, 한국문화재보호재단, 2010, 178-191쪽.

32) 홍석모, 정승모 옮김, 『동국세시기(東國歲時記)』, 풀빛, 2009, 〈제 2편. 2월-농사의 시작〉.

회자되고 있는데, "말날을 길일이라 하여 장 담그기를 하고 우물을 파지 않는다", "결혼할 때 신랑이 탄 말이 신부 집에 이르러 크게 울면 첫 아들을 낳는다", "아침에 흰 말을 보게 되면 재수가 좋다" 등 성스러움의 대상이 된다. 반면 속된 의미의 기능을 하는 말(馬)과 관련된 속담을 보면, "말 타면 경마 잡히고 싶다", "말 똥도 세 번 굴러야 제 자리에 선다.", '말똥에 굴러도 이승이 좋다" 등 말과 관련시켜 속됨의 흔적을 찾아볼 수 있다.[33] 성스러움과 긍정적인 기능에서 보면 말(馬)은 행운의 대상이 되지만 속된 기능과 관련해서 말(馬)은 하찮고 중요하지 않은 가치 개념을 상징하는 의미로 사용하고 있다. 성스러움이라는 맥락에서 천마도와 천마총에 나타난 말의 기능을 살펴보면, 말(馬)은 죽은 자를 저승으로 안내하주는 역할을 보여준다. 신성한 힘을 가진 대상으로서 말은 이승과 저승을 오가는 신성함을 가지지만 동시에 삶을 죽음의 공간으로 안내하는 속의 의미를 가지기도 한다. 말(馬)이라는 콘텐츠 안에는 성과 속의 의미가 동시에 들어 있음을 확인하게 되는데, 이는 말의 놀이성을 이해하게 해주는 단서가 된다.[34]

전통적으로 말은 인간의 경제활동에 가장 밀접한 관련이 있는 가축 중 하나이며, 기원전 3천년 이전부터 인간에 의해 사육되어 활용되면서 주로 이동 및 운송 수단으로 활용되어 전쟁 및 물류 운송 등에 필수적인 역할을 했다. 이러한 공통적인 기마 문화의 전통은 한국 역사에서도 살펴볼 수 있다. 고구려 5세기 무용총에 나타난 말을 탄 수렵도, 신라 6세기 천마총의 천마도와 기마인물도, 조선 건국의 목마정책 공표, 〈조선왕조실록〉과 〈승정

33) 정호완, 「말 토템과 언어문화의 관계」, 『교육연구』, 대구대 사범대학 부설연구소, 2006, 113-128쪽. 속담은 재인용한다.

34) 미르치아 엘리아데, 이은봉 옮김, 『성과 속』, 한길사, 1998.

원일기〉의 말과 말 목장에 관한 국가적 가치 기술, 조선시대 화가 윤덕희의 〈마상부인〉에 비쳐진 기승 사료 등으로부터 한국은 역사적으로 기마 문화의 전통을 유지했던 것으로 보인다.

그러나 사실상 한국의 기마 문화는 일제 치하를 겪으면서 단절의 시대를 맞이했다고 알려진다. 조선시대 정도전과 이성계 등에 의해 건국의 기본이라고까지 일컬어지던 마정(馬政)은 일제 식민지 시대에 맥이 끊어진다. 일본은 한국을 중국 대륙 침략의 발판으로 삼기 위해 마정 제도를 독점해야 했다. 당시 조선인의 식민지화를 위해 조선인이 한국사를 배우지 못하도록 조선의 역사를 제한했던 〈조선사편수회〉는 마정 자료에 대한 조선인의 접근 자체를 금지했고 일본인만이 이용할 수 있도록 역사를 폐쇄적으로 한정시킴으로써 사실상 마정을 약탈했고 이로 인해 조선의 마정이 거의 사라지게 되는 지경에 이르렀다.[35] 따라서 전통적으로 내려오던 실제 말놀이를 비롯한 말 관련 문화성이 단절되어버린 것이다. 물론 이러한 단절과 소멸을 겪었음에도 해방 이후 한국의 일부 선각자들은 민족의식과 정통성을 되찾고자 사라진 기마 전통을 재건하기 위해 발 빠르게 노력했다. 특히 최남선은 〈우마의방〉을 덧붙인 〈향약제생집성방〉을 주목해서 논의하였고 다각적으로 마정, 마학, 마문화를 되찾고자 노력했다. 그에 의하면 우마(牛馬)는 매우 필요한 가축이기 때문에 기르는 법과 함께 치료에 대한 지식도 필요하다고 역설했다. 최남선이 해방 후에 마(馬)문화에 대해 특별히 기술했던 것은 일제 강점기의 마정 문화의 소실을 회복하고자 하는 의도와 연계된 것으로 볼 수 있으며 그의 말(馬)에 관한 언급은 한국 말문화의 주체적 담론이 되찾

35) 남도영 , 『한국마정사』, 마사박물관, 1996, 453-486쪽.

는데 중요 단서가 될 수 있었다.[36)]

일부 국내 지식인들의 고대 기마 전통에 대한 고찰과 복구 노력을 거치면서도 한국의 말 문화는 일제 해방 이후 6.25전쟁과 남북 분단을 거치면서 과거 전통과는 다른 방식으로 발전하게 되었다. 세계적으로도 잘 알려진 한국만의 급속한 산업성장 근대화 과정을 거치면서 말의 순수한 놀이적 상상력은 간과되었고 단지 경마를 통해서만 말 놀이성의 희미한 명맥을 겨우 유지하였다. 사실상 한국 근대화의 과정에는 국가 추진의 5개년 개발계획에 따라 중화학 기술 개발을 위한 산업적 자원 활용의 측면이 단순하게 부각되고 강조되었기 때문에, 적어도 말 문화 전통에 관해서는 제주특별자치도를 제외하고는 내륙의 농촌 풍경에서 말을 찾아보는 것이 거의 어려울 정도였다.

일제로부터 해방된 이후 국가조세 충당을 위한 목적 하에서 공공기관에 의해 정책적으로 시행되었던 한국 경마는 과거 우리 민족의 전통적 놀이 문화 속에서 일상화된 말 문화 개념에 비추어 볼 때 상당히 다른 속성을 갖는다. 한국 현대인의 생활에서 말에 관해 남아있는 흔적을 찾아보자면, 말은 십이지의 일곱 번째 동물로서 민속적인 상징성을 갖으며 말띠 출생과 말띠해가 상징하는 도약적이고 역동적인 이미지는 사람들의 말에 관한 심층적인 의식 구조를 여전히 기호화할 수 있다. 그러나 한국 현실에서 말을 직접 활용하는 측면을 살펴볼 때, 2011년도 이전에는 승마의 경우 국내에서 고급화된 취미로서 고소득에 국한된 소수 계층의 전유물에 불과했다고 보인다. 또한 그 무렵의 한국에서 일반 사람들이 말을 이용한 놀이 활동에 참여한다는 것은 사실상 상상하기 어려웠고, 말에 관한한 거의 문화적 불모지에 다름없

36) 최남선, 이영화 옮김, 『조선상식문답 속편-최남선 총서 23』 경인문화사, 2013, 18-52쪽. 〈한국 과학사

었다고 간주할 수 있다.

세계에서 최고로 초고속화된 인터넷망을 자랑하는 한국 사회는 만연해 있는 사이버 세계의 피로 누적 상태를 회복하기 위해 새롭고 창의적인 놀이 상상력을 필요로 한다. 가상현실은 현대인의 말초 신경을 주로 자극하며 현실적 불안감을 해소하는데 한계가 있다. 하지만 사이버 세계의 폭력성과 불안감 조성은 기술적 수준에서 개인의 삶을 회복시킬 수 없다는 사회적 문제가 관찰된다. 한국의 사이버 세계관을 부추기는 또 하나의 주요 요인으로서 세계적인 순위를 기록하고 있는 국내 스마트 폰의 사용률을 들 수 있다. 남녀노소 연령을 불문하고 사람들이 스마트 폰을 켜고 들여다보는 것이 주요 일상이 되어버렸고 그 의존도는 디지털 속으로 사람들이 함몰해 가는 모습을 보여주는 것이다. 이러한 문제점들은 공동체 의식과 공감을 통한 사회적 배려를 소실시키는 결과로 귀착될 수 있다. 한국의 어린이와 청소년들에 대한 사교육 시장의 과도한 성장과 이로 인한 사이버 현실 의존도는 게임방 놀이나 다중 접속 게임 중독과 같은 비정상적인 놀이 문화로 연계될 수 밖에 없다. 사람들의 정신 건강과 바람직한 사회성을 기르기 위해서라도 한국은 디지털 놀이 수단이 아닌 아날로그의 새로운 놀이 문화성을 추구하고 구축할 필요가 있다. 이러한 디지털 문화의 맥락 속에서 김현주가 한국의 도시인들이 빠른 도시 감각 속에서 정감적인 동물들에 천착하는 심상적 이유를 찾는 것에 공감을 가질 수 있다.[37)]

2011년도부터 최근까지 정부가 주도하고 있는 말 문화 사업 보급은 어린이와 청소년들의 말 체험 활동의 직접 체험 기회를 넓혀 말과 관련된 놀

37) 김현주, 『토테미즘의 흔적을 찾아서』, 서강대학교 출판부, 2009, 221쪽.

이 상상력을 적절하게 자극시키고 있다. 말에 기승하는 활동에는 동물과의 상호 공감성이 작용하여 정서 함양에 크게 도움이 되는 측면이 있어 장애우의 재활치료에도 유용한 것으로 보고 된다.[38] 현재 전국적으로 진행되는 승마체험 프로그램들은 매우 다양하게 진행되는데 엄마·아빠와 함께 하는 승마체험, 커플 승마체험, 대학생 동아리 승마체험, 어린이 승마교실, 학생 승마체육 등의 다양한 프로그램은 대형 생축인 말의 장점과 더불어 친밀한 동료들과 함께 참여할 수 있어 직접 체험의 참여 동기를 불러일으킬 수 있다. 말 관련 놀이 활동은 디지털에 상반되는 아날로그적 개념이다. 시각과 청각을 주로 활용하는 문화가 디지털이라면 느끼고 만지고 직접 체험하는 것이 아날로그 형식인 것이다.

스튜어트 컬린이 규정했던 정의를 긍정적으로 받아들여 한국 사회의 놀이 문화에 주술성이 있다는 것을 감안한다면, 한국 특유의 기마 문화 단절 역사에도 불구하고 고대 전통과의 연계성을 가지면서 현대 놀이성에 여전히 현현되는 주술성을 눈여겨 볼 수 있다. 동시대 인류의 불안감을 해소해주는 놀이성의 주술적 기호작용은 국내에 새로운 놀이 문화로 도입되어 현재에도 다양한 양상으로 변화하고 있는 말 관련 활동에 적용될 수 있다. 말을 활용한 아날로그식 놀이를 통해 현실의 불안을 줄이려는 잠재의식 역시 우주의 근본에 닿아 있는 것으로 그러한 주술적 기호작용은 세계적으로도 보편적인 것으로 간주된다. 사람들이 일상을 잊고 즐기는 놀이의 주술성은 한국의 놀이 문화를 비롯하여 다양한 문화 창조적 모티브가 되기도 한다. 한국 사회에서 되찾을 수 있는 놀이의 주술적 성격은 새로운 문화와 시장을 개척하는

38) 홍주연, 「말(馬)의 심리치료적 요인 척도 개발」, 『놀이치료연구』 15, 한국아동심리재활학회, 2011, 109-122쪽.

기저로 실제 작용하기 때문에 혁신 기업가의 신기술이나 신사업 업종의 급격한 확산에도 영향을 미칠 수 있는 것이다.

요한 호이징아는 놀이의 특성을 총괄할 때 놀이는 일상적인 생활의 외부에서 진지하지 않은 것이고, 그러나 그것은 매우 의식적으로 존재하면서 동시에 놀이자의 마음속 깊이까지 강하게 흔들어 주는 자유로운 행위라고 정리한다.[39] 말 관련 활동이 한국의 새로운 놀이 체험 문화로서 소개되고 확산되어 가는 과정은 그 파급 속도와 다양성에서 있어서 매우 주목할 만하다. 말을 타는 사람들의 의식 속에서 말은 상당히 진지하게 여겨질 수밖에 없는 대상이다. 살아있는 말인 만큼 말 관련 활동에 직접 참여하는 놀이자의 입장은 상당히 역동적이면서도 자유로운 측면을 느낄 수 있다. 한국에서 말을 활용한 다양성이 발현되어 새로운 놀이 문화 형태로 다가서는 현실은 현대시대를 살아가는 사람들에게 규정된 일탈로부터 의미 있는 가치를 깨닫게 해주며 삶을 유지시켜주는 정신적 유토피아의 세계로 다가갈 수 있는 가능성을 의미한다. 현재 한국에서 다양하게 드러나는 말 관련 활동의 세분화를 통해 현대인들이 어떠한 놀이적 상상력을 실현하고자 하는지 알 수 있다. 또한 이를 충족시키기 위해 사람들의 놀이의 기호학적 상상력을 어떠한 관점에서 말을 매개로 자극하려고 시도했는지 살필 수 있다. 최근에 급속히 유행하는 한국의 말 관련 활동의 배경에는 말이 인간에게 부여할 수 있는 놀이적 상상력이 빚어낸 용광로가 사람들의 현실적 회의와 불안감에 결합하여 구체적으로 주물화된 결과일 수 있다.

전통적인 한국의 말 문화는 일제 강점과 산업화를 통해 많은 부분 소실

---

39) 요한 호이징아, 권영빈 옮김. 『놀이하는 인간』, 기린원, 1989. 7-23쪽.

될 수밖에 없었지만, 한국 현대인들이 아날로그를 다시 찾는 문화적 흐름에 맞추어 말 관련 활동은 찌든 일상을 회복시켜 주는 한국만의 독특한 놀이적 상상력으로 작용하기 시작했다. 한국의 천리마 벽화, 주몽의 말 이야기, 김유신의 충성스런 말 이야기, 고대 한국의 그림에 등장하는 말의 고즈넉한 상징성은 말에 대한 한국인들의 신화적 노스탤지어를 자극할 수 있다. 반려동물을 활용한 한국 현대인들의 치유와 장애우 재활 치료에 승마(horse-riding)가 적극적으로 권장되는 것은 전통적인 신화적 스토리텔링과 아날로그적인 놀이에 대한 문화적 향수가 보편적으로 가미되어 있다. 어린이의 승마 체험 참여 활동이 긍정적인 영향을 준다는 연구 결과가 발표되었는데, 승마 체험이 어린이의 자존감과 창의력 향상에 긍정적으로 기여하고 더 나아가 자존감을 향상시켜서 궁극적으로 학업 성취도의 향상으로까지 이어질 수 있다는 것이 실증 사례로 논의된 바 있다.[40] 이러한 승마체험과 학업 성취와의 협소한 문화적 인과성을 넘어서 한국의 말 관련 활동은 현재 사람들의 생활과 밀접한 놀이 문화적 상상력의 세계로 진입하고 있다. 현대적 관점에서 놀이적 상상력의 직접 체험은 가상 현실에서 인간의 정체성을 위협받고 기술 진보로 무장된 시뮬라시옹으로 인해 비주체성으로 전락되는 문화적 소외의 위기 상황에서 인간 스스로의 실존을 역동적으로 회복시키는 효과를 지닌다.

40) 남준우, 유웅, 표정옥, 「동물의 신화적 상상력을 활용한 어린이 창의성 향상과 체험 교육 프로그램의 의미화 연구」, 『기호학연구』, 한국기호학회, 2015, 355-380쪽.

제8장

사자의 놀이성을 통해 서울과 싱가포르를 연결시키다

1. 공동체 응집을 위해 사자를 활용하다

동물은 인간의 문명화된 의식과 원시적 정신세계 속에서 인류의 보편성과 민족의 특수성을 동시에 가지고 있다고 신화학자 뒤랑은 상상력의 인류학적 구조를 설명하고 있다.[41] 상징의 보편성은 인류에게 적용되는 공통적인 것으로 나타나고 특수성은 각 나라의 고유성으로 나타나고 있다. 고구려의 벽화 속에서는 청룡, 백호, 주작, 현무 등이 죽은 자들의 무덤에 그려져 있는가 하면, 삼족오와 용도 다양한 모습을 띠면서 그려져 있다. 백제와 관련된 문화 유물에는 곰과 관련된 것들이 많이 등장하고 있고, 신라와 가야의

41) 질베르 뒤랑, 진형준 옮김, 『상상력의 인류학적 구조들』, 서울: 문학동네, 2007, 91쪽.

왕들의 출현은 새와 알에 밀접한 친연성이 있는 것으로 나온다. 이렇게 동물이 민족의 기원과 관련된 것은 비단 한국에 한정된 현상은 아니다. 로마의 문명 탄생은 늑대와 관련되고, 수메르 신화로 알려진 바빌로니아는 길가메쉬와 연관되어 뱀 이야기가 등장하고 있으며, 독일의 베를린은 곰과 관련이 있고, 일본 북해도 또한 아이누의 곰 신화와 깊은 관련성을 가진다.

인간은 고대부터 동물을 상징적으로 활용해서 인간의 근원적이고 잠재적인 욕망을 표출시키려고 했다. 이는 인간과 동물이 늘 경쟁관계였음을 보여주는 문명사적 상징의 자취일 수 있다. 인간보다 어느 한 부분에서는 특별히 탁월한 능력을 가진 동물을 하나씩 정복하면서 인간은 비상하고 포효하는 동물들의 능력을 정복했다는 문화적 우월의 상징적 의미를 가진다. 즉 하늘을 날고 싶다거나 빠르게 이동하고 싶다거나 변신하고 싶다거나 깊은 바다에 들어갈 수 있다거나 허물을 벗듯이 영원한 생명을 얻고자 하는 것 등 다양한 능력을 동물들을 정복하는 것으로 대신 얻었다고 상징적으로 생각했을 것이다. 혹은 얻지 못하더라도 그것을 얻고 싶은 인간의 근원적인 욕구의 무의식적 반영일 수 있다. 동물이 각 나라에 맞는 신화적 상징이 되기까지는 그 나

싱가포르 머라이언

라의 자연 환경과 생태조건이 상징적 의미 안에 침투해서 내재화되는 일련의 문화적 기호작용을 거쳐 왔다.

서울과 싱가포르 두 도시가 활용하고 있는 도시 이미지 생성의 대표 상징물인 사자(獅子)에 대한 문화적 의미를 도출해 보고자 한다. 일본, 중국, 한국, 싱가포르 등 아시아의 사자 상징은 어느 정도 비슷한 문화적 배경을 가지지만 동일하지는 않은 화이부동(和而不同)적 성향을 가진다.[42] 즉 같은 것을 이야기하지만 다소 다르게 활용되고 조금씩 모양도 달리하고 있다. 예로부터 동양에서 대표적으로 신성시되는 동물은 삼족오, 용, 곰, 사자 등 다양하다. 특히 우리나라는 고대신화 속에서 호랑이와 곰을 중요하게 여기고 있다. 상상 속 동물인 삼족오는 한, 중, 일 신화에서 모두 태양과 관련을 가지는 신조이고, 용은 동양에서 임금의 탄생과 임금의 권위를 나타내는 신조이며, 곰은 민족의 기원과 깊은 관련을 가진다.

그렇다면, 서양에서 사자(獅子)에 대한 문화적 인식은 동양과 비교해서 어떻게 차별적으로 진행되어 왔는지 비교 문화적으로 살펴볼 필요가 있다. 그래야만 동양의 문화 속에서 사자의 특성이 서양과 변별된 것으로 해석해 낼 수 있기 때문이다. 서양에서 사자(獅子)의 출현은 로마 검투사 시합으로 거슬러 갈 수 있다. 성경에서도 용맹한 사자는 어느 것에도 물러서지 않는 것의 상징이었으며, 정의의 그리스도를 상징하는 것이기도 했다.[43] 이탈리

42) 본 연구자는 〈2015년 경제인문사회연구회 인문정책연구-동아시아 문화지식과 공존적 역학관계의 신화 전략연구〉에서 "동아시아 신화의 화이부동(和而不同)적 가치와 문화 상징의 아이콘"으로서 한국의 해치, 일본의 시사, 중국의 사자상을 비교 분석한 바 있다. 이 연구는 그것을 기반으로 한 후속 연구로서 서울의 사자 활용인 "해치"이외에도 "북청사자놀음"을 추가로 더 조사하고 싱가포르의 "머라이언"과 "국제 사자춤 대회"를 비교 연구하고자 한다.

아의 베네치아에는 날개달린 황금사자상이 매우 상징적으로 전시되어 있다. 마키아벨리는 그의 책 「군주론」의 18장에서 "군주는 여우의 지혜와 사자의 힘을 동시에 갖춰야 한다"고 말하고 있다.[44] 이처럼 사자는 왕의 용맹함과 강인한 힘을 상징하고 있는데, 이는 독일의 실존주의 철학자 프리드리히 니체에게도 계속 이어지는 사유로 보인다. 니체는 「차라투스트라는 이렇게 말했다」에서 인간의 "세 가지 변화에 대하여"라는 주제를 이야기 하면서 "낙타, 사자, 어린아이"의 변화 과정을 설명하고 있다.[45] 즉, 인간은 낙타의 단계에서 벗어나 사자의 단계를 거쳐 어린아이의 단계로 나아가야 한다고 말한다. 낙타란 의무감에 사로잡혀 타인의 삶을 사는 자를 이르고, 사자란 자유를 위해 용감하게 투쟁하는 자를 말한다. 마지막 어린아이의 단계는 놀이 정신을 가지고 새로운 것을 창조하려는 자를 말한다. 이러한 용맹한 사자의 상징성은 C. S. 루이스의 「나니아연대기」로도 계속 이어지고 있는 상상력이다. 〈사자와 마녀와 옷장〉이라는 상징성을 가지고 전개되는 판타지 이야기 속에서 부활한 사자 '아슬란'은 십자가의 수난으로 고통받은 예수의 부활을 상징한다.[46] 서양에서 사자의 상징성은 왕이나 예수를 상징하거나 군주를 상징하고 있음을 알 수 있다. 따라서 서양 문화에서 사자가 함축하는 의미는 당연히 절대적 힘과 용맹함과 자유를 유추하게 된다.

---

43) 성경 〈잠언 30장 30절〉에서 "곧 아무 것 앞에서도 물러서지 않는 동물의 왕 사자"라고 하고 있고, 〈판관기 14장 18절〉에는 "이레째 되는 날이 와서 삼손이 신방에 들려고 하는데, 그 성 사람들이 그에게 말하였다. 꿀보다 단 것이 어디 있고 사자보다 힘센 것이 어디 있으랴?"고 전하고 있다.

44) 니콜로 마키아벨리, 강정인 옮김, 『군주론』, 서울: 까치, 2015.

45) 프리드리히 니체, 장희창 옮김, 『자라투스트라는 이렇게 말했다』, 민음사, 2004.

46) C. S. 루이스, 햇살과 나무꾼 옮김, 『나니아연대기』, 서울: 시공주니어, 2005.

신화 속의 동물들은 장 보드리야르의 표현에 따르면 바로 인간의 시뮬라크르인 셈이다.[47] 이는 마치 동화 속에서 동물들이 어린이들을 대신하고 있는 것과 같은 이치이다. 동화 속 동물 주인공들은 특별한 문제 제기 없이 사람으로 받아들여지고 있다. 이는 지그문트 융이 말하는 인간 집단 무의식의 심층에 동물을 향한 인간의 근원적인 향수가 존재한다는 논리를 뒷받침해주는 현상이다. 장 피아제나 장 앙리 파브르가 동물과 곤충을 통해서 사람들에게 변하지 않는 고전으로 남을 수 있는 이유는 바로 동물에 대한 근원적 신화 상상력을 자극하기 때문이다.[48]

동양 문화 중 서울의 사자 이미지와 싱가포르의 사자(獅子) 이미지의 상징 재현에 관심을 가지는 것은 세 가지 문화적 측면에서 비교가 용이하기 때문이다. 첫째, 서울과 싱가포르의 사자는 비교적 현실과는 다른 그로테스크한 형상으로 신화화되면서 대중화되고 있다는 점에 주목할 것이다. 서울과 싱가포르 도시들의 각종 관공서와 금융사 앞에 놓인 사자는 매우 현대적인 욕망을 담아내고 있다. 둘째, 사자(獅子)가 두 도시에서 전략적으로 신화화되면서 놀이성을 수반하고 있다는 것에 주목할 것이다. 서울에서 사자(獅子)는 음력 설날 전날부터 〈북청사자놀음〉으로 놀이화되고 있으며, 싱가포르에서도 음력 설날 〈국제 사자춤 대회〉라는 형태로 놀이화되고 있다. 셋째, 두 도시에서 활용되는 사자 이미지는 초종교성을 가지면서 놀이화되고

47) 장 보드리야르, 하태환 옮김, 『시뮬라시옹』, 서울: 민음사, 2007.

48) 제1장 〈동물의 모습을 한 상징들〉에서 피아제와 파브르의 동물 상상력을 언급하고 있다. 여기에서 그는 오스트레일리아의 쿠르나이 족이 상상계의 원형과 사냥술의 대상이 되는 동물들을 구분하고 있다고 지적한다. 사냥의 대상이 되는 동물들은 '지아크'라 부르고 이야기와 전설들 속에 등장하는 "특별한 동물들"은 '무크 지아크'라는 이름으로 부른다고 설명한다(뒤랑, 2007: 89-91).

있음을 알 수 있다. 불교, 유교, 도교, 민간신앙 등 다양한 종교가 적층 문화화 되어 초종교성을 가진다. 한국의 경우, 삼국시대부터 현대에 이르기까지 시대적 종적 문화 적층 현상이 사자의 놀이성에 가미되고 있는 반면, 1965년 독립한 싱가포르의 경우 유교, 도교, 이슬람교, 힌두교 등 다양한 종교가 횡적 문화 공존과 융합의 형태를 보이면서 놀이화되고 있음을 알 수 있다. 이를 통해 서울과 싱가포르가 문화적으로 어떤 친연성과 변별점을 가지는지 살펴볼 수 있다.

2. 그로테스크 형상으로 신화 속 동물이 되다

역사적으로 사자가 한국 문화에 유입된 것은 삼국시대 중국으로부터 유래하는데, 불교의 유입과 깊은 관련을 가진다. 『삼국사기』 〈신라본기〉의 〈지증왕〉 부분[49]과 『삼국유사』 〈지칠로왕편〉[50]에는 '목우사자(木偶獅子)'

---

49) 지증왕 13년(512년) 여름 6월, 우산국于山國이 복종해 해마다 토산물을 공물로 바치기로 했다. 우산국은 명주(溟州)의 정동쪽 바다에 있는 섬으로 울릉도(鬱陵島)라고도 한다. 땅은 사방 백 리인데, 지세가 험한 것을 믿고 항복하지 않았다. 이찬 이사부(異斯夫)가 하슬라주(何瑟羅州) 군주가 되어 말하기를 "우산국 사람은 어리석고도 사나워서 힘으로 다루기는 어려우니 계책으로 복종시켜야 한다"라고 하고, 바로 나무로 사자를 가득 만들어 전함에 나누어 싣고 그 나라 해안에 이르렀다. 이사부는 거짓으로 말했다. "너희가 만약 항복하지 않으면 이 사나운 짐승을 풀어 밟아 죽이겠다." 나라 사람들이 두려워하며 즉시 항복했다(김 부식, 1998: 신라본기).

50) 아슬라주(阿瑟羅州)(지금의 명주(溟州)) 동쪽 바다에 순풍이 불면 이틀 만에 이를 수 있는 거리에 우릉도(于陵島)(지금은 우릉(羽陵)이라고 한다)가 있었는데, 섬 둘레가 26,730보이다. 섬에 사는 오랑캐들은 바닷물이 깊은 것을 믿고 교만하고 오만하여 신하 노릇을 하지 않았다. 왕은 이찬 박 이종(朴 伊宗)에게 명해 군사를 거느리고 가서 토벌

를 활용해 우산국을 복속시킨 이야기가 등장하고 있다. 『삼국사기』와 『삼국유사』에서 아슬라주 즉 울릉도를 점령할 때 모두 나무로 만든 사자를 활용했다는 이야기가 등장하고 있다. 차이가 있다면, 『삼국사기』에서 나무 사자를 만든 장수가 이사부로 나오고, 『삼국유사』에서는 박이종이라는 인물로 나온다. 신라 22대 지증왕은 23대 법흥왕의 아버지이다. 주지하다시피 신라의 법흥왕은 삼국 중 가장 늦게 이차돈의 순교로 신라에 불교를 공인한 왕이다. 이는 아버지 지증왕 때도 이미 민간에 불교는 들어와 있었다는 것을 암시한다. 법흥왕 때 불교를 국가의 종교로 공인하려고 애썼지만, 민간의 신앙과 충돌하면서 불교 국교화가 신라에서는 매우 어려웠기 때문에 백제와 고구려에서 찾아볼 수 없는 순교의 형태로 불교가 공인되었던 것으로 보인다. 따라서 불교와 함께 사자의 이미지도 불교 공인 이전에 이미 전승되었을 것으로 보인다. 삼국시대 불교와 함께 들어온 것으로 보이는 사자는 사찰의 입구를 지키는 수호신 상으로 향유되었다. 즉 불교에서 사자는 부처를 상징하는 것이었다.

유교 국가였던 조선시대에도 사자는 숭유억불 정책과는 상관없이 궁궐과 공공시설과 상업시설에도 두루 사용되었던 것으로 보인다. 따라서 그 의미는 불을 막아주는 벽사, 액을 막아주는 수호신, 정의를 심판하는 심판자, 길상의 의미 등 여러 가지를 담고 있었다. 조선의 마지막 왕인 고종 시절 경복궁을 재건한 아버지 대원군은 해치를 대궐문 입구에 두 개를 쌍으로 세

하도록 했다. 박 이종은 나무로 사자를 만들어 큰 배에 싣고 가서 그들을 위협하여 말했다. "항복하지 않으면 이 짐승을 풀어놓겠다." 그러자 섬 오랑캐들은 두려워서 항복하였다. 왕은 박 이종에게 상을 내리고 아슬라주의 우두머리(州伯)로 삼았다(일연, 2001: 90-91).

우게 했다. 그리고 해치를 통해 한계를 세우고자 하였다. 즉 신하들은 해치부터는 말을 탈 수 없게 했다고 한다.[51] 조선 말 궁궐 앞 해치는 일종의 하마비(下馬碑)로 작용하였던 것으로 보인다. 또한 서울의 해치는 경복궁이 지켜지길 바라는 마음에서 관악산의 화기를 누르기 위해 흥선대원군이 경복궁 재건 때 들여놓았던 상징물이기도 하다.[52] 현재 세워진 장소가 다소 다르긴 해도 해치의 의미적 상징은 대체로 과거의 의미를 그대로 계승되고 있으며 여전히 서울의 광화문 중앙을 지키는 도시의 대표적 상징물이 되고 있다. 그런데, 서울의 해치는 그 형상에 있어서 매우 그로테스크한 조합을 가지고 있다. 그 기이한 형상을 하나씩 분리해서 살펴보도록 하자. 머리에 유니콘처럼 뿔이 하나 달려 있고, 목에는 고양이처럼 방울을 달고 있으며, 몸에는 물고기처럼 비닐과 원형의 돌기가 나 있고, 겨드랑이에는 새처럼 날개장식을 가지고 있으며, 비상하는 것 같기도 하고 회전하는 것 같기도 한 소용돌이 문양 등으로 장식되어 있다. 이러한 그로테스크

싱가포르 머라이언 박물관

51) 〈승정원일기〉: 1870.10.7

52) 한국의 경우 서울 이외에도 사자상은 절에서 많이 차용하는 조형상징물이다. 특히 충북 보은의 법주사의 쌍사자의 경우에 하나는 입을 벌리고 있고, 다른 하나는 입을 다물고 있다. 하나는 염불하고 있는 모습이고 하나는 참선하기 때문이라는데, 이는 복을 빌고 복을 수호하는 의미로도 해석 가능하다.

한 혼종성에도 불구하고 사자의 전체적인 인상은 인자한 모습으로 둥그렇고 부드러운 형태를 띤다.

싱가포르 도시를 상징하는 머라이언(Merlion) 사자상도 그로테스크한 혼종성이라는 측면에서 서울의 해치와 상호 연관시켜 비교해 주목할 수 있다. 머라이언 사자상은 싱가포르 도시 곳곳에 조형물로 만들어져 있어서 마치 의도된 도시의 상징화 전략을 구사하고 있는 듯하다. 머라이언은 싱가포르의 대표적인 상징물로서 상반신은 사자이고, 하반신은 물고기의 모습을 한 그로테스크한 혼종성의 동물이다. 하반신인 물고기는 싱가포르가 항구도시임을 암시해주는 상징물이다. 반면 머라이언의 상반신 사자는 싱가포르의 원래 국호 '싱가푸라'(Singapura, 산스크리트어로 "사자의 도시")로부터 유래하고 있음을 알 수 있다. 이 도시의 상징물인 머라이언은 1964년 반 클리프 수족관의 관장이었던 브루너 프레이저가 싱가포르여유국(Singapore Tourism Board, STB)의 로고로서 디자인한 것으로 도시의 대표적인 상징물이 되어 왔다. 따라서 고대의 역사를 담을 만한 이야기가 없음에도 불구하고 마치 머라이언이 도시를 구한 오래된 상징물이 되는 이야기를 전략적으로 만들어 내어 역사를 재구성하는 신화 전략을 구사하고 있다. 반은 육지의 상징인 사자이고 반은 바다의 상징인 물고기를 만들어 냄으로써 바다와 육지에서 둘 다 번영하는 새로운 나라를 만들겠다는 의도된 신화 전략이라고 할 수 있다.[53]

53) 싱가포르는 머라이언과 국가를 상징하는 시각문화, 다양한 박물관을 건립함으로써 국가 싱가포르의 일체감을 확립하는 일을 주요시했다. 리센룽과 전 수상 리콴유는 국가 주도의 전시관 건립과 전시에 깊은 관심을 보였고, 국가에서 주도하는 대대적인 관광 진흥 사업 중 하나인 센토사의 종합 유흥단지에 세워진 대형 전망대 머라이언이나 이미지 오브 싱가포르 전시관을 세웠다(강희정, 2011: 189-222).

그런데 이들의 그로테스크한 혼종적 조합의 상상력이 고대의 신성한 동물들에게서 이미 발견할 수 있는 익숙한 신화 상상력의 발로라는 점에서 주목할 필요가 있다. 동양에서 용, 거북, 기린, 봉황 등은 영험한 네 가지 동물이라고 해서 사령이라고 불렀다. 성인이 세상에 났을 때만 모습을 드러낸다고 하는 기린(麒麟)이라는 신성한 동물은 '기'라는 수컷을 상징하고 '린'이라는 암컷이 자웅동체인 동물로 외뿔을 가지고 있는 혼종성의 동물이다. 이러한 모습은 서양의 유니콘과 비슷하다. 고구려 벽화에는 이 기린이 매우 자주 등장한다. 그런데 현무가 등장하면서 사신에서 기린이 빠지게 되었다. 봉황과 기린이 모두 수컷과 암컷이 합쳐졌다는 것은 어쩌면 인간의 서로 다른 이원화된 속성을 하나로 통합하려는 욕망이 반영된 이야기라고 볼 수 있다. 비교적 근대에 부상하고 있는 사자 상징은 이런 자웅동체의 속성보다는 다양한 능력이 한 곳으로 조합되는 문화 융합적 특성을 보인다. 하나의 원재료로 모든 것을 이루고자 하는 현대인의 다층적 욕망이 무의식적으로 이러한 조형물에 투영된 것으로 보인다.

서울과 싱가포르 도시에 등장하는 사자의 무의식적 의미 작용을 살펴보면 무한한 능력을 가진 강력한 힘에 대한 근대인의 신화적 열망이라고 할 수 있다. 혼종성의 의미작용을 살펴보기 위해 동양의 하이브리드 상상력의 근원적인 보고인 중국의 신화서 「산해경」의 동물 이미지를 살펴볼 필요가 있다. 사람 얼굴을 한 새, 날개 달린 물고기, 사람 얼굴을 한 용, 말의 몸에 사람 얼굴을 지니고 호랑이 무늬에 새의 날개 형상, 얼굴은 남자인데 꼬리는 물고기인 인어 아저씨 등 인간이 상상할 수 있는 수많은 혼종성이 등장하는 곳이 중국의 「산해경」의 세계이다.[54] 동양에서 가장 널리 사용하고 있는 그로테스크한 혼종성의 동물인 용은 9가지 동물의 합성으로 이루어진다. 자세히 살펴보면, 얼굴은 낙타, 뿔은 사슴, 눈은 토끼, 몸통은 뱀, 머리털은 사자, 비늘은 물고기, 발은 매, 귀는 소를 닮았다. 또한 입가에는 긴 수염이 나있고, 동판을 두들기는 듯한 울음소리를 내기도 한다. 가장 중요한 것 중 하나는 머리 한가운데에는 척수라고 불리는 살의 융기인데, 이것을 가진 용은 하늘을 자유롭게 비상할 수 있다. 용을 만들어 낸 동양의 사유에는 혼종성의 사자를 만들어 내는 욕망과 비슷하게 하나로 여러 가지를 해결하고자 하는 인간의 다층적 소망이 들어 있다.

우리는 서울과 싱가포르 두 도시에서 향유되는 사자의 혼종적 상상력을 살펴볼 때 아이작 아시모프의 괴물 상상력의 의미작용을 다시 활용해 볼 수 있다. 아시모프는 『그리스로마 신화』에 등장하는 여자괴물 고르곤 자매들을 설명하기 위해 인간의 경멸과 두려움의 대상을 상징화하기 위한 신화적 산물이라고 해석했다. 고르곤 자매들 중 에키드나의 자식인 히드라는 머리가 아홉 개 달린 뱀의 몸을 가지고 있다. 주지하다시피 히드라는 머리 하나를 잘라내면 그 자리에서 두개의 머리가 생기는 괴물이다. 아시모프는 이러한 히드라의 기이한 현상을 어떤 문제를 해결하려고 노력하면 할수록 일이 어려워지는 상황(hydraheaded)에 대한 신화적 기호작용이라고 풀이한다. 어떤 일을 해결하려고 했을 때 난해한 상황이 더 가중될 때 히드라라는 괴물을 떠올렸다는 신화적 의미작용이다.[55] 이러한 신화적 해석 논리를 따르면 서울과 싱가포르에서 향유되는 사자의 이미지는 하나의 사자라는 이미지

54) 「산해경」에는 먼 나라 사람들의 모습이 매우 특이하게 묘사되고 있다. 전체적인 특성은 하이브리드 즉 혼종성을 보이고 있다는 점이 주목된다.

55) 아이작 아시모프, 김대웅 옮김, 『신화 속으로 떠나는 언어이해』, 서울: 웅진지식하우스, 2006.

로 그 사회가 당면한 여러 가지 문제점들을 해결해보고 싶은 인간의 무의식적인 잠재적 열망이라고 할 수 있다.

3. 트릭스터 사자 놀이에 뛰어들다

서울과 싱가포르 사자(獅子) 이미지의 문화 교차적 상상력으로 빠뜨릴 수 없는 것은 공동체 응집을 위한 그로테스크한 사자들의 놀이 상상력이다. 『삼국사기』에서 최치원은 사자가 멀리 사막을 건너서 왔다고 진술하는데, 여기에서 사자는 사자놀이라는 것이 보편적인 설명이다.[56] 최치원은 사자춤으로 알려진 "산예(狻猊)"를 자세히 묘사하고 있는데, "산예(狻猊)"는 서역 사자국(獅子國)의 악무라고 알려져 있다. 또한 이 "산예(狻猊)"가 신라가 합병한 가야국(伽倻國)의 사자기(師子伎)와도 연관된다고 보고 있다.[57] 또한 『삼국유사』의 〈기이편〉에 등장하는 〈지칠로왕편〉 에서는 이사부가 우산국을 공격할 때 허수아비 사자(獅子)로 위협한 이야기가 등장한다.[58] 따라서 우리나라에는 삼국시대부터 사자놀이가 존재한 것을 유추해 볼 수 있

---

56) 최치원의 한시 〈향악잡영(鄕樂雜詠)〉에는 신라 가면극인 '오기(五伎)'의 모습이 그려진다. 최 치원은 자신의 문집인 「계원필경(桂苑筆耕)」에도 '악지(樂志)'에 대해서 쓰고 있다. '오기'는 금환(金丸) · 월전(月顚) · 대면(大面) · 속독(束毒) · 산예(狻猊)의 다섯 가지 탈춤으로서 이에 대하여 각각 1수씩 지은 것이다. 려기에서 산예(狻猊)가 사자춤에 해당한다(김부식, 1998: 제32권, 잡지 편 제일, 120. 樂).

57) 백승충, 「가라국과 우륵십이곡」, 『부대사학』 19, 부산대학교, 1995.
백승충에 의하면 가야국의 가실왕이 우륵에게 명하여 12곡을 지었는데, 그 중 여덟 번째로 사자가가 등장한다고 말한다.

58) 일연, 위의 책, 90-91쪽.

다. 현대에도 서울에는 〈북청사자놀음〉라는 중요무형문화재가 존재한다. 이 놀이는 정월 대보름 전날인 음력 1월 14일과 15일에 잡귀와 액운을 쫓고 평안을 기원하는 민속놀이이다. 주로 조왕신과 조령에게 기원하는 놀이라고 할 수 있다. 현재 서울에서 진행되는 〈북청사자놀음〉은 길놀이, 마당놀이, 애원성, 사자춤, 칼춤, 무동춤, 꼽새춤, 사자춤, 재담, 넉두리춤 등으로 구성되어 놀음을 진행하는 경우가 많다. 서울의 〈북청사자놀음〉과 싱가포르의 〈국제 사자춤 대회〉는 골계미를 가진다는 점에서 비교될 만하다. 사자들은 얼굴 긁기, 입 벌리기, 먹이 먹기, 쓰러지기 등 다양한 행동을 과장되게 함으로써 트릭스터적인 놀이성을 보여준다. 이러한 사자놀이는 서울과 싱가포르에서 동일하게 등장하고 있다. 싱가포르의 사자놀이 형태는 다양하게 변형이 되지만 기본적인 사자의 행동과 코믹한 상황 연출의 전체적인 골격은 서울의 사자놀이와 대동소이하다. 70퍼센트 이상의 중국인들로 구성된 싱가포르는 구정 명절에 〈국제 사자춤 대회〉로 사자놀이를 성대하게 즐기고 있다. 아시아 여러 나라에서 출전한 사자들은 사자의 모양이나 색체가 다소 변형되긴 하지만 기본적으로 벽사의 기능을 가지고 액운을 쫓고 복을 부르는 측면에서 일정부분 동일한 상상력을 갖는다.

서울 〈북청사자놀음〉과 싱가포르 〈국제 사자춤 대회〉의 사자춤 속 사자들의 해학적인 모습은 기존 고정관념을 뒤흔드는 놀이적 속성을 가진다. 바흐친이 그로테스크 몸을 이야기할 때 완성되거나 종결되지 않는 생성의 몸을 이야기하였다.[59] 언제나 세워지고, 만들어지고, 스스로 다른 몸을 세우고 만드는 과정 속에서 그로테스크의 몸은 경계를 넘는 속성을 가진다고 하

59) 미하일 바흐친, 이덕형 최건영 옮김, 『프랑수아 라블레의 작품과 중세 및 르네상스의 민중문화』, 아카넷, 2004, 493쪽.

였다. 따라서 그로테스크는 한편으로 우스운 것과 기괴한 것이 불가피하게 얽혀있는 요소이면서 이질적인 것들이 뒤섞여 종종 이상한 감수성을 일으키는 것이다.[60] 그러나 놀이성이라는 공통점에도 불구하고 서울과 싱가포르의 놀이에는 다소 차이가 존재한다. 서울의 〈북청사자놀음〉은 애원성, 즉흥성, 오락성을 가지는 반면, 싱가포르에서 진행되는 사자춤에는 애원성이 드러나지 않는다는 점이다. 따라서 서울의 〈북청사자놀음〉에는 싱가포르 사자춤에는 찾아볼 수 없는 제의성이 드러나고 있다. 또한, 서울의 〈북청사자놀음〉에는 춤과 연극이 어우러진 종합예술의 형태를 보이지만, 대사와 스토리가 없다는 점에서 싱가포르의 사자춤은 서울의 사자춤과는 다소 다르게 연행되고 있다고 할 수 있다. 물론, 서울의 사자춤과 싱가포르의 사자춤은 연행되는 시기가 거의 동일하기 때문에 과거의 불행한 것을 보내거나 나쁜 기운을 막는 벽사의 의미는 공통적 특성으로 보인다.

서울의 〈북청사자놀음〉은 퉁소와 북 장단에 맞추어 진행되는데, 양반, 사당, 무동, 꺽쇠 등이 사자와 한판 놀이를 펼치는 구조이다. 사자춤을 출 때 상좌중도 함께 춤을 추는 해학성이 보인다. 춤을 추다가 갑자기 사자가 쓰러지고, 양반은 대사를 불러 〈반야심경〉을 외우게 하지만 사자는 일어나지 못한다. 그때 꺽쇠가 사자에게 토끼를 먹이고 사자는 이내 일어나서 춤을 춘다. 양반은 사자 한 마리를 더 불러서 춤을 추게 하고 사당과 상좌중도 함께 춤을 추면서 노는 것이 주요 특징으로 읽힌다. 악기는 퉁소, 장구, 소고, 북, 꽹과리, 징 등 사당패들의 놀이 도구와 비슷하다. 〈북청사자놀음〉에서는 사자의 탈 이외에도 출연진들이 모두 탈을 쓴다는 특징이 있다. 양반,

60) 필립 톰슨, 김영무 옮김, 『그로테스크』, 서울: 서울대학교 출판부, 1986, 15-24쪽.

꺽쇠, 꼽추, 사령 등 많은 등장인물들이 모두 가면을 쓰고 등장한다. 〈북청사자놀음〉의 놀이성은 사자의 다양한 비일상적 춤사위에 기인한다고 볼 수 있는데, 요꼿뛈사위, 머리 쳐들기, 모대기 치기, 머리 흔들기, 모걸음 치기(옆놀이), 돌아치기, 뒷걸음치기(발질), 얼르기, 꽂꽂이 서기 등을 들 수 있다. 서울을 중심으로 펼쳐지는 〈북청사자놀음〉은 원래 함경도에서 내려온 것이지만, 서울에서 주로 공연되기 때문에 서울의 상징인 해치 사자상과의 연관성 속에서 그 놀이성을 유기적으로 이해할 여지가 있다. 〈북청사자놀음〉의 이야기는 암수 두 마리의 사자가 산에서 내려와 주의 깊게 주위를 살피면서 내려오는 것으로 시작한다. 암수 두 마리의 사자가 머리를 맞대고 몸을 부딪치면서 생동감과 골계미를 보여주고 있다. 사자는 줄을 끌어당기기도 하고 입을 크게 벌려 과객을 깨물기도 하고 아이를 삼키는 것 같은 과장된 행동을 함으로써 무병장수의 염원을 드러낸다. 힘차게 꼬리를 튕기는 모습, 힘차게 밟는 모습, 입을 크게 여는 동작 등으로 해학성을 살리고 있다.[61]

조선 후기까지 서울의 해치와 사자는 분리되어 인식되었다가 현대에 와서는 거의 동일하게 인식되고 있는 추세라고 할 수 있다. 따라서 서울의 해치와 〈북청사자놀음〉 속에 등장하는 사자 이미지가 혼용되어 사자 이미지로 인식되고 있다. 반면, 싱가포르의 사자는 중국 전통 사자놀이와의 연관성을 가진다고 볼 수 있다. 서울의 해치가 부와 풍요로움을 상징적으로 담고 있지만, 가장 두드러진 것은 정의와 시비를 관장하는 상징적 이미지이다. 반면 싱가포르의 머라이언 사자상은 모두 부를 추구하는 현대적 사유를 가장

61) 김인화, 「'북청사자놀이'재검토: 탈춤 및 오끼나와 '시라호사자춤'과의 비교를 통하여」, 『공연과 리뷰』 29, 2000, 52-68쪽.

중요하게 담고 있다. 가면이라는 도구를 사용해서 주술적인 힘을 기원한다는 측면에서 서울과 싱가포르 사자춤은 일정 부분 공통성을 가진다.

아시아 사자춤은 인도 동쪽의 중앙아시아와 중국 대륙을 경유하여 우리나라에 유입되었을 가능성이 크고 중국과의 관련성이 크다고 할 수 있다. 싱가포르의 사자춤은 중국의 사자춤의 특성을 보여주는 대표적인 것이다. 특히, 주로 음력 설 무렵 사자춤 경연대회인 〈국제 사자춤 대회〉가 열리고 있다.[62] 2인 1조가 되는 사자춤의 형태는 서울의 〈북청사자놀음〉과 형태에 있어서는 동일하지만, 다양한 공중 묘기를 뽐내고 있는 서커스 형식이라는 점에서 다소 다르다. 특히, 중국의 사자춤처럼 싱가포르의 사자춤은 하나의 독립된 예술형태로 분리되어진 만큼 오락성이 훨씬 많이 가미되어 있음을 볼 수 있다. 서커스 경기처럼 사자춤 경연 대회가 보이기도 한다. 공중에서 사자가 일자로 곧추선다거나, 높은 곳에서 몸을 거꾸로 뒤집는다거나 몸을 비튼다거나 등 기상천외한 묘기들을 선보이고 있다. 이 역시 수천 년 동안 잡귀를 물리치고 민중의 소원을 들어준다는 주술적인 의미를 가진다. 중국의 사자춤은 크게 두 계열로 나누어 볼 수 있다고 한다. 북파(北波) 사자춤과 남파(南派) 사자춤으로 나뉘는데, 북방계열의 북파사자춤은 한국의 사자춤들과 그 형태나 연출에 있어 비슷한 면모를 보이고 있다. 한편 싱가포르에서 보이는 무예와 묘기를 보이는 사자춤은 남방계열의 남파 사자춤을 따르고 있다고 볼 수 있다. 이 남방 계열의 사자춤은 사자춤이라기보다는 오히려 무예의 단련이나 묘기 공연처럼 보이고 있다.[63]

---

62) 싱가포르에는 해마다 음력 설날이 되면, 〈국제 사자춤 대회〉가 열린다. 2017년 10회 〈국제 사자춤 대회〉가 열렸다. 사자춤은 화려한 춤사위와 다양한 모양으로 춤을 추면서 악귀를 쫓고 장수를 기원하며 즐거움과 행운을 동시에 주는 의미를 가진다.

싱가포르 사자 머라이언의 이미지 역시 놀이성과 잘 결합되고 있다고 할 수 있다. 싱가포르는 머라이언이라는 도시 상징의 사자 신화를 탄생시켰다. 또한 사자춤 대회로 사자의 신화적 이미지와 사자의 놀이성이 적절히 배합이 되고 있다. 현대에 부상한 싱가포르의 도시 형성에서 가장 중요한 것은 역사와 신화를 결합한 상징물의 재현이었다.[64] 급속하게 발달하는 자본주의의 도시를 정신적으로 묶어줄 수 있는 상징체로서 도시의 대표 엠블럼이 필요했는데, 바로 머라이언이 탄생하게 된 배경이다. 머라이언은 바다와 육지를 모두 관장하는 의미를 가진다. 싱가포르 형성 전설에 따르면, 사자는 상 닐라 우타마 왕자가 발견한 사자(singa, 싱가)와 도시(pura, 뿌라)를 나타내고, 물고기 꼬리는 뗴마섹(자바어로 '바다')이라는 고대 어촌을 의미하고 있다고 한다. 따라서 싱가포르는 의도적으로 라이언 시티를 추구하고 있는데, 이는 다분히 의도적인 현대화의 도시 이미지이다. 곳곳에 머라이언의 조각상이 만들어졌고, 머라이언 공원도 만들어졌다. 특히 머라이언 공원에는 8.6미터 높이의 머라이언 조각상이 있고, 투어리즘 코트(Tourism Court)와 유명한 인공산인 페이버 산에도 각각 3미터 높이의 머라이언 조각상이 만들어져 있고, 가장 대표적인 센토사 섬에는 콘크리트로 37미터 높이의 거대한 머라이언이 만들어져 있다. 즉 싱가포르는 근대 국가 형성에서 국민들이 공유할 만한 고유 상징체계를 설립해야 하는 필요성을 강하게 가지고 있었

63) 김난희, 「중국 사자춤과 한국 사자춤의 비교 연구」, 이화여대 대학원 석사논문, 1994.

64) 독립국가 싱가포르에서 국가 정체성을 확립하는 것은 국가의 존립에 필수적인 일이었다. 위로부터의 독립을 선언하기는 했지만 공동체 사회를 형성한 시간이 짧았던 신생 싱가포르의 국민들 간에는 고유문화라고 할 만한 유대가 없었다. 그러므로 머라이언과 국가를 상징하는 시각문화, 다양한 박물관을 건립함으로써 국가 싱가포르의 일체감을 확립하는 일이 중요했다고 한다(강희정, 2011).

다.[65)]

서울과 싱가포르 사자놀음에서 사자는 놀이적 트릭스터(Trickster)로 정의될 수도 있는데, 그 놀이적 기능이 축제적 성격으로 드러나고 있다는 공통점이 있다. 트릭스터는 전통적으로 도덕적 관습과 질서를 어지럽히는 장난꾸러기 기질을 가진다. 교활하면서 혼돈의 상태를 즐기고 때로는 의도가 다른 결과를 내는 코믹성을 가진다. 사자들이 어린아이를 잡아먹으려 한다거나 위협을 가한다거나 하는 행위가 역설적으로 무사 안녕을 기원하는 정반대의 심리를 대변하고 있기 때문이다. 서울의 〈북청사자놀음〉이나 싱가포르의 사자춤의 주인공인 사자의 특성이 트릭스터의 기질을 충분히 담고 있다는 공통점도 주목할 필요가 있다.

서울의 해치는 서울을 상징하는 축제들에서 자주 활용되면서 도시민의 융화를 독려하고, 싱가포르의 경우 주요 명절 때, 사자춤으로 축제적 성격을 드러내서 도시 구성원들의 소속감을 상승시키고 있다. 특히 서울과 싱가포르의 사자춤에서 과장된 사자 이미지는 트릭스터의 성격이 매우 강하게 재현되고 있다. 눈이 지나치게 과장되게 크고 입도 해학적이고 크게 만들어져 사자는 무서움보다는 친근성을 가지게 한다. 조금씩 다르게 변형이 되긴 하지만 사자들은 기린처럼 뿔이 있기도 하고, 인어처럼 물고기 지느러미가 있기도 하고, 새처럼 날개가 달리기도 하는 등 다양한 형태를 함의하는 놀이성을 가진 메타 기호로 작용하고 있으며, 각 나라의 민중들의 위안을 주는 상징물이 되고 있다.

---

65) 강희정, 「머라이언(Merlion)과 박물관: 싱가포르의 국가 만들기」, 『동아 연구』 60, 서강대학교 동아연구소, 2011, 189-222쪽.

4. 종교를 초월해서 놀이에 빠지다

싱가포르 음력 설: 공자등

한국과 싱가포르는 세계에서 유래 없는 고도의 경제적 성장을 이루어낸 아시아 대표주자들이다. 한국과 싱가포르는 정치적으로 또는 경제적으로 많은 유사점을 가지고 있지만, 문화적으로도 매우 유사한 점이 많다. 한국과 싱가포르의 대표적인 공휴일은 유사한 양상을 띠고 있는데, 1월 1일 설날, 구정 음력 설날, 석가탄신일, 독립기념일/광복절, 어린이날, 성탄절 등이 날짜는 다소 다르지만 같은 휴일을 가진다. 한국의 나머지 휴일 삼일절, 현충일, 개천절, 한글날 등은 한국의 고유한 역사적 특성을 반영하는 것인데 반해 싱가포르는 성금요일, 부활절, 라마단, 인도 연등행사, 합지절 등 나머지 휴일이 있는데 이는 대부분 종교와 관련이 있다. 그만큼 싱가포르의 인종 구성은 다양한 분포를 보인다.

18세기 연암 박지원은 중국을 여행하고 난 후 그의 책에서 중국의 대취회라는 잔치를 묘사하면서, 이 날 여러 짐승을 만세산에 몰아낸다고 묘사했다. 범, 표범, 코끼리, 곰이 나온 후에 사자가 등장한다고 말하면서 사자는 몸이 짧고 작아서 흡사 가정에서 키우는 금빛 털을 가진 삽살개처럼 보인다고 설명하였다. 그런데, 여러 짐승들이 이 사자를 보면 무서워 엎드리고 감히 쳐다보지도 못한다고 묘사했다.[66] 조선 시대 선비들은 사자를 관념적이고 문화적으로 인식했을 것이다. 흡사 삽살개 같았다는 연암의 표현에서 그간 불교에 의해 전승된 사자의 모습이 다소 과잉되어 있었다는 선비의 성찰적 현실 인식을 엿볼 수 있다. 한국에서 사자는 해치로 인식되는 데 별 무리가 없어 보인다.

한국에서 사자의 인식은 불교, 유교, 도교, 민간신앙 등이 복합적으로 들어간 문화적 융합체라는 것을 알 수 있다. 이는 삼국시대부터 현대에 이어지면서 유구한 시간적 배경을 거쳤다는 특징을 입증해 주는 것이다. 즉 종적 적층 문화의 형태로서 초종교성을 가진다. 반면, 싱가포르는 1965년 독립을 맞이하면서 다민족 연합체의 특성이 다양한 종교를 공존하게 했다. 이들은 리콴유가 주장한 사회민주주의 지향점에 맞추어 개인의 권리보다는 국가의 질서와 국가의 생존을 우선시하였다. 리콴유는 강력한 리더십을 바탕으로 개인보다는 국가 이익이나 공동선 유지에 힘을 쏟았다. 리콴유는 서구사회의 인간 존엄성의 확대가 개인적 권리의 남용으로 이어져 도덕적 타락을 유발하고 사회의 질서를 위협할 것이라고 믿었다. 강력한 지도력과 경제적 성장은 국민들에게 종교의 다름과 갈등을 국가의 안위 아래에 효과적으로 두게 하였다. 싱가포르의 다양한 인종과 다양한 종교는 머라이언이라는 싱가포르의 상징적 이미지 체계 아래에서 움직이게 되고, 사자춤 대회는 서로 다른 여러 민족을 함께 어울리게 하는 놀이적 축제 상상력을 제공하였다.

---

66) 박지원, 김혈조 옮김, 『열하일기 3』, 서울: 돌베개. 2017, 363쪽.

북청사자놀음

한국의 사자에 있어서 초종교성은 해치와 〈북청사자놀이〉에서 나타나고 있는 문화적 현상이다. 한국의 사자는 불교의 유입과 함께 들어온 상징물이다. 불교에서 사자는 만인에게 복을 준다는 의미로 쓰인다. 따라서 부처를 '인(人)사자'라고도 한다. 백수의 왕인 사자는 부처의 강력함을 상징하기 때문에 부처님의 설법을 '사자후'라 하고 부처님의 자리를 '사자좌' 라고 한다. 많은 사찰의 탑을 지키는 사자는 부처를 지키는 상징인 셈이다.[67] 한반도에 서식하지 않았던 사자는 조선 후기에 이르러 해치로 변형되기 시작했고, 현재는 이 둘이 혼용되고 있다고 할 수 있다. 조선 후기 이전에 해치는 푸른 비닐로 표현되었고 법과 정의의 상징으로 묘사되었다. 반면 사자는

67) 허민, 2005; 불교신문, 2005.3.2.

권위와 위엄의 상징이었다. 이는 유교 사회의 시대정신과 깊은 연관성을 가진다고 할 수 있다.[68] 해치는 시비를 판단하는 지혜를 가진 영물이기 때문에 재판과 관련이 있다. 조선시대에는 사헌부를 상징하고 현재에는 대검찰청 대문을 지킨다. 정의가 지켜지기를 바라는 의미에서 선악의 판결자인 셈이다. 또한 해치는 풍요와 덕을 가진 것으로 상징화된다. 이 역시 사람들의 수호 이미지가 들어간 것이다. 해치는 그 형성 모습에서 목에 방울을 달고 있는데, 이는 민간 신앙에서 무당이 귀신을 쫓기 위해 방울을 흔드는 것이 반영된 것이다. 돈후함과 해학성을 가진 서울의 해치는 전통적으로 경복궁 앞에서 앞을 바라보는 관악산의 화기를 누르기 위해서 풍수지리적으로 활용된 장소에 놓였다. 이는 다분히 도교적 사상을 담고 있는 것이라고 할 수 있다. 해치와 사자의 시작은 불교에 근원을 두고 있지만 그 이념에 있어서는 유교의 사상이 보태지고 위치와 상징에 있어서는 도교와 민간신앙의 특성이 반영되며, 그 외모의 조합적인 특성은 다분히 민간 신앙을 반영하고 있다.

〈북청사자놀음〉 역시 해치와 비슷하게 초종교적이라는 특성이 있다. 불법을 수호하고자 하는 사자는 입을 벌려 불법을 위협하는 악마를 잡아먹는 행위를 보이면서 등장한다. 그리고 높이 뛰어 천신에게 자신의 존재를 알리고자 하는 행위를 한다. 그러다 토끼를 먹고 쓰러지고 선비는 사자를 살리기 위해 제문을 읽고 기원한다. 하지만, 사자는 일어나지 못하고 결국 유명한 도승을 불러들인다. 하지만 도승도 사자를 살려내지 못하고, 민간에서 침을 놓는 의원이 등장해 사자에게 침을 주고 사자는 그제야 깨어난다. 〈북청

68) 윤열수, 『신화 속 상상동물 열전』, 서울: 한국문화재보호재단, 2010, 312-319쪽.

사자놀음〉의 사자의 색은 벽사를 상징하는 붉은색을 띠고 있으며, 궁극적으로 살아난 사자는 지역의 안녕을 지키기 위해 집집마다 길놀이를 떠난다는 설정이다. 이 놀음 안에는 불교, 유교, 도교, 민간신앙이 적층화 되어 보이고 있으며, 이들은 서로 갈등을 겪지 않고 상생하면서 놀이화되고 있다. 따라서 해치와 함께 〈북청사자놀음〉은 시대를 아우르는 종적인 초종교성 가진다고 할 수 있다. 박진태는 이러한 사자의 궁중 역할을 삼국 시대 불법 수호, 조선 시대 왕권수호, 벽사진경, 민간신앙과 결합해서 지역수호 등으로 이어지고 있다고 설명한다.[69]

싱가포르의 머라이언 상징과 사자춤은 한국의 해치와 〈북청사자놀음〉처럼 초종교적인 문화적 코드라는 점에서 상호 비교할 수 있다. 1965년 독립한 싱가포르는 강력한 국가 만들기라는 이념에 걸맞게 바다와 육지에서 강력한 상징인 머라이언이라는 신화화에 인종과 종교는 갈등보다는 협력을 강요받았다. 싱가포르의 도시 형성은 곳곳에 도교의 풍수지리적 사유가 펼쳐지고 있는데, 사자상인 머라이언은 복을 가져다주는 풍수가 좋은 장소에 놓인다. 영어, 말레이어, 중국어, 타밀어 등을 공용어로 함께 사용하면서 다민족을 포섭하는 정책을 쓰고 있다. 차이나타운과 리틀인디아가 도시의 일부분을 자연스럽게 차지하고 있고, 이슬람 사원, 불교 사원, 힌두사원, 교회 등이 큰 종교적 갈등 없이 문화적 다양성으로 공존하고 있다. 인종과 종교의 차이는 싱가포르 국가라는 공동체 의식의 확장된 개념 아래에 있는 하위 단위인 것이다. 리콴유가 주도했던 단단한 합의는 사회적 오염에 대해 완강하게 대처하게 했고, 종교적으로는 다소 관대하게 대응하도록 유도했다. 민

69) 박진태, 『전통 공연문화의 이해』, 서울: 태학사. 2012, 75-102쪽.

족적 경계의 중요성이 일종의 문화로서 작용하면서 실용주의를 따르게 하는 효과를 거두었다.[70] 싱가포르의 불교, 도교, 기독교, 무슬림, 힌두교 등 다양한 종교는 서로의 역사와 종교를 존중하면서 자신들의 다양한 믿음을 합리적으로 수호하고 있다.

싱가포르에서 펼쳐지는 〈국제 사자춤 대회〉는 가장 큰 명절인 음력 초하루에 열린다. 나라의 가장 큰 명절에 사자놀이를 진행함으로써 머라이언이라는 신흥 신화 상징물이 전통적인 사자놀이와 합치되면서 사자의 민족 응집성을 더욱 강하게 묶고 있다. 이는 한국의 사자놀이와 상징이 시대를 아우르는 종적인 초종교성을 가지는 것과는 다르게 동시대인들이 살아가는 횡적인 초종교성을 가지도록 한다. 서로 다른 민족이 머라이언이라는 상징물을 공유하면서 동일한 사자놀이를 향유한다면 종교적 갈등과 민족적 분열은 완화되고 사자의 놀이성 안으로 융화되는 초종교성을 가질 것이다.

전 세계는 지구촌화라는 미증유의 문화적 환경 때문에 많은 혜택을 누리며 살고 있지만, 동시에 문화적 정체성이라는 측면에서는 다소 혼란스러운 시대를 살아가고 있으며, 본의 아니게 문화적 논쟁이 이어지기도 한다. 본고에서는 아시아 대표적인 도시 서울과 싱가포르에 보이는 사자의 이미지와 놀이적 상상력을 통해 문화가 구현하는 다양한 의미작용을 논의해 보았다. 사자의 그로테스크 이미지와 트릭스터적인 놀이적 특성과 초종교성에 대한 논의를 통해 서울과 싱가포르가 향유하고 있는 사자 이미지의 차이점과 공통점을 다양한 각도에서 조명해 보았다. 두 도시에서 향유하는 사자는 그로테스크란 부분에서는 대동소이한 문화적 해석이 있었고, 트릭스터란 속성에

70) 김성건, 「싱가포르의 종교와 문화」, 『국제지역연구』 4권, 1996.

서는 서울의 사자놀음이 이야기를 가진 연극 형태로 애원성을 가지는 반면 싱가포르는 연행 중심의 오락성이 더 강하다는 차이점을 읽을 수 있었다. 마지막 비교 대상으로 바라본 초종교성은 다소 차이점이 있었는데, 서울의 종적 초종교성이 시대를 아우르고 있는 데 반해 싱가포르의 횡적 초종교성은 동시대의 연대를 강화시키는 것으로 읽을 수 있었다. 상징은 각 도시를 응집시키기도 하고 각 나라를 응집시키기도 한다. 특히, 동물의 상징과 상상된 동물의 창조는 각 나라가 이념적으로 지향하는 것을 가시적으로 이미지화하는 데 효과적이라고 할 수 있다. 따라서 문화 속 상징을 민족과 결합해서 읽어내는 문화 인류학적 작업은 세계화 시대에 다양한 가치관을 이해하는 데 더 필요한 문화적 과업이 될 수 있다.

나오며

다산 정약용은 우리나라 문화사에서 가장 창의적이고 융합적 사고를 잘 보여준 학자일 것이다. 그는 한 집안의 가장으로서 임무를 하지 못하고 머나먼 시골로 귀향을 가 있었을 때에도 자식들에게 편지로 융합적 사고의 정신을 수없이 강조하며 이야기하곤 했었다. 생계를 위해 닭을 키우겠다는 아들을 향해 양계(養鷄)에 대한 책을 써 보는 것이 어떠하겠냐는 어이없는 제안을 했다. 유배 간 아버지를 대신해서 자기의 생계와 어머니를 봉양해야 하는 어린 아들들에게 학문적 탐구의 제안이 꼭 달가울 리는 없었을 것이다. 먹고 사는 것도 힘든데, 그것을 연구해서 책까지 쓰라고 하니 말이다. 아버지 다산 정약용의 논리는 물고기를 잡으려고 노력하다보면 자기도 모르게 생각지도 않았던 기러기를 잡을 수가 있다는 〈어망득홍(漁網得鴻)〉의 정신이었다. 그런데, 다행히 정약용의 아들들은 그것을 서운하게 듣지 않았던 모양이다. 아들 정학유는 어려운 가정 형편에서도 농사철의 지침을 알리는 〈농가월령가〉를 지었기 때문이다. 만약 아들들이 아무 걱정도 없는 편안한 양반 자제로만 지냈다면 이러한 생활에 도움이 되는 노래는 절대 짓지 못했을 것이다. 가만히 정약용과 정학유 부자(父子) 간의 이야기를 살펴보면, 즐기는 것이 최고의 경쟁력이라는 공자의 말이 떠오른다. 공자는 제자들에게 잘하는 것보다 좋아하는 것이 더 경쟁력 있고 더 나아가 즐기는 것이 최고의 경쟁력이라고 말하고 있다. 융합적 사고와 〈어망득홍〉은 자기 주변을 즐기는 것에서 만나는 사유라고 볼 수 있을 것이다.

다산의 〈어망득홍(漁網得鴻)〉적인 사유는 바로 스티브 잡스가 이야기한 연결시키는 힘일 것이다. 미래는 현실의 점들이 모여져서 만들어지는 것이라고 말하던 스티브 잡스는 창의적 인간은 이것과 저것을 잘 연결시키는 사람이라고 정의했다. 창의적 인재는 뛰어난 천재도 아니고 세련된 전문가도 아니다. 자신을 둘러싼 것들을 잘 연결시키고 그 안에서 혹시 모르는 기러기를 발견하고 그 기러기를 잘 잡아 올리는 사람이 창의적 인간일 것이다. 그도 그럴 것이 현대 시회는 더이상 일부 지식을 소수 전문가가 독점하는 시대가 아니기 때문이다. 지식은 누구에게나 열려있고, 예전에 판독하지 못하던 원서는 많은 번역가들의 등장으로 쉽게 가독성을 가지게 되었다. 농부라고 단순히 농사만 짓는 것이 아니고, 그 안에서 다양한 것을 시도할 수 있다. 체험 학습으로 이어갈 수 있고, 유기농으로 미래 사회에 대응할 수 있고, 휴식을 원하는 사람들에게 휴식처를 제공하는 프로그램도 만들 수 있다. 아마도 미래의 농부는 그러할 것이다. 농사를 지으면서도 학자보다 더 멋진 인문학 저서도 쓸 수 있고 경제학 책도 쓸 수 있을 것이다.

이 책은 융합적 사고와 글쓰기를 시도하는 사람들과 공유하기 위해서 그간 몇 년간 융합적 글쓰기 방법을 적용해왔던 글들을 모은 것이다. 2장의 민간 신화 속 여성은 이전 연구에서 활용했지만 이번에는 신화 부분을 읽기 편하게 편역해서 보완시켰다. 또한 4장의 경우 〈삼국유사〉 책에서 일부 활용했던 것인데, 질병 부분을 보강해서 이번에 차이와 연대 부분에 삽입시켰다. 그 외엔 모두 처음 선보이는 글들이다. 늘 그렇듯이 책을 완성시키고 나니 많이 부끄럽다. 보다 많은 독자가 공유할 수 있는 책이면 좋겠는데, 사실 딱딱한 형식의 글을 많은 독자가 보기는 무리이다. 그러나 이 책은 대학에서 융합적으로 사고하고 글을 쓰고자 하는 사람에게는 약간의 도움이 될 것이라고 자위하면서 부끄럽지만 세상에 내 보인다. 사만천의 〈사기〉의 "이괄열전"에 "도리무언 하자성혜(桃李無言 下自成蹊)"라는 말이 나온다. 풀이하자면 복숭아와 배꽃은 아무 말이 없지만, 스스로 그 아래에 길이 생긴다는 말이다. 신화와 융합적 글쓰기를 통해 내가 속한 학문 영역에서 융합을 생각해본 것이 작은 배꽃 향이라도 나길 바란다. 그래서 그 아래 어렴풋한 가느다란 길을 뚫고 한 사람이라도 향기를 맡으러 온다면 족할 것 같다. 이 책을 쓰는 동안 항상처럼 가족은 고마움의 원천이다.

참고문헌

1장. 민간신앙과 불교의 문화적 충돌로 선덕여왕을 다시 보다

권문해, 윤호진 옮김, 『대동운부군옥』, 지만지, 2014.

김대문, 이종욱 옮김, 『화랑세기』, 소나무, 1999.

김덕원, 「신라 선덕왕대의 불교정책에 대한 고찰」, 『신라사학보』 31집, 신라사학회, 2014, 1-36쪽.

김명준, 「선덕여왕대 〈풍요〉의 불교정치적 의미」, 『우리문학연구』 39집, 우리문학회, 2013, 7-40쪽.

김부식, 『삼국사기』, 한길사, 1998.

김선주a, 「신라 선덕여왕과 영묘사」, 『한국고대사연구』 71집, 한국고대사학회, 2013, 281-316쪽.

김선주b, 「선덕왕 지기삼사의 형성 시기와 배경」, 『한국고대사탐구』 25집, 한국고대사탐구학회, 2017, 215-251쪽.

김수연, 「신라 선덕여왕에 대한 재고」, 『동국사학』 44집, 동국사학회, 2008, 1-34쪽.

김열규, 『도깨비 날개를 달다』, 한국학술정보, 2004.

김태식, 「모란의 심연, 선덕여왕과 그의 씨내리 남자들」, 『신라사학보』 30집, 신라사학회, 2014, 251-299쪽.

루돌프 오토, 『성스러움의 의미』, 분도출판사, 1987.

미르치아 엘리아데 강응섭 옮김, 『신화, 꿈, 신비』, 도서출판 숲, 2006.

서금석, 「천문대로서의 첨성대 이설에 대한 재론」, 『한국고대사연구』 86집, 한국고대사학회, 2017, 149-193쪽.

서영교, 『고개 동아시아 세계대전』, 글항아리, 2015.

서정주, 『미당 서정주 전집1: 시』, 은행나무, 2015.

안정복, 『동사강목』, 경인문화사, 1989.

엄기영, 「『삼국유사』 〈도화녀와 비형랑〉의 신화적 특징과 그 의미」, 『한국문학연구』 25집, 이화여자대학교 한국문화연구원, 2013, 37-60쪽.

우지현, 「역사 속의 여성 우리나라 최초의 여왕 선덕여왕」, 『감:역사를 비추는 거울』 1집, 역사문화연구회, 2008, 22-28쪽.

윤선태, 「중대신라 불교문화 연구의 새로운 시각」, 『선사와 고대』 44집, 한국고대학회, 2015, 5-37쪽.

이도학, 『삼국통일 어떻게 이루어졌나』, 학연문화사, 2018.

이동매, 「모란 전래시기를 통해서 본 선덕여왕의 '모란일화'와 『화왕계』」, 『한국학연구』 31집, 인하대학교 한국학연구소, 2013, 203-226쪽.

이동민, 「신라 불교사에 있어서의 여성의 역할- 삼국유사를 중심으로」, 이화여대대학원, 1993, 93-99쪽.

일연, 김원중 옮김, 『삼국유사』, 민음사, 2007.

임재해, 「삼국유사 설화 자원의 문화 콘텐츠와 길 찾기」, 『구비문학연구』 29집, 한국구비문학회, 2009, 219-255쪽.

장활식, 「『삼국유사』에 나타나는 밀본의 실체」, 『신라문화』 47집, 동국대학교

신라문화연구소, 2016, 103-138쪽.

정상원, 「미당의 신라 정신 탐색 초기에 나타난 선덕여왕의 시적 형상화 양상과 그 의미」, 『한국어문교육』 20집, 고려대학교 한국어문교육연구소, 2016, 85-118쪽.

정연식, 「선덕여왕 이미지 창조」, 『한국사 연구』 147집, 한국사연구회, 2009, 83-119쪽.

정연식, 「첨성대의 기능과 형태에 관한 여러 학설 비판」, 『역사학보』 24집, 역사학회, 2009, 357-403쪽.

정영식, 「자장의 불교시책과 그 성격」, 『보조사상』 38집, 보조사상연구원, 2012, 307-338쪽.

조경철, 「신라 선덕여왕의 알영신화 재편과 첨성대」, 『천태학연구』 14집, 천태불교문화연구원, 2011, 445-475쪽.

조범환, 『우리 역사의 여왕들』, 책세상, 2000.

주보돈, 「한국 고대시회 속 여성의 지위」, 『계명사학』 21집, 계명사학회, 2010, 35-56쪽.

최남선, 『국민조선역사』, 경인문화사, 2013.

최남선, 『신정 삼국유사』, 경인문화사, 2013.

최성은, 「『삼국유사』를 통해 본 분황사의 중대신라 불교미술」, 『문화재』 47집, 국립문화재연구소, 2014, 136-161쪽.

2장. 신화 속에서 걸어나온 여성들을 만나다

강정효, 『화산섬 돌 이야기』, 도서출판 각, 2004.

고혜경, 『선녀는 왜 나무꾼을 떠났을까』, 한계레출판, 2006.

김동만, 『다큐제주』, 도서출판 각, 2008.
김선자, 『변신이야기: 필멸의 인간은 불멸의 꿈을 꾼다』, 살림, 2004.
김수연, 「여성 신화와 여성 조력자, 문학 속의 그녀들」, 『독일문학』, 2005.
김열규, 『가호로 읽는 한국 문화』, 서강대출판부, 2008.
김열규, 『한국 여성 그들은 누구인가』, 한국학술정보, 2001.
김원중, 『삼국유사』, 을유문화사, 2002.
김인숙, 『제주의 빛 김만덕』, 푸른숲주니어, 2006.
김정숙, 『자청비, 가믄장아기, 백주또』, 도서출판 각, 2002.
김화경, 『세계 신화 속의 여성들』, 도원미디어, 2003.
김희정, 『버지니아 울프:살아남은 여성 예술가의 초상』, 살림, 2004.
노정숙, 「신화를 통해 본 여성 주체의 형성-〈바리공주〉신화에서 주체 형성의 원리들과 가치」, 『한국여성학21』, 2005.
댄 킨딜런, 최정숙, 『알파걸』, 시대의창, 2007.
동아시아 고대학회편, 『동아시아 여성신화』, 집문당, 2003.
로버트 A. 존슨, 고혜경 옮김, 『신화로 읽는 남성성He』, 동인, 2006
로버트 A. 존슨, 고혜경 옮김, 『신화로 읽는 여성성She』, 동인, 2006
리사 터틀, 유혜련, 호승희 옮김, 『페미니즘 사전』, 동문선, 1998
메리 E. 위스너-행크스, 노영순 옮김, 『젠더의 역사』, 역사비평사, 2009
미르치아 엘리아데, 이재실 옮김, 『메피스토펠레스와 양성인』, 문학동네, 2008.
박동식, 『제주도』, 시공사, 2004.
버지니아 울프, 오진숙 옮김, 『자기만의 방』, 솔, 2004.
소포클레스, 천병희 옮김, 『오이디푸스와 안티고네』, 문예출판사, 2006.
신동흔, 『살아있는 우리 신화』, 한겨레출판, 2004.
염원희, 「무속신화의 여성 수난과 신 기능의 상관성 연구」, 『한국무속학』,

2010.
오세정, 「무속신화의 희생양과 희생제의」, 『한국고전연구』, 2001.
오세정, 『한국 신화의 생성과 소통원리』, 한국학술정보, 2005.
오정자, 『신화의 땅 제주에서 토산을 만나다』, 여름언덕, 2006.
이경하, 「제주도 본풀이에 나타난 여성 서사시의 양상과 의미」, 『구비문학연구 9』, 한국구비문학회, 1999.
이수자, 「농경기원신화 〈세경본풀이〉의 특징과 의의」, 『동아시아 여성신화』, 집문당, 2003.
이나미, 「한국의 마고 여신에 관한 고찰-한국 신화의 고태적 상징」, 『심성연구 24』, 2009.
이수자, 『큰 굿 열두거리의 구조적 원형』, 집문당, 2004.
이영권, 『새로 쓰는 제주사』, 휴머니스트, 2007.
이영권, 『제주 역사 여행』, 한겨레신문사, 2004.
장영란, 『신화 속의 여성, 여성 속의 신화』, 문예출판사, 2004.
장영란, 「한국 신화 속의 여성의 주체의식과 모성 신화의 전복적 기능」, 『한국여성철학 9』, 2007.
장영란, 「한국 여성-영웅 서사의 희생의 원리와 자기 완성의 철학-'딸'의 원형적 이미지 분석과 효 이데올로기비판」, 『한국여성철학9』, 2008.
장주근, 『제주도 무속과 서사무가』, 도서출판역락, 2001.
정순경, 『탐라문견록 바다 밖의 세상』, 휴머니스트, 2008.
조현설, 『우리 신화의 수수께끼』, 한겨레출판, 2006.
조홍윤, 「동아시아의 여성문화: 한국 신화 속의 여성 문화」, 『민족과 문화 9』, 2001.
차옥숭, 「한국 여성 신화의 여성 정체성」, 『종교연구 45』, 2006.
최건수, 『제주올레』, 21세기북스, 2010.

최재천, 『여성 시대에는 남성도 화장을 한다』, 궁리, 2007.
최혜실, 『신여성들은 무엇을 꿈꾸었는가』, 생각의 나무, 2000.
케이트 밀레트, 정의숙·조정호 옮김. 『성의 정치학(상)』, 현대사상사. 1976.
토릴 모이, 임옥희 옮김, 『성과 텍스트의 정치학』, 한신문화사, 1994.
하순애, 『제주도 신당 이야기』, 제주대출판부, 2008.
현길언, 『제주도 이야기1.2』, 창비, 1984.
현길언, 『풍경따라 떠나는 제주여행』, 솔과 학, 2004.
현용준, 『제주 신화의 수수께끼』, 집문당, 2005.
현용준, 『제주도 전설』, 서문당, 1996.
현용준. 『제주도 신화』, 서문당, 1996.

3장. 한국과 베트남, 신화 이야기로 통하다

■ 다문화 통계 자료 활용

- 2015년 통계청 홈페이지 〈다문화 인구 동태 통계〉참고
- 2015년 여성 가족부 〈성인(일반국민)다문화 수용성〉조사 참고

강은해, 「한국 귀화 베트남 왕자의 역사와 전설: 고려 옹진현의 이용상 왕자」, 『동북아 문화연구』26, 동북아시아문화학회, 2011, 223-240쪽.
구가인, 『백의민족 : 베트남과 한국의 고대사, 그 영겁의 시간을 넘어』, 지식공감, 2013, 1-256쪽.
김남일 방현석, 『백 개의 아시아 2』, 아시아, 2014.
김선숙, 「『삼국유사』 무왕조의 서동설화에 대한 검토」, 『동아시아 문화연구

42』, 한양대학교 한국학연구소, 2001.
김영순, 『베트남 문화의 오디세이』, 북코리아, 2013.
김완준, 『베트남 : 독특한 향기의 나라』, 위캔북스, 2007.
레티응옥깜, 「베트남 동해안 고래신앙의 유래와 특징」, 『비교민속학』 18, 비교민속학회, 2013, 137-158쪽.
무경 , 박희병 옮김, 『베트남의 신화와 전설 -嶺南摭怪列傳』, 돌베개, 2000.
석창훈, 「동아시아 신화의 스토리텔링을 활용한 다문화이해교육 연구」, 『다문화콘텐츠 연구』 10, 중앙대 문화콘텐츠 기술연구원, 2011, 195-213쪽.
성용구, 「우리나라 다문화 교육문제와 개선방향」, 『초등교육연구논총』, 대구대학교 초등교육연구소, 2009, 1-10쪽.
송정남, 『베트남 역사 읽기』, 한국외국어대학교 출판부, 2010.
송정남, 『베트남 사회와 문화 들여다보기』, 한국외국어대학교 출판부, 2013.
심상준, 「베트남 여성의 지위와 함-베 다문화 가족」, 『베트남 연구』 9, 한국베트남 학회, 2009, 25-66쪽.
오구라 사다오, 박경희 옮김, 『한 권으로 읽는 베트남사』, 일빛, 1999.
원금용, 이미정, 「베트남과 한국의 전통 인형극 비교 연구」, 『한국언어문화교육학회 학술대회』, 한국언어문화교육학회, 2008., 57-66쪽.
유인선, 『(새로 쓴) 베트남의 역사』, 이산, 2002.
응우옌티타잉쑤언, 「베트남 신화, 전설, 민담 속의 여성」, 『東南亞硏究』 10, 한국외국어대학교 동남아연구소, 2010, 1-25쪽.
응우옌홍비, 『영남척괴- 문화적 접근』, 아시아스토리 국제워크숍, 2011.
이병준, 박정현, 「다문화 교육 정책 프로그램 분석과 평생교육의 대응방안 연구」, 『문화예술교육연구』, 한국문화교육학회, 2014, 1-26쪽.
이수광, 『지봉유설』, 을유문화사, 1994,
이한우, 『베트남 한류를 보는 한국과 베트남의 시각』, 이매진, 2013.

인하대 한국학연구소,『한국과 베트남 사신, 북경에서 만나다』, 소명출판, 2013.

일연, 김원중 옮김, 『삼국유사』, 민음사, 2002.

임진호, 『(용의 후예) 베트남의 신화와 전설』, 지성人, 2014.

전혜경, 『재미있는 베트남 동물 이야기』, 문예림, 2012.

전혜경, 『한국 베트남 설화 비교 연구』, 문예림, 2006.

질베르 뒤랑, 유평근 옮김, 『신화비평과 신화분석』, 살림, 2002.

최귀묵, 『베트남문학의 이해』, 창비, 2010.

최남선, 『사론 종교론』, 경인문화사, 2013.

최호림. 「국제결혼에서 귀환까지: 베트남 여성의 한국행 결혼 이주 경험에 관한 연구」, 『동아연구』 34-1, 서강대학교 동아연구소, 2015, 143-182쪽.

하은하, 「결혼 이주 여성의 자아존중감 강화를 위한 〈내 복에 산다〉 형 설화의 문학치료적 의미 : 베트남 설화집 『,嶺南摭怪列傳』 소재 〈일야택전〉과 〈서과전〉을 중심으로」, 『구비문학연구』, 한국구비문학회, 2011, 227-264쪽.

호티투흐엉, 「베트남인 학습자의 한국문화 교육 방안 고찰 ― 한국과 베트남의 신화 비교를 중심으로」, 『교양교육연구』 8, 한국교양교육학회, 2014, 145-168쪽.

황병익, 「역신의 정체와 신라-〈처용가〉의 의미 고찰」, 『정신문화연구』 34, 한국학중앙연구원, 2011, 127-152쪽.

4장. 차이와 연대로 신화 속 이방인을 들여다보다

강은해, 『한국난타의 원형, 두두리 도깨비의 세계-도깨비 설화의 시학』, 서울:

예림기획, 2003.
고마쓰 가즈히코, 박전열 옮김, 『일본의 요괴학 연구』, 민속원, 2009.
기호학연대, 『기호학으로 세상읽기』, 소명, 2002.
김경용, 『기호학의 즐거움: 기호학으로 읽는 예술, 대중문화, 실천』, 민음사, 2001.
김경용, 『기호학의 즐거움』, 민음사, 2006.
김대문, 이종욱 옮김, 『화랑세기』, 소나무, 1999.
김열규, 『도깨비 날개를 달다』, 서울: 한국학술정보, 2003.
김열규, 『기호로 읽는 한국문화』, 서강대학교 출판부, 2008.
김열규, 『도깨비 본색, 뿔난 한국인』, 사계절, 2010.
김용석, 『메두사의 시선』, 푸른숲, 2010.
김윤아, 『포켓몬 마스터 되기』, 서울: 살림, 2003.
김종대, 『민담과 신앙을 통해 본 도깨비의 세계』, 국학자료원, 1997.
김종대, 『도깨비를 둘러싼 민간신앙과 설화』, 인디북, 2004.
김종대, '한국의 도깨비 일본의 요괴', 『일본의 요괴문화』, 한누리미디어, 2005.
김현주, 『토테미즘의 흔적을 찾아서』, 서강대학교출판부, 2009.
루스 베네딕트, 김윤식 외 옮김, 『국화와 칼』, 을유문화사, 2008.
리처니 커니, 이지영 옮김, 『이방인, 신, 괴물』, 개마고원, 2004.
미르치아 엘리아데, 『메피스토펠레스와 양성인』, 서울: 문학동네, 2006.
미르치아 엘리아데, 『신화, 꿈, 신비』, 도서출판 숲, 2006.
미르치아 엘리아데, 이은봉 옮김, 『성과 속』, 한길사, 2006,
보르헤스, 『상상 동물 이야기』, 까치글방, 1994.
송효섭, 『해체의 설화학』, 서강대학교출판부, 2009.
아이작 아시모프, 김대웅 옮김, 『신화 속으로 떠나는 언어이해』, 웅진지식하우스, 2006.
엠마누엘 레비나스, 강영안 옮김, 『시간과 타자』, 문예출판사, 2009.
오오노야스마로, 권오영, 권정 옮김, 『고사기 상,하』, 고주원, 2007.
유강희, 『깨비깨비 왕도깨비』, 세시, 2004.
이어령, 『이어령의 삼국유사 이야기』, 서경시학, 2006.
이인식, 『온가족이 함께 읽는 신화상상동물 백과사전』, 생각의 나무, 2002.
이재성, '일본 대중문화에 나타난 요괴 이미지', 『일본의 요괴문화』, 한누리미디어, 2005.
이종욱, 『색공지신 미실』, 푸른역사, 2005.
정재서 역주, 『산해경』, 민음사, 2006.
정재서, 『이야기 동양신화1,2』, 황금부엉이, 2004.
조규형, 『해체론』, 살림, 2008.
조영경, 『괴물들의 세계』, 채우리, 2006.
주강현, 『주강현이 우리문화1-도깨비에서 장승까지』, 아이세움, 2007.
중앙대학교 한일 문화연구원, 『일본의 요괴문화』, 한누리미디어, 2005.
질베르 뒤랑, 진형준 옮김 , 『상상력의 인류학적 구조들』, 문학동네, 2007.
최인학 편저, 『한, 중, 일 설화비교 연구』, 민속원, 1999.
최정은, 『동물, 괴물지, 엠블럼-중세의 지식과 상징』, 휴머니스트, 2005.
표정옥, 『놀이와 축제의 신화성』, 서강대학교출판부, 2009.
허우성, 『근대 일본의 두 얼굴』, 문학과 지성사, 2000.
황병익, 「역신의 정체와 신라-〈처용가〉의 의미 고찰」, 『정신문화연구』 34, 한국학중앙연구원, 2011.

5장. 신화 망원경, 바다를 건너 지리와 역사를 보다

김지녀, 「최남선 시가의 근대성: '철도'와 '바다'에 나타난 계몽적 근대 인식」, 『비교한국학』, 국제비교한국학회, 2006.

최남선, 「봉길이 지리공부」, 『소년』 제1년 제1권, 신문관, 1908, 11.

류시현, 『최남선평전』, 한겨레출판, 2011.

최남선, 허용호 옮김, 『민속문화론』, 경인문화사, 2013.

서영채, 「기원의 신화를 향해 가는 길」, 『한국근대문학연구』 8, 한국근대문학회, 2005.

최남선, 「단군께의 표성一朝鮮心을 具現하라」, 『六堂崔南善全集』 9, 현암사, 1973, 192쪽ㄹ

조규익, 최영호 엮음, 『해양문학을 찾아서』, 집문당, 1994.

최남선, 「바다와 조선민족」, 『월간-해양한국』, 한국해양문제연구소, 1993, 56~72쪽.

최남선, 『조선상식문답』, 에크리, 2011.

윤명철, 『해양역사와 미래의 만남』, 학연문화사, 2012, 83쪽.

일연, 김원중 옮김, 『삼국유사』, 민음사, 2007.

최남선, 『신정 삼국유사』, 경인문화사, 2013.

서철원, 「수로와 처용, 그리고 신라 설화의 바다」, 『한국고전연구』 제26집, 한국고전연구학회, 2012, 75-103쪽.

엄태웅, 「『삼국유사』「기이」편과 바다」, 『동북아문화연구』제48집, 동북아시아문화학회, 2016, 65-85쪽.

6장. 신화, 근대 예술사 기술의 도구가 되다

『소년』 제1년 제1권, 신문관, 1908,11.

김동인, 「소설에 대한 조선 사람들의 상상을」, 『학지광』 제18호, 1919.

김예리, 「식민지 시기 "예술" 개념 수용과 문학장의 변동; 1930년대 한국 모더니즘 문학,예술 개념의 탈경계적 사유와 그 가능성」, 『개념과 소통』 12, 2013, 73-104쪽.

김현주, 「문화, 문화과학, 문화공동체로서의 '民族'-최남선의 '단군학'을 중심으로」, 『대동문화연구』 제47집, 대동문화연구원, 2004, 221-247쪽.

나정연, 「『조선어독본』을 통해서 본 문학교육」, 『영주어문』 제28집, 영주어문학회, 2014, 225-249쪽.

류시현, 『최남선 연구』, 歷史비평사, 2009.

양영길, 「「조선문학통사」의 한국 근대 문학사 인식 방법」, 『영주어문』 제7집, 영주어문학회, 2004, 133-150쪽.

육당연구학회, 『최남선 다시 읽기』, 현실문학연구, 2009.

윤영실, 「문학적 글쓰기와 민족의 공간」, 『한국현대문학연구』 26, 2008, 99-125쪽.

이광수, 「예술과 인생」, 『개벽』 제19호, 1922.

이광수, 『이광수전집』 18 〈금강산유기. 五道踏破旅行. 春園書簡文範(外)〉, 삼중당, 1962.

이선이, 「근대적 예술인식의 논리화 방식과 그 의미」, 『우리문학연구』, 우리문학회, 2015, 339-372쪽.

이영화, 『최남선의 역사학』, 경인문화사, 2003.

이종선, 「자율성과 소통가능성으로서 예술론에 관한 연구」, 『동양예술』 20, 2012, 359-386쪽.

이진아, 「근대적 예술관으로서의 한국연극미학의 형성」, 『드라마연구』 34, 2011, 216-239쪽.

이화여대 한국문화연구원, 『근대계몽기 지식개념의 수용과 그 변용』, 소명출판, 2006.

장원재, 「근대기의 한국연극과 한국 근대극운동의 특징」, 『한국문학과 예술』 4, 2009, 81-140쪽.

정민, 「한반도 호랑이 지도론」, 『한국학, 그림을 그리다』, 태학사, 2013,

정민, 『한국학, 그림을 그리다』, 태학사, 2013,

최남선, 「봉길이 지리공부」, 『소년』 제1년 제1권, 신문관, 1908,11.

______, 「진실정신」, 『새벽』 창간호, 1954,9.

______, 「쾌소년 세계주유시보」, 『소년』 제1년 제1권, 신문관, 1908,11.

______, 『삼국유사』, 서문문화사, 2009.

______, 〈동아일보〉, 1927, 3,29, 〈독서계〉 코너.

______, 「예술과 근면」, 『청춘』 제11호, 1917.

______, 『육당 "최남선 전집 1-14』, 현암사, 1974.

______ 류시현 옮김, 『사론 종교론』, 경인문화사, 2013.

______, 문성환 옮김, 『금강예찬』, 경인문화사, 2013.

______, 이부오 옮김, 『신정 삼국유사』, 경인문화사, 2013.

______, 이영화 옮김, 『조선상식문답』, 에크리, 2011.

______, 이영화 옮김, 『조선상식문답속편』, 경인문화사, 2013.

______, 임선빈 옮김, 『백두산근참기』, 경인문화사, 2013.

______, 전성곤 옮김, 『단군론』, 경인문화사, 2013.

______, 최상진, 『조선의 상식: 조선의 한국인, 우리는 누구이며 어떻게 살아왔는가』, 두리미디어, 2007.

______, 허용호 옮김, 『민속문화론』, 경인문화사, 2013.

______, 『근대문명문화론』, 경인문화사, 2013.
최재목, 안선희, 「최남선의 『朝鮮常識問答續編』을 통해 본 국악론」, 『유학연구』 28, 충남대학교 유학연구소, 2013, 197-219쪽.
최학주, 『나의 할아버지 육당 "최남선』, 나남출판, 2011.
표정옥, 「최남선 〈朝鮮常識問答續編〉의 신화적 의학 담론에 드러난 융합적 인문 정신 함양 기술(記述)방법 연구」, 『비교한국학』, 국제비교한국학회, 2016, 205-241쪽.
한경자 외, 『근대 동아시아 담론의 역설과 굴절』, 소명출판, 2011.

7장. 말의 신화적 상상력과 어린이 창의 체험을 연계하다

김산해, 『최초의 신화 길가메쉬 서사시』, 휴머니스트, 2005.
강태중, 「학업성취도의 지역 차이 분석: 인구이동의 영향을 고려한 시도」, 『한국청소년연구』, 18권 2호, 2007.
김민하, 「창의적 체험 활동을 위한 농경문화 교육 프로그램 개발」, 『국악교육연구』 V7, 한국 국악 교육연구학회, 2013.
김서정, 『멋진 판타지』, 굴렁쇠, 2002.
김선자, 『중국 신화이야기』, 아카넷, 2004.
김소윤, 「애완학습곤충 소비자의 행동 모니터링」, 『한국응용곤충학회지』 52권, 한국응용곤충학회, 2013.
김열규, 『엄마와 아이가 함께 하는 동화교실』, 소금창고, 2005.
김영심, 「초등학교 창의적 체험활동을 활용한 의생활주제 다문화교육 프로그램의 효과 분석」, 『한국실과 교육학회지』v27, 한국실과교육학회, 2014.
김재용, 이종주, 『왜 우리 신화인가』, 동아시아, 2004.

김정희,김병선 외, 『도란도란 들려주는 말 이야기』, KRA 한국마사회, 2009.
김종운, 김효은, 「초등학생의 자기효능감, 스트레스와 학습몰입 및 학업성취도의 관계」, 『학습자중심교과교육연구』, 12권 1호, 2012, 97-118.
김헌선, 「동북아시아 곰 신화 비교 연구-한국, 만주, 아이누의 곰신화를 중심으로」, 『아시아 문화14권』, 한림대학교 아시아 문화 연구소, 1999.
김환희, 『옛이야기의 매력』, 우리교육, 2007.
나카자와 신이치, 『곰에서 왕으로』, 동아시아, 2005.
박기성, 이인재, 「학업성취도와 급우효과」, 『응용경제』, 12권 3호, 2010, 107-130.
박명옥, 「모듬별 애완동물 기르기 체험학습 프로그램이 초등학생의 사회성 및 또래 관계의 질에 미치는 영향」, 『한국실과교육학회지』 24권, 한국실과교육학회, 2011.
박환영, 「몽골의 나만 축제와 유래담 고찰」, 『구비문학연구』, 한국구비문학회, 2007.
브루노 베텔하임, 김옥순, 주옥 옮김, 『옛이야기의 매력2』, 시공주니어, 2006.
사라시나 겐조우, 이경해 옮김, 『아이누 신화』, 도서출판역락, 2000.
스튜어트 컬린, 윤광봉 옮김, 『한국의 놀이-유사한 중국, 일본의 놀이와 비교하여』, 열화당, 2003.
안성혜, 「어린이를 위한 박물관의 체험학습 프로그램 사례연구」,『한국콘텐츠학회 종합학술대회 논문집』 V5, 한국콘텐츠학회, 2007.
요한 호이징아, 김윤수 옮김, 『호모루덴스』, 까치, 2007.
우명숙, 「교육생산함수를 활용한 교육자원과 학업성취도의 관계 분석」, 『교육재정경제연구』, 19권 1호, 2010, 1-17.
위앤커, 전인초, 『중국신화전설 1, 2』, 민음사, 1999.
이상목 엮음, 『놀이문화와 축제문화』, 성균관대출판부, 1996.,

이상일, 『놀이문화와 축제』, 성균관대학교 출판부, 1996.

이소윤, 원희윤, 「동물체험활동이 유아의 정서지능 및 심리적 건강성에 미치는 영향」, 『한국보육지원학회지』, 10권, 한국보육지원학회지, 2014.

이어령, 『이어령의 삼국유사 이야기』, 서정시학, 2006.

이윤정, 「창의적 체험활동을 위한 의생활 영역의 창의, 인성 교육 프로그램 개발」, 『한국 실과 교육학회지』 v27, 한국실과교육학회, 2013.

이정재, 『동북아 곰문화와 곰신화』, 민속원, 1997.

이해경, 「창의성 증진을 위한 어린이 체험전시 프로그램 내용 분석: 명화 속 과학 체험전을 중심으로」, 『사고개발』 8, 대한사고개발학회, 2012.

일연, 김원중 옮김, 『삼국유사』, 민음사, 2010.

임천순 외, 「교육재정과 학교특성이 학업성취도에 미치는 영향」, 『교육재정경제연구』, 20권 4호, 2011.

장 보드리야르, 하태환 옮김, 『시뮬라시옹』, 민음사, 2001.

장정룡, 『아시아의 단오민속(한국, 중국, 일본)』, 국학자료원, 2002.

잭 트레시더, 김병화 옮김, 『상징 이야기』, 도솔출판사, 2007.

정미경, 「창의적 체험활동을 위한 녹색의생활교육 프로그램 개발에 관한 연구」, 『한국실과 교육학회지』 v27, 한국실과교육학회, 2012.

정재서, 『이야기 동양신화』, 황금부엉이, 2005.

정혜윤, 윤나리, 윤성혜, 이정민, 「초등학생의 학업적 자기효능감과 학습실재감이 사회과 성취도에 미치는 영향」, 『사회과교육연구』, 18권 1호, 2011.

정호완, 「말 토템과 언어문화 연구」, 『교육연구』, 대구대 사범대학 부설연구소, 2006.

조지프 캠벨, 이진구 옮김, 『신의 가면 1-원시 신화』, 까치, 2006.

진 쿠퍼, 이윤기 옮김, 『그림으로 보는 세계 문화 상징 사전』, 까치, 2007.

질베르 뒤랑, 진형준 옮김, 『상상계의 인류학적 구조들』, 문학동네, 2007.

최기숙, 『어린이 이야기, 그 거세된 꿈』, 책세상, 2006.
카렌 암스트롱, 이다희 옮김, 『신화의 역사』, 문학동네, 2005.
페리노들먼, 김서정 옮김, 『어린이 문학의 즐거움1,2』, 시공주니어, 2004.
토마스 불핀치, 이윤기, 『불핀치의 그리스 로마 신화』, 창해, 2000.
폴 아자르, 햇살과 나뭇꾼 옮김, 『책・어린이・어른』, 시공주니어, 2006.
표정옥, 「동화와 애니메이션에 재현된 '곰'의 신화적 상상력 연구 - 동, 서양 '곰' 신화의 기호학적 비교연구를 통하여 -」, 『동화와 번역』, 동화번역연구소, 2008.12.
______, 『그곳 축제에서 삼국유사를 만나다』, 연세대학교출판부, 2010.
______, 『놀이와 축제의 신화성』, 서강대학교출판부, 2009.
______, 『창의력과 상상력을 키우는 신화여행』, 대교출판, 2010.
황폐강, 『한국 신화의 연구』, 새문사, 2006.

8장. 사자의 놀이성을 통해 서울과 싱가포르를 연결시키다

C. S. 루이스, 햇살과 나무꾼 옮김, 『나니아연대기』, 서울: 시공주니어, 2005.
강희정, 「머라이언(Merlion)과 박물관: 싱가포르의 국가 만들기」, 『동아 연구』 60, 서강대학교 동아연구소, 2011.
고마쓰 가즈히코, 박전열 옮김, 『일본의 요괴학 연구』, 서울: 민속원, 2009.
김경용, 『기호학의 즐거움: 기호학으로 읽는 예술, 대중문화, 실천』, 서울: 민음사, 2001.
김난희, 「중국 사자춤과 한국 사자춤의 비교 연구」, 이화여대 대학원 석사논문, 1994.
김동윤, 「창의적 미래 도시문화공간 구축을 위한 "도시인문학"의 학문적 기반

심화 연구 -횡단의 세미오시스와 문화기호생태계 고찰」, 『기호학연구』 27, 한국기호학회, 2010.

김부식, 『원본 삼국사기』, 서울: 한길사, 1998.

김성건, 「싱가포르 인종과 민족문제」, 『국제지역연구』 4권, 1996.

김소영, 『트랜스: 아시아 영상문화』, 서울: 현실문화연구, 2006.

김열규, 『엄마와 아이가 함께하는 동화교실』, 서울: 소금창고, 2005.

김인화, 「'북청사자놀이'재검토: 탈춤 및 오끼나와 '시라호사자춤'과의 비교를 통하여」, 『공연과 리뷰』 29, 2000, 52-68쪽.

김창민, 「오키나와의 시사와 문화적 정체성 만들기」, 『동아시아문화연구』 제55집, 2016, 125-149쪽.

김현주, 『토테미즘의 흔적을 찾아서』, 서울: 서강대학교출판부, 2009.

김화경, 『일본의 신화』, 서울: 문학과 지성사, 2002.

니콜로 마키아벨리, 강정인 옮김, 『군주론』, 서울: 까치, 2015.

리처니 커니, 이지영 옮김, 『이방인, 신, 괴물』, 서울: 개마고원, 2004.

미르치아 엘리아데, 강응섭 옮김, 『신화, 꿈, 신비』, 서울: 도서출판 숲, 2006.

미르치아 엘리아데, 이재실 옮김, 『성과 속』, 서울: 한길사, 1998.

미르치아 엘리아데, 이재실 옮김, 『이미지와 상징』, 서울: 까치, 2005.

미하일 바흐친, 이덕형 최건영 옮김, 『프랑수아 라블레의 작품과 중세 및 르네상스의 민중문화』, 아카넷, 2004.

박영순 김은정 박재인, 「서울상징 해치가 가지는 의미와 특성」, 『한국디자인포럼』.25, 한국디자인트랜드학회, 2009.

박지원, 김혈조 옮김, 『열하일기 3』, 서울: 돌베개. 2017.

박진태, 『전통 공연문화의 이해』, 서울: 태학사. 2012.

쉴러 키난, 윤후남 옮김, 『세계 신화 사전』, 서울: 한솔교육, 2003.

신동흔, 『살아 있는 우리 신화』, 서울: 한겨레신문사, 2005.

아이작 아시모프, 김대웅 옮김, 『신화 속으로 떠나는 언어이해』, 서울: 웅진지식하우스, 2006.

윤열수, 『신화 속 상상동물 열전』, 서울: 한국문화재보호재단, 2010.

이강엽, 『신화』, 서울: 연세대출판부, 2004.

이재열, 『불상에서 걸어나온 사자』, 서울: 주류성, 2004.

이화자, 「서울시 홍보용 동물캐릭터 '해치'의 상징성 분석」, 『만화애니메이션연구』 17, 한국만화애니메이션학회, 2009, 233-246쪽.

일연, 김원중 옮김, 『삼국유사』, 서울: 민음사, 2001.

장 보드리야르, 하태환 옮김, 『시뮬라시옹』, 서울: 민음사, 2007.

장욱. 「한국 사자춤의 상징성 연구」, 『차세대 인문사회연구』13, 동서대학교 일본연구센터, 2017.

잭 트레시더, 김병화 옮김, 『상징이야기』, 서울: 도솔, 2007.

정성권, 「해치상(獬豸像)의 변천에 관한 연구 : 광화문 앞 해치상의 탄생과 조성배경을 중심으로」, 『서울학연구』 51, 서울시립대학교 서울학연구소, 2013, 181-213쪽.

정재서 역주, 『산해경』, 서울: 민음사, 2006.

조영경, 『괴물들의 세계』, 서울: 채우리, 2006.

조용진, 「한국적 감수성과 표상을 반영한 지역 상징 캐릭터 개발 : 서울 상징 캐릭터 해치 사례를 중심으로」, 『한국디자인포럼』 32, 한국디자인트랜드학회, 2011, 227-238쪽.

조지프 캠벨, 이은희 옮김, 『신화와 함께하는 삶』, 서울: 한숲, 2004.

중앙대학교 한일문화연구원 편, 『일본의 요괴 문화』, 서울: 한누리미디어, 2005.

진중권, 『놀이와 예술 그리고 상상력』, 서울: 휴머니스트, 2005.

진쿠퍼, 이윤기 옮김, 『그림으로 보는 세계 문화 상징 사전』, 서울: 까치,

2007.

진필수, 「오키나와(沖縄)의 전통예능 활성화와 소수민족 정체성의 행방: 에이사(エサイ-)의사례」, 『한국문화인류학』 43, 한국문화인류학회, 2010, 89-127쪽.

진형준, 『상상적인 것의 인간학-질베르 뒤랑의 신화방법론 연구』, 서울: 문학과 지성사, 1992.

질베르 뒤랑, 진형준 옮김, 『상상력의 과학과 철학』, 서울: 살림, 1997.

질베르 뒤랑, 진형준 옮김, 『상상력의 인류학적 구조들』, 서울: 문학동네, 2007.

최정은, 『동물, 괴물지, 엠블럼-중세의 지식과 상징』, 서울: 휴머니스트, 2005.

표정옥, 「문화 콘텐츠에 재현된 몬스터 신화 상상력의 놀이적 기호작용」, 『인문논총』, 서강대학교 인문과학연구소, 2008.

프리드리히 니체, 장희창 옮김, 『자라투스트라는 이렇게 말했다』, 민음사, 2004.

피종삼, 「서울 상징 형성과 정책에 관한 연구 서울 상징 형성과 정책에 관한 연구」, 『기초조형학연구』 14 , 한국기초조형학회, 2013, 440-459쪽.

필립 톰슨, 김영무 옮김, 『그로테스크』, 서울: 서울대학교 출판부, 1986.

하이브리드컬쳐연구소, 『하이브리드컬쳐』, 서울: 커뮤니케이션북스, 2008.

한국기호학회, 『문화와 기호』, 서울: 문학과 지성사, 1995.

허 민, “사자,” 「불교신문」(2005.3.2).

허정아, 『트랜스컬쳐를 향하여』, 서울: 연세대학교출판부, 2006.

호르헤 루이스 보르헤스, 남진희 옮김, 『보르헤스의 상상 동물 이야기』, 서울: 민음사, 2016.

찾아보기

신화적 상상력과 융합적 글쓰기

저자 표정옥 **펴낸곳** 청송미디어 **주소** 서울시 서대문구 연세로 50 **전화** 02)2123-3380~2
팩스 02)2123-8673 **등록** 2016년 5월 9일 (제25100-2016-37호) **인쇄** (주)태화북스
발행 2019년 1월 14일 1판 1쇄 **ISBN** 979-11-89042-04-2 (93380)

값 14,000원

---

http://press.yonsei.ac.kr ysup@yonsei.ac.kr

청송미디어는 연세대학교 대학출판문화원의 패밀리 브랜드입니다.